国家社会科学基金重大项目“实施乡村建设行动研究”（21ZDA058）子课题研究成果

西北农林科技大学中央高校基本科研业务经费人才专项资金项目“乡村振兴战略实施背景下农村组织体系建设问题研究”（Z1090222014）资助出版

从利益联结到社会重建

乡村社会组织化何以可能

马良灿 等著

中国社会科学出版社

图书在版编目（CIP）数据

从利益联结到社会重建：乡村社会组织化何以可能／马良灿等著. -- 北京：中国社会科学出版社，2024.11. -- ISBN 978-7-5227-4355-4

Ⅰ. C912.82

中国国家版本馆 CIP 数据核字第 2024PF7633 号

出 版 人　赵剑英
责任编辑　涂世斌
责任校对　禹　冰
责任印制　李寡寡

出　　版　中国社会科学出版社
社　　址　北京鼓楼西大街甲 158 号
邮　　编　100720
网　　址　http://www.csspw.cn
发 行 部　010-84083685
门 市 部　010-84029450
经　　销　新华书店及其他书店

印　　刷　北京君升印刷有限公司
装　　订　廊坊市广阳区广增装订厂
版　　次　2024 年 11 月第 1 版
印　　次　2024 年 11 月第 1 次印刷

开　　本　710×1000　1/16
印　　张　14
插　　页　2
字　　数　216 千字
定　　价　75.00 元

目　　录

引　言

百年来，在多种因素的合力推动下，乡村社区经历了从建基在礼俗文化传统基础上的乡土社会到计划经济时代高度组织化、集体化、社会化和同质化的公社制社会，再到改革开放尤其是后税费时代以来因市场崛起、人口大规模流动和城镇化而驱动的个体化突出、流动性较强、内部分化较明显、生计方式发生深刻转型的新乡土社会的变迁。这种转型变迁使乡村社区发展的前景日趋复杂，未来命运充满诸多社会风险和不确定性。尤其是在当前市场观念深度向农村渗透、农村人口大规模在城乡之间与区域之间流动、农民社会生活日趋个体化和新型城镇化加速推进背景下，中国乡村尤其是中西部农村已逐步迈入流动与留守、“离巢”与“守巢”、人口周期性外流与回流、代际间接替流动与倦鸟归巢、经济与社会相对分离、实行农工结合且以工为主的生计模式等为主要特征的“空巢化”社会。

在“空巢化”社会中，大量青壮年人口不断向外流动，留守在社区中的大多是老人、部分妇女和儿童、返乡“归巢”的中年农民工群体和部分一直在村的中坚农民。而社区组织衰败、组织协调与动员能力较弱、社区公共性衰落、个人与集体关联度降低、社区社会整合能力不足、公共服务供给短缺、社区社会活力和内生动力严重不足等，已成为“空巢化”村落社会建设中面临的主要困境。在乡村社区逐渐走向“空巢化”的过程中，如何实现乡村社会组织化进而重建村落社会，如何激活乡村社区的主体进而激发社区活力和内生发展的动力，乡村社区发展何去何从，广大农民群体将面临什么样的时代命运和生存发展困境，这是当前全面推进乡村振兴战略实施进程中需要应对和解决的时代难题。毕竟，全面推进乡村振兴，面对的是数以万计的“空巢化”村落和亿万分散化、个体化和松散化的农民个体。解决“空巢化”村落面临的主要困境，实现乡村社区组织再造和乡村社会组织化，进而夯实乡村振兴的社会基础，这是笔者试图破解的现实难题。

在乡村振兴背景下，中国数以万计的乡村社区和亿万农民何去何从，其前途命运归向何方，是走向“终结”还是在社会转型进程中继续延续自身的社会生命。这是当前学术界需要给予认真对待的重要命题。一些学者基于中国乡村社会衰败与转型遭遇的经验观察，曾借用社会学家孟德拉斯关于法国“农民终结”的观点①，形成了中国村落社会和农民将走

---

① 孟德拉斯基于20世纪六七十年代工业化和城市化背景下法国农民的现代遭遇的认知，形成了“农民终结”的论点。他指出，法国农民在现代工业文明、城市化浪潮和市场分工体系洗礼下，其长期形成的生产技艺、地方性知识和基于社区伦理而形成的互识社会与社会关系，都在逐渐走向衰亡。在现代社会，农业生产需服从于消费者欲望、市场变化节奏、技术治理与资本运行逻辑。伴随大量青年农民的外流和新型现代企业制度的引进，农业文明被技术文明所取代，积习而成的农民传统精神被技术理性所摧毁，由传统所塑造的农民最终走向终结。广大农村将成为“乡村住宅区”和“没有农业的农场”，农业的经营主体变成了拥有大量资本、具备较强现代企业管理能力的农业资产阶级和青年农业劳动者。当这些青年农业劳动者在互识社会废墟上重建新社会时，将使农民的最后残存者走向消亡并从此消失在工业文明进步的浪潮中。孟德拉斯关于“农民终结”的观点，被一些学者用于解释改革开放以来中国农民与农村社会的演化过程。最早将孟德拉斯的观点引入国内农村问题探索的学者是著名社会学家李培林。李培林在孟德拉斯的观点基础之上，形成了“村落终结”的论断，并用以表述21世纪之交长三角珠三角地区“城中村”逐渐走向衰落和消亡的过程。“村落终结”的观点提出后，在国内学术界产生了很大的影响，并有一种将其视为认知中国村落社会前途命运的倾向。实际上，学术界关于中国“村落终结”的认知观念，在一定程度上曲解了孟德拉斯的观点。孟德拉斯在其著作发表20年之后所写的“跋”中，已对其所形成的“农民终结”的观点进行了反省。他认为应当为“农民终结”打上一个问号，因为20年后的法国农村非但未走向衰亡，反而出现了某种程度的复兴。法国农村人口外流放慢了，甚至流动方向发生了逆转，乡村人口数量不再下降，乡村重新变成了生活与农业生产的场所、乡下人享有城市生活的一切舒适、城里人重新返回村庄里，乡镇重新获得了社会的、文化的和政治的生命力，小农经营和特大规模经营体减少了，但中等规模的农业经营体成了法国农业经营的主体，家庭经营成倍增加了，乡村社会和农业劳动者越来越多样化、地方社区和小区团体的创新意识加强了，地方社会生活出现了惊人的复兴、农民的多种兼业活动形式多样。这些变化表明，法国村落并未走向终结，而是出现了复兴。李培林提出的“村落终结”的观点至今已有20年。20年来，中国村落遭遇了巨大的转型变迁，但并未都走向衰亡和终结。依照这样的逻辑，中国“村落终结论”是不是也应当打上一个问号。中国乡村社会的发展与前途命运不应当是一种线性演化过程，其未来命运应该有多种而不是仅有一种选择。“村落终结”仅仅是某些特殊类型的村庄如城中村、城边村，或因国家大型工程建设、政府政策驱动和行动而被迫消灭的生态移民村、贫困村，集中安置社区等所遭遇的命运。大多数村落依然在城市化、市场化进程中延续着自身的社会生命。详见［法］孟德拉斯《农民的终结》，李培林译，社会科学文献出版社2010年版，第6、10、13、204、205、211、212、214、215、220页；李培林《村落的终结：羊城村的故事》，商务印书馆2004年版，第3、33、142、412、415页；李培林《巨变：村落的终结——都市里的村庄研究》，《中国社会科学》2002年第1期。

向“终结”的论断。他们认为，村落社会在城市化、工业化等现代转型进程中，已逐渐走向“空心化”，将逐渐面临衰亡和终结的宿命。事实上，中国村落数量繁多、类型各异，区域发展差距较大，村落“空心化”以及由此形成的“村落终结论”的观点似乎仅能解释某些转型村落的部分特征。而且，很多转型社区和农民走向“终结”的过程并不是自然演化的结果，而是外力驱动使然。依照“村落空心论”的认知逻辑，既然乡村衰亡和农民终结是不可改变的发展趋势，那么乡村振兴就是不可能实现的幻想。显然，这种观点与当前国家正在全力推进和全面实施的乡村振兴战略及亿万农民的发展诉求相背离。因此，中国村落社会的发展前景应该有多种可能和选择。

笔者认为，在中国广大农村地区尤其是中西部农村地区，绝大多数村落社区将以“空巢化”方式存在。这种“空巢化”表现在村落空间结构、家庭、社区、组织、产业和人口等层面，呈现的是村落社会的整体性社会存在形态。因此，“村落空巢化”，是对当前中国绝大多数村落社会存在形态及其演化趋势的核心诊断和具体化表达。① 笔者所坚持的“村落空巢化”观点，是在承认村落社区和农民群体将继续延续和长期存在的前提下，在充分肯定乡村社会的社会功能与文化价值基础上，探寻乡村社会面临的转型困境、现实遭遇以及乡土重建与村落再生的可能路径。实际上，“空巢化”村落社区面临的发展困境与转型遭遇，正是当前国家全面实施新乡村建设行动、全面推进乡村振兴战略的主要发力点。

具体而言，在“村落空巢化”背景下，如何通过重建乡村社区组织构造，提升乡村组织行动能力，实现乡村社区组织化，重建村落社区共同体，这已成为事关村落前途命运与加强乡村振兴的社会基础建设中需要应对的重大现实问题。特别是随着当前全面推进乡村振兴战略和实施乡村建设行动的展开，大量资源与政策将向农村聚集、乡村社会面临乡风文明重建、乡村经济与产业重组以及社会重建的重任，这都需要建构和完善治理有效的新型乡村组织体系，实现乡村社会组织化。

---

① 马良灿、康宇兰：《是“空心化”还是“空巢化”？——当前中国村落社会存在形态及其演化过程辨识》，《中国农村观察》2022 年第 5 期。

因此，建构强有力的新型乡村组织体系，通过组织振兴激发乡村活力，提升乡村组织的治理水平和治理效能，实现乡村社会组织化，这是笔者试图解答的重要难题。在新形势下，乡村组织振兴何以可能，如何通过组织振兴实现社会组织化，这种组织化建基在何种社会经济基础之上，乡村组织再造如何实现和维系，如何通过乡村社会组织化进而实现乡村社会重建，这些问题能否有效解决直接关乎乡村振兴战略能否顺利实现，乡村社会能否得以继续延续和复兴。

在社会运行体系中，任何组织的建立、维系和组织效能的发挥都需要各种支撑条件。这些条件既包括制度、政策、社会和文化等因素的支持，更重要的是需要建基在强有力的经济基础之上。没有坚实的村落经济基础，乡村组织的运行难以维系，其组织的治理功能和治理效能难以发挥。当前，这种乡村组织所依靠的村落经济的具体实践形态，便是“新型农村集体经济”的复兴与发展壮大。近年来，国家政策文件充分肯定了这种新经济形态的价值，并就如何推进新型农村集体经济的组织领导建设、建构农民与集体之间的股权型、紧密型利益联结机制，实现集体成员之间的股份合作与利益联合，保障农民集体资产权利和集体经济收益权，打造新型乡村利益共同体，推进农村集体资产清产核资，加强集体经济组织建设等问题进行了明确表述。这为新型农村集体经济发展助推乡村社会组织化提供了充分的政策依据。

同时，在新时代，发展壮大新型农村集体经济助推乡村社会组织化，既有充分的政策依据，也有一定的实践经验基础。近年来，发展壮大新型农村集体经济，探索这种经济形态多元化、多样化的实现方式，以此重建村落共同体的社会经济基础，实现乡村社会的再组织，在很多地方得以实验和实践。这些实践探索表明，发展壮大新型农村集体经济，是实现乡村组织振兴与乡村社会再组织的社会经济基础。它对于克服当前乡村社会“空巢化”、村落组织松散化的发展困境，对于修复乡村社会关系、实现乡村社会的组织再造和社会整合，都具有积极的意义。由此，无论是现行的关于发展壮大新型农村集体经济的制度表达，还是新型农村集体经济助推乡村社会组织化与社区重建的地方实践探索，都凸显和肯定了发展新型农村集体经济在乡村共同体再造与乡村社会组织化实践中的基础作用。

基于此，本书将以地方典型案例为基础，结合组织社会学和新经济社会学的相关视角，沿着“从利益联结到社会重建”的认知脉络，就“乡村社会组织化何以可能”这一问题进行系统探索。本书将揭示，作为嵌入在乡村社会结构与组织关系中的新经济形态，新型农村集体经济兼具经济性和社会性的双重品格，其发展壮大不仅有助于打造新型乡村利益共同体，而且将在组织、经济、社会与村落秩序等层面实现乡村社会组织化，进而重建新型村落共同体。可以说，新型农村集体经济发展壮大的过程，是实现乡村社会组织化和重建村落共同体的过程。因此，对“乡村社会组织化何以可能”这一问题的探索，旨在回应当前全面推进乡村振兴战略与实施乡村建设行动的社会基础建设问题。期望本书所阐述的观点能为人们从新经济社会学层面理解新型农村集体经济发展、乡村社会组织化和村落共同体重建之间的内在逻辑提供相对清晰的学术线索，并为解决当前乡村社会面临的治理衰败困境、通向新型乡村社会重建与振兴之路贡献微薄之力。

本书共计十一章，主要内容包括三部分。第一部分包括五章，主要对新型农村集体经济助推乡村社会组织化的学术回应与反思、新型农村集体经济及其社会品格、新型农村集体经济助推乡村社会组织化的发展变迁与政策演进、乡村社会组织化的演化逻辑与新型农村集体经济复兴、新型农村集体经济助推乡村社会组织化面临的发展困境进行探索。第二部分包括四章，主要关注的是新型农村集体经济助推乡村社会组织化的实践案例与地方经验，著作对贵州省安顺市平坝区塘约村在集体经济发展与乡村社会组织化的“塘约道路”、山东省烟台市广大农村地区正在推行的“党支部领办合作社”助推乡村建设的实践探索、陕西省杨凌农业高新技术产业示范区杨陵区田西村所开展的新型农村集体经济发展助推村落社区重建的实践经验以及贵州省遵义市湄潭县通过“寨管家”助推乡村社会再组织的“湄潭经验”进行深度阐释与拓展案例分析。著作第三部分包括两章，主要关注的是实施乡村建设行动的复合型社区组织载体建设路径以及从利益联结到乡村社会重建的实践基本原则、实践径路与实现图景。最后是结语与讨论，主要对本书的主要观点和研究结论、时代意义、目标归属进行总体性回应与展望。

本书所涉及的直接经验素材，尤其是书中关于贵州省安顺市塘约村和遵义市湄潭县相关村落、山东省烟台市牟平区相关案例村以及陕西省杨凌农业高新技术产业示范区杨陵区田西村等村落发展壮大新型农村集体经济助推乡村社会组织化的实践经验阐释，源于笔者及其研究团队的实地调研与质性研究所得。从 2018 年 1—2 月和 7—8 月、2021 年 7—8 月、2022 年 7—8 月、2023 年 2—4 月，笔者带领研究团队先后对塘约村、牟平区多个案例村落和田西村进行了累计 150 余天的实地调研和深度访谈。在此过程中，先后访谈县乡干部、村级组织负责人、乡村精英和部分村民 200 余次，召开各类小组座谈会 30 余场次，获得实地调研资料 30 余万字。正是在对这些典型案例进行类型化比较与深入分析的基础上，书中形成了关于新型农村集体经济助推乡村社会组织化的典型案例村落在地化实践的形象概括与具体表述。

本书所涉及的间接经验素材，主要源于笔者基于大量文献资料阅读积累和长期以来对中国农村尤其是中西部农村社区的实地调研、长时段观察与思考。笔者认为，间接经验作为研究的主要经验素材，可以对中西部广大农村地区新型农村集体经济助推乡村社会组织化问题进行一般化、普遍化和抽象化阐释，有助于对研究问题进行总体性呈现。因此，间接经验是本书撰写所依据的主要素材，也是学术研究中不可或缺的部分。

第一章

新型农村集体经济助推乡村社会组织化的学术回应与反思①

近年来，为破解中国社会转型过程引发的乡村社会衰败问题，许多地方开始探索农村集体经济多样化的实现方式，试图以此重建乡村社会的经济基础，进而在乡村社会组织化的基础上实现社区重建。学术界就如何发展新型农村集体经济问题进行了大量探索。已有研究成果在对新型农村集体经济的内涵界定和有效实现形式的探索中过度关注经济目标，而忽视了社会目标。新型农村集体经济发展过程中“社会”的严重缺席，在一定程度上遮蔽了这种新经济形态的社会属性与社会功能，也导致新型农村集体经济发展面临多重困境。

新型农村集体经济发展的目标在于满足乡村社区整体性服务需求，这种新经济形态与乡村社会组织化之间是一种相成共生关系。因此，在对新型农村集体经济的内涵界定和有效实现形式的探索中应充分考虑其助推乡村社会组织化以及实现乡村社会重建的社会功能。从经济与社会的关系层面看，新型农村集体经济发展助推乡村社会组织化要处理的是经济系统与社会系统之间的关系，其理论追求是将经济发展嵌入社会中，使其成为乡村社会成长与重建的重要推动力量。

---

① 本章部分内容已发表，详见李文钢、马良灿《新型农村集体经济复兴与乡土社会重建：学术回应与研究反思》，《社会学评论》2020 年第 6 期。

第一节　新型农村集体经济内涵的学理分析

依据农村集体经济的演进历史，可将其分为传统农村集体经济和新型农村集体经济两种类型。学术界对传统农村集体经济的认识比较一致，指的是计划经济时期建立在人民公社体制基础上、强调“政社经”合一的集体经济。改革开放以来，伴随人民公社制度的解体和家庭联产承包责任制的推行，传统农村集体经济所依存的组织与制度基础已不复存在。在统分结合的家庭联产承包责任制实施多年后，面对农村集体经济空壳化、乡村公共服务衰败和村集体经济组织服务社会的功能极度弱化的社会现实，党的十七大报告强调了发展壮大集体经济对提升乡村公共服务供给效能和促进乡村社会发展的重要意义。至此，发展壮大集体经济、探索集体经济的有效实现形式，成为今后党和各级政府推动乡村建设中的一项重要工作。2016 年，中央文件《中共中央、国务院关于稳步推进农村集体产权制度改革的意见》明确提出了“新型农村集体经济”的概念，并将其界定为集体成员利用集体所有的资源要素、通过合作与联合实现共同发展的一种新经济形态。因而，阐明新型农村集体经济“新”在哪里，既有利于推进制度政策的实践转化，也有利于明晰集体经济发展与乡村社会重建之间的内在逻辑。

如何认识“新型农村集体经济”的本质内涵，阐明其“新”在哪里，这是学术界首先试图回答的问题。朱有志等认为，新型农村集体经济是指以家庭联产承包责任制为基础，在统分结合的双层经营体制下，成员在自愿、互利、民主、平等的原则下组织起来，在生产与交换过程中实行多元化的合作经营，分配制度上实行按劳分配和按生产要素分配相结合的所有制经济。① 苑鹏等从现代产权视角出发，认为新型农村集体经济是以成员自愿合作与联合为原则，通过劳动者的劳动联合或资本联合实现共同发展的一种经济形态。这一新经济形态的核心是现代产权制度，

---

① 朱有志、肖卫：《发展农村集体经济要深化“五个认识”》，《毛泽东邓小平理论研究》2013 年第 2 期。

以产权明晰、权责分明、严格保护、流转顺畅为主要特征。[①] 新型农村集体经济产权以集体所有为基础，以股份合作为主要形式，集体资产折股量化到集体成员，成员加入自愿、风险共担、利益共享，是我国公有制为主体的基本经济制度在农村的主要实现形式。[②] 新型农村集体经济强调产权集体所有与股份合作，是化解个体农户因过分强调个人产权而分解集体产权这一发展难题的主要要素。而明晰的产权和利益分配机制是破解农村经营"统分"难题的关键所在。[③]

当前学术界对新型农村集体经济内涵所形成的共识有以下几点：一是新型农村集体经济的关键是集体所有的产权制度，在产权关系上主张集体所有，只有建立在集体所有制基础上的农村经济形态才能称为农村集体经济；二是区别于计划经济时代人民公社体制下的传统集体经济，新型农村集体经济已经融入了现代市场经济的资源配置要素，它强调明晰的集体产权，因为只有产权明晰才能够保证集体资产不能被随意分割与变卖；三是新型农村集体经济以村社成员自愿联合为基础，不仅是劳动联合，还包括资本联合，其在实践中实行按劳分配和按生产要素分配相结合的收入分配制度。

这些共识都关注到了新型农村集体经济的产权体系、组织形式、利益分配等新特征，突出了新型农村集体经济的经济属性，揭示了新型农村集体经济产权明晰的基本特征，明确了新型农村集体经济的发展方向。但是，上述学者对新型农村集体经济的内涵界定因过度关注集体经济的经济属性和经济价值，而忽视了新型农村集体经济所具有的社会属性和社会功能。这便引发出两个相互关联的问题：一是强调了新型农村集体经济发展中农民的劳动联合和资本联合，但没有厘清其与合作经济及精英经济之间的区别和联系；二是新型农村集体经济的内涵界定没有关注

① 苑鹏、刘同山：《发展农村新型集体经济的路径和政策建议——基于我国部分村庄的调查》，《毛泽东邓小平理论研究》2016 年第 10 期。

② 江宇：《党组织领办合作社是发展新型农村集体经济的有效路径——"烟台实践"的启示》，《马克思主义与现实》2022 年第 1 期。

③ 李天姿、王宏波：《农村新型集体经济：现实旨趣、核心特征与实践模式》，《马克思主义与现实》2019 年第 2 期。

到其所具有的社会品格，没有囊括其助推乡村社会组织化与重建乡村共同体的目标。

从党和政府关于发展新型农村集体经济的若干政策变迁趋势看，2015 年的中央一号文件提出“探索集体非经营性资产提升乡村公共服务的运营管理机制”，特别是自 2016 年在相关文件中对新型农村集体经济的内涵进行界定后，国家就如何深化农村集体经济产权制度改革、如何确立集体经济组织的法人地位、如何实现新型农村集体经济助推乡村振兴与新乡村建设的发展目标等问题作出了更明确的政策表述。2019 年中央一号文件提出要“将发展壮大村级集体经济与农村基层党组织的领导能力建设结合起来，加大政策扶持和统筹推进力度，增强村级组织自我保障和服务农民能力，强化集体经济组织服务功能”。2022 年与 2023 年的中央一号文件更是明确强调了新型农村集体经济发展助推乡村社会重建的发展目标，进一步提出要因地制宜实践与总结新型农村集体经济参与乡村建设的有效做法。从政策演变趋势中可以看到，党和政府已经注意到了复兴农村集体经济的目的除了推动乡村经济发展之外，还要重建乡村社会组织化的经济基础，把农村集体经济发展嵌入乡村社会重组的脉络中去思考，逐渐将农村集体经济的发展同乡村治理、文化复兴、重建村落共同体等建立逻辑联系。因为，“经济行为是紧密地依靠着前进中的社会关系结构中的”①。

因此，在新型农村集体经济的内涵界定过程中，除了基于推动乡村经济发展、深化农村产权制度改革等经济维度考虑，还应该纳入社会的维度，将新型农村集体经济发展与乡村社会组织化及乡土社会重建的社会目标结合起来，并从理论和实践层面探寻两者之间的内在联系。

第二节　新型农村集体经济助推乡村社会组织化的发展困境

新型农村集体经济发展助推乡村社会组织化受集体经济产业载体、

① 折晓叶：《村庄的再造：一个超级村庄的变迁》，商务印书馆 2020 年版，第 13 页。

组织载体等各类资源要素限制，也受城乡关系、村社关系等各类关系发展影响。在宏观的政策制度中，推动农村集体经济发展只是一种抽象的表述，在实践中还需要明确是以发展工业、服务业、种植业还是畜牧业作为农村集体经济的产业载体。中国乡镇企业的衰败历史已经表明，乡村工业已经没有发展的空间，也会对乡村环境造成污染，挤占乡村土地资源，乡村振兴战略中强调的产业兴旺已经不再可能是依靠发展乡村工业实现。最近几年精准扶贫中的产业扶贫被认为是在培育贫困人口自身"造血"功能，从根本上解决贫困人口脱贫致富难题的核心手段，也是最有希望成为探索新型农村集体经济发展的产业载体。但是，以种植养殖业为基础的产业扶贫项目在实践中常常存在运营效果不佳、贫困户参与程度低、主体性缺失严重的发展困境①，产业扶贫项目也因面临着自然风险、市场风险、道德风险和政策风险容易走向失败。② 同时，乡村公共性的丧失和农民的个体化、功利化也是导致中国乡村难以有效发展产业的原因之一。③

乡村社会组织是农业生产活动的组织载体，农村社会组织程度与经济发展之间存在紧密的关系。在家庭联产承包责任制改革后，由于这种经营体制过度强调个体"分"的一面，集体"统"的作用和功能因乡村社会缺乏组织基础而被弱化。④ 农业生产经营组织化程度较低，乡村社会缺乏有效运转的社会组织将分散的农民整合在一起，农民社会生活原子化与小农社会化的张力迫使农民越发理性化与功利化，使他们丧失合作的意愿与能力。⑤ 在此情况下，农村集体经济发展需要建立一个社区性、

① 胡伟斌、黄祖辉、朋文欢：《产业精准扶贫的作用机理、现实困境及破解路径》，《江淮论坛》2018 年第5 期。

② 侯昭华、宋合义：《"顽疾"还是"误诊"？——产业扶贫"内生动力不足"问题探究》，《西北农林科技大学学报》（社会科学版）2020 年第2 期。

③ 李丹、刘津秀：《产业扶贫场域下村集体经济组织运作模式及其内在逻辑——基于西南地区贫困村的个案分析》，《云南大学学报》（社会科学版）2020 年第2 期。

④ 郑有贵：《构建内生发展能力强的农村社区集体行动理论——基于发达村与空心村社区集体积累和统筹机制的探讨》，《马克思主义研究》2017 年第12 期。

⑤ 梁昊：《中国农村集体经济发展：问题及对策》，《财政研究》2016 年第3 期。

综合性的乡村合作组织以便将农民组织起来。① 但是，当前的农村土地改革、乡村组织结构改革却可能进一步导致乡村集体组织的弱化。如，贺雪峰认为，农地“三权分置”改革会造成村集体所有权虚置，导致村社集体能力丧失、村庄公共性衰落、村社内生组织能力弱化等问题。② 而村社内部的组织能力弱化和公共性丧失，又会进一步制约新型农村集体经济发展。李博阳等指出，政经分离的乡村组织结构改革在大多数地方并不能解决村庄治理问题，两者分离后，部分地区呈现出“经济自治强、社会自治弱”的治理困境，也在一定程度上造成村民自治价值的消解、民主的高度功利化以及治理效应和治理能力的削弱，最终呈现出“经济自治消解社会自治”的现象。③

除了乡村社会在改革开放后因村级组织松散疲弱难以将分散的农民整合在一起从而导致集体经济名存实亡之外，在城乡关系二元结构背景下，农村相关发展要素的缺失也是导致集体经济变得较为脆弱的重要原因。诸多的研究者从农村土地产权不明晰④，农村集体经济发展水平差、经营性收入低⑤，部分村庄缺乏支撑集体经济发展的自然资源导致集体经济底子薄弱⑥，农村人口频繁向城市流动后可用于发展农村集体经济的劳动力和人才资源少⑦等层面讨论了农村集体经济发展助推乡村社会组织化面临的困境。此外，村庄文化状况⑧，乡村精英

---

① 杨团：《此集体非彼集体——为社区性、综合性乡村合作组织探路》，《中国乡村研究》2018 年第 1 期。

② 贺雪峰：《农民组织化与再造村社集体》，《开放时代》2019 年第 3 期。

③ 李博阳、吴晓燕：《政经分离改革下的村治困境与生成路径》《华中师范大学学报》（人文社会科学版）2019 年第 6 期。

④ 戴青兰：《农村土地产权制度变迁背景下农村集体经济的演进与发展》，《农村经济》2018 年第 4 期。

⑤ 张忠根、李华敏：《农村村级集体经济发展：作用、问题与思考——基于浙江省 138 个村的调查》，《农业经济问题》2007 年第 11 期。

⑥ 梁昊：《中国农村集体经济发展：问题及对策》，《财政研究》2016 年第 3 期。

⑦ 王文彬：《农村集体经济的现状扫描与优化路径研究——基于要素回归视角》，《西南民族大学学报》（人文社会科学版）2018 年第 4 期。

⑧ 郑风田、杨慧莲：《村庄异质性与差异化乡村振兴需求》，《新疆师范大学学报》（哲学社会科学版）2019 年第 1 期。

群体特质①，乡村内部关系网络②，以城市为主、乡村为宾的城乡关系③等因素也会制约新型农村集体经济的发展。

上述研究主要是从产业基础、组织载体视角解释新型农村集体经济助推乡村社会组织化所面临的发展困境，这些解释在一定程度上具有说服力。但问题也在于这种列举式的探讨显得过于庞杂和细碎，并没有结合具体的理论脉络建立一个整合性的分析框架来阐明各种要素之间的逻辑联系。因此，一些学者试图在这方面进行突破，力图为理解农村集体经济的发展困境建立一套完整的理论分析框架。例如，林毅夫基于经济增长的“制度决定论”，构建了以农村集体土地产权制度为核心的分析框架，强调有效的农地产权制度安排是经济长期增长的关键因素。④ 姚洋认为，农村集体产权制度通过稳定、激励、约束、资源配置、技术进步、降低交易费用等产权功能影响农业生产主体的理性选择从而发生作用。⑤这表明，学术界对农村集体经济发展助推乡村社会组织化困境的解释，一个值得努力的方向是以某种要素为核心，建立一套整合性的分析框架，而不再是列举式和面面俱到就集体经济面临的困境进行全景式呈现。

第三节　新型农村集体经济的实现形式与组织运作机制

新型农村集体经济面临的发展困境，客观上要求将国家层面的政策制度与地方上的经验实践结合起来，进而探索集体经济的有效实现形式，最终实现新型农村集体经济发展助推乡村社会组织化的目标。具体而言，新型农村集体经济的核心要素是产权为集体所有，这种产权关系决定了

---

① 殷民娥：《培育乡贤“内生型经纪”机制：从委托代理的角度探讨乡村治理新模式》，《江淮论坛》2018 年第 4 期。

② 郭珍、刘法威：《内部资源整合、外部注意力竞争与乡村振兴》，《吉首大学学报》（社会科学版）2018 年第 5 期。

③ 仝志辉、陈淑龙：《改革开放 40 年来农村集体经济的变迁和未来发展》，《中国农业大学学报》（社会科学版）2018 年第 6 期。

④ 林毅夫：《制度、技术与中国农业发展》，上海人民出版社 2018 年版，第 16—38 页。

⑤ 姚洋：《中国农地制度：一个分析框架》，《中国社会科学》2000 年第 2 期。

新型农村集体经济的实现形式，因为土地所有权是农村产权关系的核心所在。[①] 2008 年召开的党的十七届三中全会便聚焦于农村产权制度改革，明确提出在土地集体所有基础之上，实现农民土地使用权和经营权的分离。2008 年至 2011 年的中央一号文件都是围绕着农村的集体土地所有权展开的，确定了农民对集体资产具有收益权，明确集体土地所有权、宅基地使用权、集体用地使用权等确权颁证，再在产权明晰的基础上探索农村集体经济的有效实现形式。2012 年至 2014 年，党的十八大报告、十八届三中全会公报和 2014 年的中央一号文件都是在不断探索农村集体经济的有效实现形式。2016 年至今，党的十九大、二十大报告以及各种政策文件就如何深化新型农村集体经济产权制度改革、推进集体经济多元化实现路径与实践机制创新作出了更为明确的表述。与党和政府的政策表述相呼应，学术界主要从农村产权制度改革层面探索新型农村集体经济的实现形式。

例如，邓大才从产权与利益层面探讨了农村集体经济何以形成与有效实现的问题，指出集体经济的实现形式取决于产权结构与利益结构的组合。[②] 陈军亚也从产权理论视角出发，从农民主体性权利扩展层面，探讨了农村集体经济有效实现的产权基础与内生动力。[③] 张茜以山东省东平县的土地股份合作社为案例，从产权发展、分配公平、自愿互利、开放市场、治理有效等层面，探讨了农村集体经济实现形式的现代转型问题。[④] 徐勇等认为，农村集体经济是以集体产权为基础，而集体产权又是由所有权、承包权、经营权和收益权相叠加形成的产权共同体。[⑤] 同时，

---

① 周锐波、闫小培：《集体经济：村落终结前的再组织纽带——以深圳“城中村”为例》，《经济地理》2009 年第 4 期。

② 邓大才：《产权与利益：集体经济有效实现形式的经济基础》，《山东社会科学》2014 年第 12 期。

③ 陈军亚：《产权改革：集体经济有效实现形式的内生动力》，《华中师范大学学报》（人文社会科学版）2015 年第 1 期。

④ 张茜：《农村集体经济有效实现形式的现代转型：以山东省东平县土地股份合作社为例》，《东岳论丛》2015 年第 3 期。

⑤ 徐勇、赵德健：《创新集体：对集体经济有效实现形式的探索》，《华中师范大学学报》（人文社会科学版）2015 年第 1 期。

只有明确农民在集体经济管理中的决策权和财产权，提高农民的组织化程度，明晰集体经济的产权，才能多层次发展农村集体经济。[①] 农村集体资源的产权明晰后，便可以将农村集体资产通过市场化转化为资本，唤醒农村“沉淀”的资源，实现农村集体资源的市场化经营[②]，激发农民分散经营或者集体经营实现权利收益的选择自主性[③]，从而激活农村集体经济。

农村土地产权制度改革不仅关涉农民与土地关系的变革，也影响城市与农村关系和集体经济的实现形式。随着农村劳动力大规模非农化转移，过去农民与承包土地之间的紧密联系出现瓦解，大量农村土地撂荒，农民宅基地闲置问题突出，乡村发展滞后，多数村集体经济实力不足，甚至陷入“空壳”窘境。在此情况下，中共十八届三中全会决议提出，要在我国农业经营体制中建立土地所有权、承包权、经营权的“三权分置”模式。在农村集体经济实现形式的历史变迁中，农地所有权、承包权、经营权在不同时期的分解和组合决定了农村集体经济实现形式。[④] 在推行“三权分置”的农村土地制度时，不可避免地要面临农村集体组织形态及其所有权客观背景的变化。[⑤] “三权分置”之后的土地确权无疑明确了农村集体组织拥有农村土地的所有权，强化了农村集体组织的作用，使农村集体组织回到农村经济发展的中心。[⑥] 但是，随之产生的一个问题是，在“三权分置”的背景下如何落实农村土地的集体所有权成为在理论和实践层面需要探索的重要问题。刘宇晗认为，“三权分置”实施后我国的农村集体经济组织法人应当采取股份合作社的形式，在制度设计上

---

① 冯道杰、汪婷：《合力推进农村集体经济发展与农民组织化》，《武汉理工大学学报》（社会科学版）2010 年第 6 期。

② 符刚、陈文宽、李思遥、唐宏：《推进我国农村资源产权市场化的困境与路径选择》，《农业经济问题》2016 年第 11 期。

③ 陈军亚：《产权改革：集体经济有效实现形式的内生动力》，《华中师范大学学报》（人文社会科学版）2015 年第 1 期。

④ 宋宇、孙雪：《建国 70 年农村集体经济实现方式的阶段性发展与理论总结》，《人文杂志》2019 年第 11 期。

⑤ 孙宪忠：《推进农地三权分置经营模式的立法研究》，《中国社会科学》2016 年第 7 期。

⑥ 兰红燕：《乡村振兴视域下的农村集体土地法律制度完善》，《河北法学》2019 年第 4 期。

兼具股份制和合作制的特点，具有较大的灵活性和可变性。① 可以借鉴公司股份制的做法，实行农村集体经济组织成员权的股份化改造，根据农户的土地等生产资料进行配股量化，实现“确权、确股、不确地”，股份可以在村集体内部和家庭内部进行转让流通。②

但需要明确的是，“三权分置”客观上导致了农村土地产权关系的复杂化，经营权的引入意味着农地的实际使用者不限于村落内部成员，还有来自村落外部的工商业资本。一旦外部资本要素介入，如何平衡外来资本对利润的希冀和保障村集体及成员的利益将影响新型农村集体经济的实现形式。因此，在“三权分置”的背景下讨论新型农村集体经济的实现形式，既要保证外来工商资本和企业进入农村之后有利可图，借助外部资源实现中国乡村经济的可持续发展，又要能够保障村集体的利益，实现新型农村集体经济发展服务于乡村社会组织化的目标。当前，土地股份合作社是一种最为典型的农村集体经济实现形式，农民将土地入股合作社获得股权，由集体统一经营土地，土地产权仍然坚持为集体所有，村民除了获得作为劳动者的收益和经营权转让之后的土地租金外，还可享受股权带来的分红收入。土地股份合作社的实践表明，农村集体经济的有效实现形式既需要以所有权、承包权、经营权和收益权相互交叠的产权为基础，也需要建立在基于技术、资本、管理等生产要素之上的利益分配机制。③

除基于农村土地产权改革的视角外，很多学者则是结合各个地方的实践经验来对新型农村集体经济的实现形式进行探索。如，黄振华指出，乡村社会中的能人带动是集体经济有效实现形式的重要条件。④ 郭晓鸣等以四川省彭州市的多村跨区股份合作为例，总结和提炼了“农村集体经

---

① 刘宇晗：《农地“三权分置”视域下农村集体经济组织法人制度的完善》，《山东大学学报》（哲学社会科学版）2019 年第 4 期。

② 王留鑫、姚慧琴：《乡村振兴视域下农地“三权分置”与农村集体经济组织发展》，《宁夏社会科学》2019 年第 4 期。

③ 徐勇、赵德健：《创新集体：对集体经济有效实现形式的探索》，《华中师范大学学报》（人文社会科学版）2015 年第 1 期。

④ 黄振华：《能人带动：集体经济有效实现形式的重要条件》，《华中师范大学学报》（人文社会科学版）2015 年第 1 期。

济联营制”的集体经济实现形式。① 李天姿等认为，新型农村集体经济主要表现为土地股份合作社与股份合作公司两种基本模式，分别通过产权分解和产权组合的手段，实现了集体所有与股份合作的结合。② 杜园园探讨了珠江三角洲以物业出租为主的农村股份合作经济，指出这种经济形式既不具有可持续性，收益分配方式也没有体现劳动的价值。③ 朱天义等认为，连片特困地区因不同社区自主发展能力存在差异，已经形成了公私分利制集体经营模式和股份合作制集体经营模式。④ 张欢则对目前主推的“村党支部领办合作社”的集体经济实现形式进行探讨，揭示出集体经济的三种实现形式：第一种是统分结合型，主要针对那些缺乏合作社独立经营的基本条件，集体经济薄弱的“穷村”；第二种是集体经营型，主要针对那些具有一定的集体土地或者有一定集体经济来源的村庄；第三种是社企合作型，主要针对村庄矛盾频发、基础设施比较差、基层党组织涣散的“乱村”。⑤

综上所述，面对当前农村集体经济“空壳化”困境，对新型农村集体经济助推乡村社会组织化的探索首先要解决的问题是如何在产权改革基础上，盘活集体资源、资本和资产，使农村集体经济再次复兴和发展壮大起来。尽管新型农村集体经济实现形式的探索已经表现得纷繁复杂，且结合各地的发展实际，形成了以农村产权制度改革为中心的研究共识。但这些研究主要关注的还是新型农村集体经济的经济属性。不过，只有当新型农村集体经济具备运转的条件和机制，其发展壮大能够促进乡村经济发展，能够为乡村社会组织化和村社重组奠定坚实的经济基础时，

---

① 郭晓鸣、张耀文、马少春：《农村集体经济联营制：创新集体经济发展路径的新探索——基于四川省彭州市的试验分析》，《农村经济》2019 年第 4 期。

② 李天姿、王宏波：《农村新型集体经济：现实旨趣、核心特征与实践模式》，《马克思主义与现实》2019 年第 2 期。

③ 杜园园：《社会经济：发展农村新集体经济的可能路径——兼论珠江三角洲地区的农村股份合作经济》，《南京农业大学学报》（社会科学版）2019 年第 2 期。

④ 朱天义、张立荣：《个体化或集体经营：精准扶贫中基层政府的行动取向分析》，《马克思主义与现实》2017 年第 6 期。

⑤ 张欢：《新时代提升农民组织化路径：烟台再造集体例证》，《重庆社会科学》2020 年第 6 期。

其价值才能得以充分彰显。因此，今后在新型农村集体经济实现形式的探索中，除了关注经济属性之外，还应该关注其所具有的社会属性。从本质上说，农村集体经济是与村社集体土地紧密相关的“社会经济”，拥有全方位的社区性特征。[①] 当前，农村集体经济发展的困境在于过度关注经济目标和政治目标，忽视了重建社会的价值。在农村集体经济发展过程中，“社会”严重缺席。[②] 随着新型农村集体经济的发展壮大，以及这一新经济形态在优化乡村组织体系、助推乡土重建、重塑乡风文明等方面的社会效能日益显现，必然会对其本身蕴含的“社会性”提出明确要求。

第四节 新型农村集体经济发展助推乡村社会组织化

乡村振兴战略的实施面对的是乡村社会“空巢化”的社会现实。近年来，中西部地区乡村大量青壮年的迁移流动，在一定程度上造成了以村落过疏化、家庭“空巢化”、人口老龄化为表征的乡村衰败。[③] 要缓解中西部地区乡村衰败困境，最根本的是要夯实乡村社会发展的经济基础。然而，中西部地区乡村因为区位原因，始终面临着经济发展困境。大规模的人口外流导致的乡村治理难题又进一步削弱了中西部地区发展新型农村集体经济的社会基础。自从党的十七大提出探索农村集体经济的有效实现形式以来，国家制度政策的演化趋势是将新型农村集体经济发展与乡村社会重建联系起来。中国乡村在村落共同体走向衰落后，在缺乏社会基础的乡村发展新型农村集体经济时会面临如何将农民组织起来、进而实现乡村社会组织化的困境。在当前关于新型农村集体经济的内涵界定和新型农村集体经济有效实现形式的探索中，又往往过于关注新型

① 蓝宇蕴：《非农集体经济及其“社会性”建构》，《中国社会科学》2017 年第 8 期。

② 邹英、刘杰：《农民再组织化与乡村公共性重构：社会范式下集体经济的发展逻辑——基于黔村“村社合一”经验的研究》，《湖北民族学院学报》（哲学社会科学版）2019 年第 6 期。

③ 贺雪峰：《实施乡村振兴战略要防止的几种倾向》，《中国农业大学学报》（社会科学版）2018 年第 3 期。

农村集体经济的经济属性而在很大程度上忽视了新型农村集体经济的社会属性。

由于过度关注集体经济的经济属性，这样在政策实践和学术研究中就出现悖论：要想在中国乡村发展新型农村集体经济解决乡村衰败问题，但村落共同体的衰落已经导致了新型农村集体经济发展缺乏社会基础，集体经济发展因此面临重重困境。要想通过村落共同体重建为新型农村集体经济的发展奠定坚实的社会基础，则需要在中国乡村发展新型农村集体经济，建立利益分享机制，将分散的农民组织起来，实现乡村社会组织化，才能实现村落共同体重建。村落共同体的衰落制约了新型农村集体经济发展，新型农村集体经济发展面临的困境又导致了乡村社会组织化和村落共同体重建难以实现。由此可以确定，新型农村集体经济发展与乡村社会组织化两者之间存在共生关系，而不是决定与被决定的关系。那么，如何破解这个政策实践和学术研究中的悖论？在回答这个问题之前，需要在理论上澄清新型农村集体经济与乡村社会组织化之间的逻辑联系。

在现代化和市场化驱动下，中国乡村已进入以人口流动常态化、农民社会生活个体化、乡村社会“空巢化”为特征的后乡土社会。在这样的社会中，不流动的乡村演变为大流动的村庄，乡村结构与利益分化日益明显。[①] 传统村落共同体在现代化和市场化力量的冲击下走向解体后，农民社会生活个体化和功利化趋势越加突出，村庄社会在一定程度上已经失去了秩序再生能力。在村落社会内部越来越难以通过传统的道德、习俗、互惠机制维系村落共同体存在的情况下，“社区公共财力”就肩负着助推乡村社会组织化和重建村落共同体的重任。但是，这种“社区公共财力”已经不可能再是历史上基于习俗、道德等形成的公共资源，而是村庄成员共同所有的经济资源，也就是当前讨论的新型农村集体经济。

新型农村集体经济是助推乡村社会组织化和实现村落共同体重建的社会经济基础。实现农业农村现代化，推进乡村振兴，必须发展壮大新型农村集体经济。农村集体经济发展是一个与乡村社会、经济、政治相

① 陆益龙：《后乡土中国的基本问题及其出路》，《社会科学研究》2015 年第 1 期。

关联的“三农”问题[①]，其“经济属性”并非是割裂于社会的市场经济，而是一种包含着历史文化脉络、社会环境变迁的社会经济。[②] 以单纯的经济学视角认知新型农村集体经济发展问题，就会产生过于重视其“经济性”而忽略其“社会性”的倾向。因此，发展壮大新型农村集体经济，应重视其集体性、社会性的培育与维护，探索建设整合社会、经济、文化和生态目标的“社会经济”[③]。以现代社会契约为基础，围绕新型农村集体经济发展、利益分配和使用建构乡村社会组织体系，可以引导农民重新走向社会合作，进而实现社会生活的组织化。

在此背景下，部分学者探究了新型农村集体经济发展与乡村社会的组织重建、乡村治理秩序、村落共同体重建之间的内在逻辑。例如，贺雪峰以成都统筹城乡改革、沿海工业化村庄的集体经济、广东清远农村综合改革、山东农村的土地调整为例，论述了不同区域的农村如何借助政府向农村输入的大量资源和利用农村土地集体所有制的土地收益发展农村集体经济，以此提升集体组织为村民提供公共产品和公共服务的能力，激活村庄的公共性，最终让村民对村庄产生归属感和认同感。在他看来，发展壮大新型农村集体经济，将有助于激活村社集体，使之重新组织起来，具备为农民提供公共服务的能力。同时，这种经济形态的发展壮大将形成个人与集体、个人与个人之间“利益共享、责任共担”的联结机制，打造紧密的利益共同体。村民由此将逐渐关注村社利益，农民参与村社的积极性与主体性将被激发，村庄的再组织也将成为可能。乡村振兴的主体是组织起来的农民，而将农民组织起来的关键就是农村集体经济。[④]

丁波基于皖南四个村庄的个案研究也表明，不管是依靠政府输入资源引导发展的外生型农村集体经济，还是由外来资源与村集体、村民通

---

① 杨团：《此集体非彼集体——为社区性、综合性乡村合作组织探路》，《中国乡村研究》2018 年第 1 期。

② 潘家恩、杜洁：《社会经济作为视野——以当代乡村建设实践为例》，《开放时代》2012 年第 6 期。

③ 蓝宇蕴：《非农集体经济及其“社会性”建构》，《中国社会科学》2017 年第 8 期。

④ 贺雪峰：《乡村振兴与农村集体经济》，《武汉大学学报》（哲学社会科学版）2019 年第 4 期。贺雪峰：《农民组织化与再造村社集体》，《开放时代》2019 年第 3 期。贺雪峰：《如何再造村社集体》，《南京农业大学学报》（社会科学版）2019 年第 3 期。

过股份合作发展起来的合作型农村集体经济，或是村集体借助村庄内部资源发展的内生型农村集体经济，只要是“因村制宜”且在村民之间建立了一套有效的利益联结机制，便能改变村级组织治理弱化困境，增强治理主体的治理能力，促进村民自治在广度和深度上的扩展。① 吕方等指出，发展壮大新型农村集体经济将为重建村落共同体、激活经济协作、乡村防护和社会互助等当代职能提供社区公共财力基础。② 冯道杰、汪婷认为，集体经济的发展可以提升农民的组织化程度，并使村民与村民之间、农民个体与集体之间由于经济合作而建立密切的利益联系。③

张立等指出，农村集体经济作为一种经济资源，它可以转化为治理资源，其发展壮大能为村干部和村社成员提供激励和约束，提升村干部领导力和村民归属感，进而推动村庄集体行动，缓解农村公共事务治理危机。④ 陈义媛基于烟台市“党支部领办合作社”的实践案例，讨论了村集体经济发展助推村落社会再组织的发生机制。她指出，农村集体经济发展激活了党员参与的热情，并通过党员撬动了村庄的内生资源。同时，村民集体活动的增多也重建了村庄社会的公共性，强化了村集体与村民的密集互动。⑤ 李武等认为，农村集体经济通过协作劳动提高农户组织化程度，增强了农户凝聚力，促进了乡土社会公共性重建。⑥

以上学者依据不同村庄的在地化实践经验，从多层面探索了农村集体经济助推乡村组织化的实践进路。在此基础上，部分学者就新型农村集体经济助推乡村社会组织化实践中的农民主体、组织载体、合作机制

---

① 丁波：《乡村振兴背景下农村集体经济与乡村治理有效性——基于皖南四个村庄的实地调查》，《南京农业大学学报》（社会科学版）2020 年第 3 期。

② 吕方、苏海、梅琳：《找回村落共同体：集体经济与乡村治理——来自豫鲁两省的经验观察》，《河南社会科学》2019 年第 6 期。

③ 冯道杰、汪婷：《合力推进农村集体经济发展与农民组织化》，《武汉理工大学学报》（社会科学版）2010 年第 6 期。

④ 张立、王亚华：《集体经济如何影响村庄集体行动——以农户参与灌溉设施供给为例》，《中国农村经济》2021 年第 7 期。

⑤ 陈义媛：《农村集体经济发展与村社再组织化——以烟台市“党支部领办合作社”为例》，《求实》2020 年第 6 期。

⑥ 李武、钱贵霞：《农村集体经济发展助推乡村振兴的理论逻辑与实践模式》，《农业经济与管理》2021 年第 1 期。

等关键要素进行了研究，探讨了新型农村集体经济助推乡村社会组织化的优化路径。例如，徐勇、赵德健认为建基在共有产权基础上的新型农村集体经济是农民在个体自愿基础上同集体进行有效合作、实现个体和集体利益双向联合的表现形式。其内在价值是个体通过集体获得收益、实现充分发展并使集体成员在互利共生中实现利益共享，使村社组织为村民提供优质的公共服务。[①] 张利明指出，发展壮大农村集体经济的过程中，需要充分尊重农民的个体意愿与决定，发挥农民合作的主体性、积极性和创造性。[②] 杨嬛指出，合作机制是农村集体经济有效实现的组织制度基础，也是农户与集体、农户与农户之间基于利益关联而进行团结互助的纽带。[③] 仝志辉认为新型农村集体经济的实现需要强有力的组织载体，这一组织载体的性质决定了集体经济的发展方向，当村委会和村集体经济组织的分设能同步促进集体经济发展和改善乡村治理，村集体经济组织能为村民自治事务和社区公益事业提供物质支持时，这样的分设便能健全乡村治理体系。[④] 杜园园则构建了一种重视农村社会和经济平衡发展、以经济活动服务于社会成员为目的、将经济嵌入地方社会和文化体系的农村股份合作制经济，并强调这种经济形态是新型农村集体经济的发展目标。[⑤] 杨团也同样建构了一种兼具公共性和经营性、公益性和经济性的社区合作制集体经济，并指出这种新型集体经济强调以人为本，重视社区合作和自主经营，是一种典型的社群经济。这种社群经济将农民增收同社区服务结合起来，实现集体利益和个人利益的双赢，它有效

---

① 徐勇、赵德健：《创新集体：对集体经济有效实现形式的探索》，《华中师范大学学报》（人文社会科学版）2015 年第 1 期。

② 张利明：《农民自愿：集体经济有效实现形式的主体基础》，《山东社会科学》2015 年第 7 期。

③ 杨嬛：《合作机制：农村集体经济有效实现的组织制度基础》，《山东社会科学》2015 年第 7 期。

④ 仝志辉：《村委会和村集体经济组织应否分设——基于健全乡村治理体系的分析》，《华南师范大学学报》（社会科学版）2018 年第 6 期。

⑤ 杜园园：《社会经济：发展农村新集体经济的可能路径——兼论珠江三角洲地区的农村股份合作经济》，《南京农业大学学报》（社会科学版）2019 年第 2 期。

解决了个人与集体的关系协调与合作问题，是未来集体经济的发展方向。[①]

这些学者的观点在一定程度上肯定了新型农村集体经济的发展壮大对于重建农民与集体、农民与农民之间的社会关系，对于乡村组织建设与村落共同体重建、优化乡村治理秩序的重要意义。他们揭示了农村集体经济发展提升农民组织化程度的内在机理。亦即集体经济在利益分配中重建了村民与集体、村民与村民之间的利益关联，这有利于在村庄内形成一种“利益共享、责任共担”的利益关联机制。[②] 这种因经济合作而建立起的利益联结机制，使农民个体可通过参与集体经济活动获得收益，由此激活村社集体的主体性，提升农民组织化程度，打造紧密的利益共同体，实现村社集体再造。[③] 可支配的集体经济收入也使村“两委”有“公共财力”回应村民的公共服务诉求，在公共品供给中进行政治动员，激活村民自治。[④] 因此，集体经济作为村民自治的基础，起到了激活村庄政治、衔接国家政策和村规民约的作用。[⑤]

从村落共同体对农村集体经济的影响来看，村落共同体的状况是制约农村集体经济发展的社会基础。自家庭联产承包责任制实施以后到现在“半工半耕”[⑥] 农村社会结构形成，传统村落共同体的瓦解已是社会学对中国乡村开展研究时的一个核心诊断。[⑦] 特别是在农业税费全面取消后，村集体丧失了收入来源和资源再分配能力，村庄也丧失了公共性，无法让农民对村集体组织产生认同感，对村落产生归属感，村民变得个

---

① 杨团：《此集体非彼集体——为社区性、综合性乡村合作组织探路》，《中国乡村研究》2018 年第 1 期。

② 谢治菊、王曦：《农户是如何组织起来的——基于贵州省安顺市塘约村的分析》，《中央民族大学学报》（哲学社会科学版）2021 年第 4 期。

③ 张欢：《新时代提升农民组织化路径：烟台再造集体例证》，《重庆社会科学》2020 年第 6 期。

④ 贺雪峰：《土地与农村公共品供给》，《江西社会科学》2009 年第 1 期。

⑤ 桂华：《农村土地制度与村民自治的关联分析——兼论村级治理的经济基础》，《政治学研究》2017 年第 1 期。

⑥ 杨华：《中国农村的“半工半耕”结构》，《农业经济问题》2015 年第 9 期。

⑦ 卢成仁：《流动中村落共同体何以维系—— 一个中缅边境村落的流动与互惠行为研究》，《社会学研究》2015 年第 1 期。

体化和功利化。过去的新农村建设、美丽乡村建设经验都已经表明，在缺乏公共性的乡村社会，分散的农民难以有效利用政府向农村转移的资源，结果是用于乡村建设的资源常常被精英俘获，最终导致乡村治理的内卷化。[①] 在乡村振兴战略实施过程中，各级政府必然在中西部地区的农村投入大量资源。为了更好地承接这些资源，当务之急是发展壮大新型农村集体经济，将分散的农民组织起来，从经济、组织、文化和秩序等层面实现乡村社会的组织化。

因为新型农村集体经济和社会经济在“社会性”价值追求上的契合性，学术界在思考新型农村集体经济与乡村社会组织化的共生关系时曾引入和发展了早已存在的“社会经济”这个概念，并将人们的经济活动嵌入社会体系中思考，呈现两者之间的互相影响关系。社会经济是不同群体和地方社会在当地所从事活动的产物，社会经济也常常受到这些群体和社区特有文化的高度影响。[②] 社会经济区别于主流的市场经济模式，它重视隐藏在经济活动背后的各种社群关系，提倡社群内部与社群之间的互助合作及团结精神，反对市场经济只着眼于狭隘的个人利益和对利润的无节制追求。[③] 社群的多样性决定了社会经济的实践具有多元化和开放性特征，当前存在纷繁复杂的新型农村集体经济实现形式就说明了中国的地方经济模式具有多元化特点，再加上民间社会资源及丰富的文化传统，应该可以在今天的中国探寻到有别于市场经济而又使经济、社会与文化相互嵌入的多元社会经济实践。[④]

在有关社会经济的本土化个案研究中，蓝宇蕴论证了城市社区中非农集体经济的“社会经济”特征，描述了其“社会性”的流失过程，并从非农集体经济组织与基层政府组织关系调整、非农集体经济自身的特点、政府财政制度、社会保障制度、法律框架等方面阐释了非农集体经

---

① 李祖佩：《乡村治理领域中的“内卷化”问题省思》，《中国农村观察》2017 年第 6 期。

② ［比利时］雅克·迪夫尼、［比利时］帕特里克·德夫尔特雷、赵黎：《“社会经济”在全球的发展：历史脉络与当前状况》，《经济社会体制比较》2011 年第 1 期。

③ 潘毅、陈凤仪、阮耀启：《社会经济在香港——超越主流经济的多元性实践》，《开放时代》2012 年第 6 期。

④ 张曙光、黄万盛、崔之元等：《社会经济在中国》（上），《开放时代》2012 年第 1 期。

济"社会性"的建构。[①] 王蒙基于对甘孜藏区的农村发展实践研究后指出，新型农村集体经济是一种建立在互惠合作基础上的"在地经济"，农牧民广泛、平等地参与劳动分工，并且能够对经营管理过程进行有效监督，在利益分配时兼顾了成员身份与劳动贡献，最终实现产业发展的经济性与社会性平衡。[②]

上述关于社会经济的本土化探索为新型农村集体经济发展助推乡村社会组织化提供了重要启迪。通过凸显和强调新型农村集体经济所蕴含的"社会属性"，实现其助推乡村社会组织化的社会功能，这需要国家和乡村之间展开合作。从国家层面看，中国农村土地集体所有权是社会经济发展的产权基础，为社会经济提供廉价的土地生产资料。农村集体经济组织是社会经济的组织载体，可以发挥集体经济组织协调统筹村社成员利益及与外部社会沟通交流的功能，降低交易成本。农村集体土地所有权具有排他性和封闭性特征，拥有集体产权者才被认为是村社集体成员。因此，以集体土地所有权为基础发展的社会经济，以一定的地域和村社身份为边界，强调经济和社会互相嵌入和共同发展，主张全体村社成员都是这种社会经济的受益主体，经济发展的主要目的在于提高服务村社成员的能力，在于真正立足于"社区和人的发展需求"[③]，在于实现乡村社会的组织化。此外，社会经济的产权基础和组织载体决定了村社成员的有效参与和监督是"社会性"能够得以体现的重要标志。

从村落共同体的层面来看，村社成员之间的劳动合作是"社会性"存在的基础。正如有研究所指出的，乡村社会村民之间在日常的劳动合作过程中产生了村落共同体意识。[④] 与此相反，村社成员劳动合作过程的缺失则会消解集体经济的"社会"属性。[⑤] 在新型农村集体经济运行过程

---

① 蓝宇蕴：《非农集体经济及其"社会性"建构》，《中国社会科学》2017 年第 8 期。

② 王蒙：《社会经济：新时期西部民族地区农村集体经济的发展路径——基于甘孜藏区的地方性实践》，《湖北民族学院学报》（哲学社会科学版）2019 第 6 期。

③ 潘毅、严海蓉、古学斌、顾静华：《社会经济在中国：超越资本主义的理论与实践》，社会科学文献出版社 2014 年版，第 3 页。

④ 张思：《近代华北村落共同体的变迁——农耕结合习惯的历史人类学考察》，商务印书馆 2005 年版，第 6 页。

⑤ 蓝宇蕴：《非农集体经济及其"社会性"建构》，《中国社会科学》2017 年第 8 期。

中，村社成员基于劳动合作过程获得的收益既体现了劳动的价值、维护了劳动者的尊严，也体现了村社成员对经济收益进行公平公正分配的诉求。[①] 村社成员广泛参与集体经济发展过程，也就建立了紧密的利益联结机制，培育了对村落共同体的归属感和认同感，在此基础上将打造新型乡村利益共同体，助推乡村社会组织化。

小 结

发展新型农村集体经济促进乡村社会组织化要处理的是经济系统与社会系统之间的关系，或者说是在发展壮大新型农村集体经济的过程中如何处理好其经济属性与社会属性之间的内在关系。实现乡村社会组织化有赖于新型集体经济的发展壮大，同时乡村社会组织化也有助于提升集体经济的组织能力和动员效能。因此，两者之间是一种互相嵌合的共生关系。在发展村社集体经济基础上实现乡村社会组织化，重建广大农民的社会家园，将成为新时代乡土重建的目标导向与价值追求。

从乡村社会发展实践来看，复兴农村集体经济的潮流折射出新时代国家试图通过夯实乡村社区公共财力，再造乡村社区组织体系、重塑乡村社会秩序与文化、增进乡村社区凝聚力，进而促进乡风文明和治理有效的尝试与努力。当今的中国正面临经济发展与社会建设的双重任务，党和政府正在鼓励发展的新型农村集体经济理应具有社会属性。这种社会属性表明，新型农村集体经济发展与乡村社会组织化之间存在相成共生的耦合关系。

---

① 王蒙：《社会经济：新时期西部民族地区农村集体经济的发展路径——基于甘孜藏区的地方性实践》，《湖北民族学院学报》（哲学社会科学版）2019 年第 6 期。

第二章

新型农村集体经济及其社会品格

如何将处于分散化、流动化和个体化的农民组织起来，如何提升乡村组织的治理效能，如何实现乡村社会组织化，这是当前全面推进乡村振兴战略在地化实践中需要解决的重要难题。新型农村集体经济的社会品格决定了其发展壮大有助于重建乡村社会的集体性与公共性。它通过在农民与集体、农民与农民、集体与村社组织之间建立起“利益共享、责任共担”的利益联结机制，在利益联结机制驱动下强化农民与集体的社会关联，打造乡村利益共同体，助推乡村社会组织化与村落共同体重建。

为进一步厘清新型农村集体经济发展与乡村社会组织化两者之间的内在关联机制，揭示两者间的共生关系，首先需要阐释什么是新型农村集体经济，其基本内涵和属性是什么。国家制度政策表述中的“农村集体经济”这一概念，是从集体化时代人民公社体制中延续而来的。它是指在土地集体所有制基础上，村组集体成员基于成员身份、自愿联合、合作经营、联合生产、共同发展、利益共享的社会经济，体现了个体和集体共同发展的利益结合①，是社会主义公有制经济在乡村社会的具体实现形式。它强调产权的集体共有，包括了传承型、改制型、股份型等经济类型。② 在新形势下，随着农村产权制度改革的深化和集体经济多元

---

① 徐勇、赵德健：《创新集体：对集体经济有效实现形式的探索》，《华中师范大学学报》（人文社会科学版）2015 年第 1 期。

② 王景新：《村域集体经济：历史变迁与现实发展》，中国社会科学出版社 2013 年版，第 29 页。

化、多样化实现方式的实践探索，我国农村集体经济在实现形式、经营方式、组织载体、利益分配等方面都发生了重要变化，农村集体经济概念的内涵和外延在实践中不断深化，其发展形态实现了由“传统农村集体经济”到“新型农村集体经济”的转型。因此，深入理解这种新经济形态的内涵、属性及其社会功能，是探索新型农村集体经济助推乡村社会组织化的重要前提。

第一节 何谓新型农村集体经济

农村集体经济是中国农村集体所有制经济发展进程中的特有产物。改革开放以来，乡村社会在现代转型与发展变迁中，社会形态、社会经济基础和面临的基本问题都发生了实质性变化，并进入了以个体化、流动化与“空巢化”为特征的“后乡土社会”。乡村社会形态的深刻变动必然使新型农村集体经济的内涵同传统型集体经济存在本质差异。传统型农村集体经济发端于以“政社合一”的人民公社为组织载体的集体化时期。当前，随着农村产权制度改革的深化和集体经济实现方式的多元化实践探索，农村集体经济在政策表述上被赋予了新的时代内涵。它在全面实施乡村振兴战略中被赋予了新的社会使命。因此，新型农村集体经济中的“新”，体现在它是一种集体成员边界清晰、集体产权关系明确的股份合作经济。同时，它是一种以成员自愿合作与联合为原则，通过劳动者的劳动、资本等要素联合，实现共同发展的新经济形态。这种新社会经济形态具有助推乡村社会组织化和社区重建的社会品格。

2016年，在《中共中央 国务院关于稳步推进农村集体产权制度改革的意见》中，国家正式提出“新型农村集体经济”这一内涵丰富的概念，并将其界定为集体成员利用集体所有的资源要素，通过合作与联合实现共同发展的一种经济形态。相较于传统型集体经济，新型农村集体经济更强调归属清晰、权责明确的集体产权边界，更突出农民和村社集体的股份合作与利益联合，更强调集体经济在修复村落社区关系、再造乡村组织、重建乡村社会和防止村落终结方面发挥的社会功能。

从运行特征看，新型农村集体经济指的是嵌入在乡村社会关系与结构之中，建基于村社集体成员的共有产权上，以一定地域边界、户籍成员身份和集体产权为基础，利用集体所有的资源要素，以集体经济组织为依托，通过自愿联合、合作经营、联合生产，进而实现利益共享与共同发展的社会经济形态。这一新经济形态遵循产权清晰、权责明确的现代产权制度要求，以农村集体股份经济合作社为主要组织载体，以集体所有、结构清晰、权责明确、股份量化的产权体系为基础。它充分体现了农民与集体的股份合作及利益联合，充分彰显了集体优越性与个人积极性的有效结合，可以弥补统分结合的双层经营体制中“分”有余而“统”不足的缺憾。

新型农村集体经济的核心在于建立在共有产权基础上的股份联合。计划经济时代的传统型农村集体经济，最大的问题就是没有真正实行按股分红，无论是农民的土地入股还是供销合作社，农民的资金入股都没有分红，而是以“工分制”为基础，实行按劳分配，这样的分配方式不利于调动农民生产积极性和主动性。新型农村集体经济则通过将集体资产折股量化到个人，并以此作为村民参与集体经济收益分配的依据。村民与村集体以投资入股方式建立起合作关系，从而将村民与村集体联结在一起。个人资产以股份为表现形式，既强调其相对独立性和不可侵犯性，又强调集体资产的统一性和不可分割性。个人股权的独立性和不可侵犯性指的是新型农村集体经济承认个体产权，承认个人投资的私人产权，并作为利益分配的依据。集体资产的统一性和不可分割性指的是村集体财产是村民谋取共同利益的物质基础，不允许通过任何形式分割给个人。村集体资产归集体所有，个人对集体资产只有使用权、经营权和受益权。因此，新型集体经济主张在村民个体与集体之间建立股权型的利益联结关系。这种利益联结关系有助于密切个人与集体的关系，使两者形成一个荣辱与共的利益共同体。在这一共同体中，个体将关心和热衷于集体的利益，集体也将兼顾个人利益。

从新型农村集体经济的实现形式来看，它遵循农民主体、村社本位的实践原则，是培育乡村“集体性”[①]、实现乡村组织化、构建村落共同体的社会经济基础。新型农村集体经济具有村民自治的性质，主张主体自觉，以规避集体资产过度集中于少数人手中的风险，从而在市场经济环境下有效激发个体生产积极性，实现农民既是农村集体经济的发展主体，又是农村集体经济的利益主体的双重耦合。一方面，集体成员通过将村集体资产量化到个人或将土地、房屋及其他资产入股，实现“农民变股民”的主体身份转变，定期获得分红，提升了农民的主动参与性和能动性。另一方面，农民还可通过房屋租赁、农产品售卖及就业等方式参与新型农村集体经济的发展过程，获得收入，实现利益共享，保证农民的受益主体地位。并且，新型农村集体经济具有经济、政治、文化、社会整体性，它不仅关注经济建设，而且是一种纳入了社会、文化、生态等维度的整体性农村建设实践。它不仅承担着助推村落经济发展的责任，还承担着提升村落公共服务、参与乡村治理、重建社区组织、实现农民组织化、重建乡土社会的使命。

作为农村集体经济的一种新形态，新型农村集体经济是农民基于集体产权、成员身份和村落边界而形成的共同体经济，这一经济形态以集体经济组织为载体，强调经济发展嵌入社区关系结构，突出经济服务于社区组织、服务于社区居民的社会品格。它突出了经济的共同体属性和隐藏其后的社群关系，主张经济发展的目的在于服务乡村社会和村社成员，在于满足社区和村民的整体性需要。这种嵌入型经济由于注重村落内部的团结互助、社区合作与经济行为的社会参与，不只是着眼于乡村资源的优化配置和集体经济体系的重建，更关乎乡村社会的团结、村落成员之间社会关系的重建以及乡村社会基础秩序的重塑。因此，新型农村集体经济较好地彰显了中国特色社会主义乡村经济的社会品格。[②] 总之，在论及新型农村集体经济及其有效实现形式时，需要将村落社区、社群关系、农民主体性、个人与集体的共生关系等理念融入其中，突出

① 王思斌：《乡村全面振兴与乡村集体性的发展》，《北京大学学报》（哲学社会科学版）2021 年第 4 期。

② 马良灿：《重新找回村落集体经济》，《河海大学学报》（哲学社会科学版）2020 年第 5 期。

集体经济在修复乡村社会关系、再造乡村组织体系、实现乡村社会组织化与社区重建过程中所能发挥的社会经济功能。

第二节　新型农村集体经济的双重属性

从基本性质、内涵特征、实践过程、运行机制与实现形式等层面看，新型农村集体经济追求社会与经济双重效益，兼具经济性和社会性的双重属性。这种双重属性使新型农村集体呈现出独特的运作逻辑和社会意义，彰显了其在推动乡村社会组织化和村社重组过程中的社会品格。其中，经济性是新型农村集体经济的基本属性，关注经济的内部运行结构与利益联结。社会性是其本质属性，主张新型农村集体经济的发展深嵌在社会结构与社会关系网络中，突出强调新型农村集体经济助推乡村社会组织化与村社重组的社会功能。新型农村集体经济的社会性属性表明，经济行为是深嵌在村落社会生活与关系网络结构中的，新型农村集体经济的发展壮大过程一定程度上就是乡村社会组织化与社区重建的过程。

一　新型农村集体经济的经济性属性

经济性是新型农村集体经济的基本属性。它强调通过实现集体资产的提质增效，使集体资产的经济价值充分发挥，使全体村社成员共享经济发展的成果。新型农村集体经济的经济属性，既关注如何将集体经济这块“蛋糕”做大做强，使集体资产不断增效、不断增加村集体积累和收入，更重视怎么将集体经济发展所获得的收益进行合理分配，使全体村民共享集体经济的发展成果。前者关注的是集体经济的有效实现即“做蛋糕”的问题，后者强调的是集体经济如何让全村村民共享即“分蛋糕”问题。在新型农村集体经济发展壮大过程中，妥善处理好“做蛋糕”和“分蛋糕”的关系，这是涉及个人与集体、村社组织与村民之间的利益分配与关系是否协调、村落社会能否和谐稳定的重大现实问题。

若集体经济发展不起来，集体收入这块“蛋糕”做不大，乡村组织便软弱涣散，缺乏经济基础的保障，社区居民则由于缺少集体经济收益而与村社组织、村社集体之间的关系变得更加疏远、更加难以对其进行组织和动员。从这个意义上说，探索集体经济的有效实现形式，寻求集体资产提质增效的有效路径，把集体经济这块“蛋糕”做大是前提，也是维持村社组织正常运转、密切干群关系、促进个人与村社集体良性互动关系的重要保障。但在实践中，仅仅把“蛋糕”做大还不够，关键是通过建立什么样的利益协调机制，运用何种方式，将集体经济收益这块“蛋糕”在村社组织之间、村民与集体之间进行合理分配，既让村社组织因为发展壮大集体经济而增强其组织协调和服务社区的能力，又让全体村民因集体经济发展而获得实实在在的好处。通过发展壮大新型农村集体经济，使村社组织与村民、集体与个人之间的利益联结更加紧密，社会关系更加协调，社会秩序更加稳定，这是在“做蛋糕”和“分蛋糕”过程中应当把握的尺度。

新型农村集体经济所彰显的经济属性，一方面主张通过集体“三资”即资源、资产和资本的优化配置和股份制改造，并采用多种方式、多种路径来盘活村社“三资”，不断增加村社积累和财产。另一方面它主张村社全体村民都是发展壮大村社集体经济的受益主体，都应当合理分享到集体经济发展壮大带来的利益。[①] 可以说，集体经济所彰显的经济属性，表明这种经济形态“具有社区共有的性质”，这种共有性质在村民权利上体现为“一人一票”，在分配上体现为“一人一份”[②]。正是在这种股份合作与利益联结过程中，村民与村集体以及社区组织之间形成了紧密相连的利益共同体。

但是，受制于新型农村集体经济明确的成员资格界定，这种利益共享在集体成员身份和地域边界上具有一定的排他性。从某种意义上说，村落呈现的是社区居民社会生活的地域空间、文化空间和社会空间的统一，彰显的是一种具有地域、文化、社会生活、身份认同和公共属性的共同体。而“集体经济”则是农村集体产权制度在行政村落或自然村落的具体表现形式，强调农村的土地、林地、山川、河流等归村组集体经

① 马良灿：《重新找回村落集体经济》，《河海大学学报》（哲学社会科学版）2020 年第 5 期。

② 折晓叶：《村庄的再造：一个超级村庄的变迁》，商务印书馆 2020 年版，第 158—159 页。

济成员所有。集体经济强调村社集体成员身份、户籍身份和地域边界在分配集体经济收益中的独占性、封闭性和排他性。因此，只有拥有和获得集体经济的成员身份和户籍资格，才能参与和共享集体经济所带来的收益。村落中的外来人口，特别是流入本村的流动人口由于缺失集体经济成员资格和村社户籍身份，无法获得和分享集体经济发展带来的红利。[①] 概而言之，经济性是新型农村集体经济的基本属性，它关注的是经济的内部运行结构与利益联结。

首先，就生产资料而言，新型农村集体经济的核心是集体所有的产权制度。产权明晰，集体所有与股份合作是其主要构成要素。集体成员可以以土地、资金、劳动力等各种资源要素入股，这些入股要素产权归成员个体所有，但由集体经济组织统一经营。成员入社、退社自由，退社后入股资料归成员个体自行处置。这弥补了新形势下统分结合双层经营体制中“分”有余而“统”不足的缺陷。

其次，就收益分配而言，新型农村集体经济实现了集体成员基于合作生产关系与身份限制基础上的利益合理分配。具体而言，新型农村集体经济以村社成员自愿入股为基础，按集体成员入股的土地、资金、劳动力等价值，实行按劳分配和按生产要素分配相结合的分配方式，体现了公平与效率的统一。集体经济的利益分配严格遵循基于股份份额、身份界定、劳动投入等要素规定的分配原则，实现成员收益分红与股权的对等。同时，新型农村集体经济的利益分配也在兼顾成员合作生产的发展目标上，为集体内成员提供公共服务与公共物品，为村域内的边缘、弱势群体提供额外帮扶，遵循集体成员共同富裕的发展目标。

最后，就组织效率而言，农村集体经济组织作为新型农村集体经济发展的组织载体，是集体资产管理的主体，拥有特别法人地位。它作为市场主体，与社会主义市场经济相适应，在市场化过程中遵循市场经济规律，自主经营，为解决农村分散的小生产与大市场间的矛盾搭建了沟通平台，为实现农业生产与服务社会化，为农民持续增收提供了组织保障。通过组建以股份经济合作社为主要形式的新型农村集体经济组织，在“政经社”

---

① 马良灿：《重新找回村落集体经济》，《河海大学学报》（哲学社会科学版）2020 年第 5 期。

分离的组织结构安排下，其经济职能逐步从党建和自治职能中分离出来。这有助于进一步明确集体经济组织的经济功能，进而提高集体经济组织的运行效率，充实乡村公共服务供给与乡村治理的经济基础。

2016 年 12 月，中共中央、国务院出台的《关于稳步推进农村集体产权制度改革的意见》强调，村集体经济组织是集体资产管理的主体，是特殊的经济组织。这种特殊性一是体现在农村集体经济组织的性质层面，即它是具有独立法人地位的市场主体；二是体现在收益分配方式的特殊性，亦即新型农村集体经济组织中集体成员是按入股资产量化份额获得分配收益；三是体现在组织功能定位层面，新型农村集体经济组织不仅承担着盘活、经营、管理集体资产的责任，还承载着村社集体公共服务供给、助推乡村社会组织化和重建乡村社会生活秩序的社会功能。当前，广大农村社区都普遍成立了农民股份经济合作社。该合作社作为新型农村集体经济的组织载体，拥有独立的法人地位，与村民委员会是两个平行的组织。

上述特点突出了新型农村集体经济的经济功能定位，为新时代乡村集体经济的发展明确了方向。与计划经济体制下农村集体拥有生产资料、全体成员在共同劳动基础上取得劳动报酬的传统型集体经济不同，新型农村集体经济是一种所有权关系更加明确、成员主体更加清晰、管理更加民主、分配更加灵活和去行政化的新经济形态。实践中，新型农村集体经济的经济性突出其作为农村经济的重要组成部分，是实现共同富裕和农业农村现代化的重要保障。村社集体以集体产权制度为基础，通过对村域内资源的合理配置与优化使用，采用多种经营方式和实现形式盘活集体经济，生成农民与村集体的利益联结机制，构建起乡村利益共同体，最终为村社集体成员带来利益，促进农村发展、农民富裕。同时，农村集体经济作为社区公共财力基础，承担着村庄公共服务的供给责任。

二 新型农村集体经济的社会性属性

社会性是新型农村集体经济的本质属性。它强调集体经济嵌入在乡村社会之中，与乡村组织体系、社区公共性需求和村落社会系统之间存在多重耦合关系。新型农村集体经济的经济属性突出强调的是村集体与村民、村级组织之间基于股权型、紧密型和劳资型的利益联结，而社会性彰显的是村集体与村民、村级组织之间通过新型集体经济的发展而实现社会关系联结，通过社会关系联结而实现社会整合。新型农村集体经济的社会性属性表明，经济一直都是“浸没在它的社会关系之中的”①。

新型农村集体经济的发展壮大过程实质上是重建村落社会关系、优化社区组织结构、提升社区组织行动能力、培育社区公共性意识和最终实现村落社会重建的过程。因此，新型农村集体经济所强调的经济嵌入社会关系之中的“嵌入”，从本质上说是一种“实质嵌入”而非“形式嵌入”②。亦即新型农村集体经济本身是乡村社会关系与社会结构系统的有机组成部分，是重建乡村社会关系、优化乡村组织结构和实现乡村社会组织化的有效载体，是丰富和扩展村民社会权利的重要实现方式。新型农村集体经济强调经济嵌入在社会中，突出经济的共同体属性和隐藏其后的社群关系。从本质上说，新型农村集体经济是一种为全体村民所分享和共享的嵌入性社会经济。这种嵌入性经济注重村落内部的团结互助、社区合作与经济行为的社会参与③，承载着公共服务、乡村治理与重建乡土社会的社会使命，它鲜明地体现了社会主义乡村经济的社会底蕴与独特魅力。

这种社会性属性表明，新型农村集体经济不仅要实现社区经济发展共享，更是需要通过社区经济利益的联结来实现乡村社会的组织化。首先，集体经济的发展壮大需要强有力的社区组织载体。这种社区组织将立足于村落集体经济成员和社区的整体性利益，代表的是村落社区居民的集体意志，维护的是乡村社区的公共利益。因此，它将超越于个体、家庭、各种乡村精英群体或利益小群体的狭隘视界，更好地服务于乡村居民的公共生活，并进而为实现乡土重建提供坚实的社会经济基础。在当前，这种社区组织载体是农民股份经济合作社，这种合作社往往以

---

① ［英］卡尔·波兰尼：《大转型：我们时代的政治与经济起源》，冯钢、刘阳译，浙江人民出版社 2007 年版，第 39—40 页。

② 马良灿：《从形式主义到实质主义：经济社会关系视域中的范式论战与反思》，社会科学文献出版社 2013 年版，第 95、114 页。

③ 杜园园：《社会经济：发展农村新集体经济的可能路径——兼论珠江三角洲地区的农村股份合作经济》，《南京农业大学学报》（社会科学版）2019 年第 2 期。

“村党支部+村社集体经济合作组织”或“党支部领办合作社”的方式呈现。亦即代表村民整体利益的村党支部，直接引领村社集体经济合作组织的发展方向，使其向服务性、公共性、福利性和社会性的职能转化，从根本上防止乡村精英或村庄能人等俘获村落集体经济的整体性利益。因此，乡村社区组织和集体经济合作组织的互相嵌入，使集体经济重建社会的功能得以彰显。①

总之，新型农村集体经济本质上是一种“共同体经济”②，它强调了社群和人的社会因素在集体经济中的突出地位。这种新经济形态强调经济和社会互相嵌入、共同发展，主张全体村民都是这种社会经济的受益主体，认为经济发展的主要目的在于服务乡村全体居民，在于真正立足于“社区和人的发展需求”③。新型农村集体经济所彰显的社会性属性表明，它是有别于其他经济类型的新形态，其在组织农民、建设乡村和实现乡村社会重建中扮演着无可替代的角色。

第三节　新型农村集体经济、乡村合作经济与精英经济的类型比较

我国经济制度强调以公有制经济为主体、多种所有制经济共同发展。在农村经济形态中，公有制的主体地位主要表现为以土地集体所有为核心的农村集体经济。农村集体经济作为公有制经济在农村社会的有效实现形式，也不排斥合作经济、精英经济等多种经济形态在乡村社会蓬勃发展。为了更好地理解新型农村集体经济的本质及其主体经济地位，有必要比较和厘清新型农村集体经济同乡村合作经济、乡村精英经济的本质差异，并在此基础上探索新型农村集体经济助推乡村社会组织化的实

① 马良灿：《重新找回村落集体经济》，《河海大学学报》（哲学社会科学版）2020年第5期。

② 陈美球、廖彩荣：《农村集体经济组织：“共同体”还是“共有体”?》，《中国土地科学》2017年第6期。

③ 潘毅、严海蓉、古学斌、顾静华：《社会经济在中国：超越资本主义的理论与实践》，社会科学文献出版社2014年版。

践机制和逻辑进路。

作为农村集体经济的一种新形态，新型农村集体经济是农民基于集体产权、成员身份和村落边界而形成的共同体经济，这一经济形态以集体经济组织为载体，强调经济发展嵌入社区关系结构，突出经济服务于社区组织、服务于社区居民的社会品格。正是这种社会品格，使新型农村集体经济同乡村合作经济、乡村精英经济存在明显区别。概而言之，新型农村集体经济本质上是一种区别于合作经济、精英经济的社会经济。新型农村集体经济所具有的经济属性和社会属性是其区别于乡村合作经济和乡村精英经济的主要方面。新型农村集体经济的经济性表明，这一经济形态以清晰的产权体系、多元化的利益分配、明确的成员资格划分为主要特征，以农民股份经济合作社作为主要的经济组织载体。它主张村集体与个人基于集体共有产权和互为主体性基础上的股份合作和利益联结。新型农村集体经济因此区别于承认私人产权、成员资格模糊的乡村合作经济和精英经济。新型农村集体经济特有的社会属性突出集体经济的社区性、共享性、服务性，强调集体经济在承担村庄公共服务、激发村庄集体性、助推乡村社会组织化等方面的社会责任和时代使命。它体现经济与社会的互相嵌入、社群关系与个体命运的互相促进、经济发展与乡土重建的内在统一。新型农村集体经济因此区别于以个体利益最大化为目标的乡村合作经济和精英经济。

一　新型农村集体经济与乡村合作经济

无论是中央的政策文件表述还是学术研究探索，均很少对集体经济和合作经济进行严格区分，这两个概念常常被泛化或交叉使用。以至于部分学者也都认为集体经济与合作经济在实现形式与结构特性等方面没有本质区别，认为两者本质上都是利用群体合作和集体行动来弥补个体力量的不足，集体经济的实质就是合作经济，合作经济是集体经济的实现形式。[①] 这导致的结果是以“合作”等同或是取代“集体”，在实践中集体和社员的

① 王景新：《村域集体经济：历史变迁与现实发展》，中国社会科学出版社 2013 年版，第 81 页。

利益又常常没有因为合作过程的存在而得到有效保障。在合作社运营过程中，很多合作社被外来的农业公司控制，农民社员基本上没有发言权，其利益难以得到有效保障。①

事实上，农村集体经济与乡村合作经济是既有区别性又有共同性的两种经济形态。从新型农村集体经济和乡村合作经济的内部构造和属性特征来看，两种经济形态是具有实质区别的两个经济范畴，农村合作经济与集体经济的内涵和外延在不同的话语环境中会有不同的指向，新型农村集体经济与乡村合作经济在产生基础、发展方向、成员资格、产权性质、经济效能等方面具有明显差异性。②

其中，两者的本质区别在于新型农村集体经济坚持产权为集体所有，并且有着明确的成员权限制，合作经济在产权和成员权方面并没有严格限制。如杨团指出，合作社是人的自愿结合，没有明确的地域和财产限制，外来资本因此可以主导合作社的发展；而农村集体经济是以法定的土地集体所有权为前提，以地域为界线而形成的特定群体组织，有明确的成员权限制。③ 因此，不能把集体经济与合作经济简单地等同起来，集体经济与合作经济的区别有一个重要考察标准，即资产是否量化到个人，是否承认私人产权。合作经济的本质是交易的联合，资产量化到个人，承认私人产权。而集体经济建立在集体所有制基础之上，生产资料归集体成员共同所有，本质是财产的联合。集体经济资产一般不会量化到个人，不承认私人产权，集体成员主要以股份分红等形式共享集体经济收益。④

此外，新型农村集体经济是农民群体在集体共有产权和成员资格身份基础上进行互助合作、从事生产经营并由此发生利益联结、实现利益

---

① 郑丹、王伟：《我国农民专业合作社发展现状、问题及政策建议》，《中国科技论坛》2011 年第 2 期。

② 赵意焕：《合作经济、集体经济、新型集体经济：比较与优化》，《经济纵横》2021 年第 8 期。

③ 杨团：《此集体非彼集体——为社区性、综合性乡村合作组织探路》，《中国乡村研究》2018 年第 1 期。

④ 韩俊：《关于农村集体经济与合作经济的若干理论与政策问题》，《中国农村经济》1998 年第 12 期。

共享的共同体经济。作为社区共同体经济，新型农村集体经济不仅强调农民个体之间开展密切的经济合作，更主张经济嵌入在社会关系结构中，突出集体经济的嵌入性、共享性、社会性和公共性等社会品格，强调新型农村集体经济在组织农民、乡土重建、治理增效中的经济基础作用。它较好地回应了村社集体成员的公共服务需求。而乡村合作经济则是一种由市场经济催生的经济形态，其主要功能在于弥补个体经济的不足，适应社会化大生产的需要。[①] 它是由从事类似经济活动的个体在自愿互利原则基础上，按照一定的规章制度在某一区域或某一专业领域成立的合作共同体。因此，合作经济是基于农民之间的个体联合而非集体联合，缺失集体产权与成员身份的属性，更不需要承担提供社会公共服务与重建村落共同体的使命。

另外，新型农村集体经济与乡村合作经济的组织结构也存在明显不同。当前，在广大乡村社区，新型农村集体经济的主要组织载体是农民股份经济合作社，该合作社负责人与村"两委"成员互相嵌入、交叉任职，合作社理事长一般由村党支部书记担任。为发展壮大新型农村集体经济，很多村落在村"两委"领导下形成了"村社合一""党支部领办""党支部＋农户＋企业"等各种类型的合作经济组织。这些组织尽管在形式上有所差异，实质上都是以农民股份经济合作社为基础、以村社集体利益为核心建立起来的，它们代表的是村集体成员的整体性利益，遵循的是集体利益优先原则。而以各类专业合作社为组织载体所形成的乡村合作经济，其内部组织结构主要以"大户＋农户""龙头企业＋农户"等形式呈现，遵循的是市场主导下的个人利益优先原则。在这种组织结构中，农业大户、乡村精英、龙头企业成了合作社的主导力量和利益主体。因此，这类合作经济在运行实践中常常会出现"大农吃小农""精英俘获""工商资本主导"等乱象。

集体经济与合作经济的共同之处是两者都存在着广泛的社会合作。农村集体经济是农民群体在集体共有产权和成员资格身份基础上进行互助合作，从事生产经营并由此发生利益联结、实现利益共享的共同体经

---

① 冯蕾：《中国农村集体经济实现形式研究》，新华出版社 2016 年版，第 36 页。

济。从性质上说，农村集体经济是社会合作经济的一种类型，主张村民应以集体产权为基础进行自愿联合、互利合作并积极参与集体事务。在乡村社会中，村民的社会合作是该群体为了某种共同的目的而结成的协同互助关系，反映在生产劳动、自治防卫、精神需求、日常生活等方面。① 在经济社会生活实践中，农民彼此之间基于利益关联而开展互助合作和生产经营的合作经济形式多样、内涵丰富。因此，可以说新型农村集体经济中农民群体基于经济发展、村庄建设等目标而开展的合作，可看作合作经济的一种类型。

从表面上看，在传统社会以及现代社会中仍然广泛存在的合作经济表现出了“集体性”的一面，但本质上却是农民认识到依靠个体化的力量不足以保证完成全年的农业生产，才借助村民之间彼此互助的形式实现自身的利益。即使是当前农民彼此之间仍然基于利益关联而开展互助合作，如互换劳动、农业生产协助、农业专业合作社、农民创业协助等，但这些合作的立足点和归宿仍然是为了实现农民个体利益。因此，从本质上说，乡村社会经济发展实践中的各种合作经济不能简单地等同于新型农村集体经济。② 只要所有制形式不实现从农民个体所有向集体所有转变，合作经济都不能成为严格意义上的集体经济。在当前新乡村建设实践中，不管是推进新型农村集体经济发展的制度改革，或是理解新型农村集体经济的内涵属性，都要明晰新型农村集体经济在集体产权、成员资格、组织目标等层面的本质特征，明确区分新型农村集体经济和乡村合作经济。

二 新型农村集体经济与乡村精英经济

新型农村集体经济同乡村精英经济是两种完全不同的社会经济形态。新型农村集体经济的发展立足于社区，其主要目的在于促进“合作共同

---

① 张思：《近代华北村落共同体的变迁——农耕结合习惯的历史人类学考察》，商务印书馆 2005 年版。

② 高鸣、芦千文：《中国农村集体经济：70 年发展历程与启示》，《中国农村经济》2019 年第 10 期。

体”的生成。[①] 只有当村社集体建构起“合作共同体”，农民个体才会拥有作为个人的完整生活，从而成为真正独立的、完整的和自由的个人。因此，新型农村集体经济突出强调了村落和社区对于农民群体的重要意义。它关注的是全体村民的整体性利益，追求的是实现村落的社会平等和社会公正。它强调经济发展嵌入在村落社区关系中，重视经济活动背后的社群关系，主张对村落集体的服务优先于利润，突出全体村民整体化的利益诉求和发展需要，强调经济发展的目的在于服务乡村社会和村社成员，在于满足社区和村民的整体性需要。因此，从本质上说，新型农村集体经济是一种为全体村民所分享和共享的嵌入性社会经济。

乡村精英经济体现的则是乡村精英群体通过利用各种关系网络控制和俘获乡村社会公共资源来实现乡村精英群体个体利益的最大化，它将精英个人利益凌驾于村落共同体利益之上，强调精英个人利益优先于村落整体利益。在实践中，乡村精英俘获的公共资源既包括村落原有的土地、林地、水产、房屋等集体性资源资产，也包括新时期各种类型的下乡资源、进村项目与惠农政策。由于乡村精英利益最大化的实现往往以俘获和牺牲村落整体利益和其他村民的利益为前提，这将会引发村落内部新的利益分化与关系重组，导致村落内部的社会紧张并造成新的社会不平等。乡村精英经济非但不利于村落的社会整合与社会团结，反而分化和破坏了村落共同体的社会经济基础。

在组织建设实践中，乡村精英因具有出众的个人能力、经济前瞻性，在领办经济合作社中具有现实的必然性和主观的需求性，也在一定程度上促进了合作社的经济发展。但是，这种以乡村精英个人利益为主导的合作社，往往因乡村精英掌握着合作社的控制权、独享着合作社的利益所得，使得乡村精英主导的合作社以精英个体的利益增收为发展目标，缺乏合理的成员利益分配和激励机制，从而使合作社发展陷入“内卷化”困境。

因此，新型农村集体经济旗帜鲜明地反对乡村精英俘获和控制村落的整体利益。新型农村集体经济立足于集体经济成员和社区的整体性利

---

① 张康之、张乾友：《共同体的进化》，中国社会科学出版社2012年版。

益，代表的是村落社区居民的集体意志，维护的是乡村社区的公共利益，关照的是集体与个人基于集体共有产权和互为主体性基础上的股份合作和利益联结、互惠合作与相互依赖。它突出强调集体经济对于促进个人与集体、个体与社会利益联结的意义和价值。因此，它将超越个体、家庭、各种乡村精英群体或利益小群体的狭隘视界，更好地服务于乡村居民的公共生活，并进而为实现乡村组织化和乡土重建提供坚实的社会经济基础。作为一种社会经济形态，新型农村集体经济与乡村精英经济存在本质区别。其特有的社会属性突出强调集体经济的社区性、共享性、居民参与性，在关注个人与集体之间的经济利益的基础上，它突出集体经济的社会品格与重建社会的时代使命，强调经济与社会的互相嵌入、社群关系与个体命运的互相促进、经济发展与乡土重建的内在统一。

小　结

新型农村集体经济作为一种社会经济形态，在经济属性、内部结构、实现形式等方面既区别于集体化时期的传统集体经济，也同乡村合作经济、乡村精英经济存在明显区别。这主要源于新型农村集体经济的社会属性。新型农村集体经济的社会性以“经济嵌入社会”为重要特征，强调新型农村集体经济的发展是深嵌在乡村社会生活结构及社会关系网络中的。因此，发展壮大新型农村集体经济，将为新形势下乡村社会的组织再造、村落重建与乡村全面振兴提供坚实的社会经济基础。发展壮大新型农村集体经济，探索集体经济在新形势下的有效实现方式与实现路径，重振新型农村集体经济在改善乡村治理环境、服务乡村社区居民的公共生活、重建村落文化礼俗、实现农民对美好生活需要方面的积极价值，顺应了新时代实现乡村社会全面振兴的诉求。

一方面，新型农村集体经济发展壮大的过程，实质上就是重建社会、重建村落共同体的过程。因此，面对乡村社会衰败的现实困境，如何运用乡村现有的集体资源，采用多种方式培育和发展壮大新型农村集体经济，使之成为复兴乡村、重建社会的重要经济基础，这成为当前全面推进乡村振兴战略实施过程中需要给予认真对待和反思的问题。另一方面，发展壮大新型农村集体经济契合了村落社会的文化礼俗。守望相助、邻里互保、人情互惠、敬老爱幼、生活互助和非正式的社会关系网是村落社会中长期存在的文化礼俗，这些长期积习而成的社区品格，成为村落延续的精神与灵魂。新型农村集体经济的本质在于通过重建乡土复兴的社区根基，最终实现修复社区关系、增进社区团结与社会合作，实现村落文化礼俗重生。这表明，发展壮大新型农村集体经济的过程，也是重建村落社区品格、复兴乡村文化礼俗的过程。

当前，乡村社会正面临经济发展和社会建设的双重困境。面对乡村社会衰败的困境，一些学者形成了村落或农民终结的论断，这些论断似乎表明，村落或农民的终结是不可改变的趋势。事实上，只要找到乡村复兴的切入点，在一些地区就可改变村落或农民终结的命运。发展壮大新型农村集体经济，生成乡村社会的利益联结机制，助推乡村社会全面组织化，实现社区重建，这或许能为当前部分地区破解村落或农民的终结，缓解乡村社会衰败的困局找到另一种出路。① 因此，在当前乡村振兴战略全面推进、城乡融合发展进程持续深入的新时代，要充分发掘和整合乡村社会现有的人力、物力、财力、文化资本，探索新型农村集体经济的多元化实现形式，筑牢乡村发展的社会经济基础，走出一条以发展新型农村集体经济为核心的新乡村建设之路。

---

① 马良灿：《重新找回村落集体经济》，《河海大学学报》（哲学社会科学版）2020年第5期。

第三章

新型农村集体经济助推乡村社会组织化的发展变迁与政策演进

新型农村集体经济助推乡村社会组织化，需要将其放置在集体经济的发展变迁与制度政策演化的环境中进行考察，进而明晰这一问题产生的时空背景与制度政策基础。我国农村集体经济发展经历了以农业生产合作化运动及人民公社体制为阶段特征的传统型农村集体经济萌芽时期、以“统分结合”双层经营为主要实现形式的农村集体经济改革期、以集体产权制度改革为核心的新型农村集体经济多元化发展时期。在这一发展历程中，人民公社体制的建立与终结、改革开放后农村产权经营方式的变革与实践后果、后税费时代的社会主义新农村建设、新时代乡村振兴战略和乡村建设运动的全面实施，这些事关农民命运和乡村发展的重大事件，成为理解新型农村集体经济发展助推乡村社会组织化的时空背景。

同时，面对村落集体经济“空壳化”、乡村社会“空巢化”和农民社会生活个体化的现实困境，国家反复强调了复兴农村集体经济对于促进农民增收、优化乡村组织体系、提升乡村治理效能、实现乡村发展和公共物品供给的重要意义。国家出台的各种制度政策就发展壮大新型农村集体经济助推乡村社会组织化进行明确表述。这些纲领性政策文件的出台，为探索新型农村集体经济发展助推乡村社会组织化的实践机制与逻辑进路提供了充分的制度与政策依据，也为新型农村集体经济发展助推乡村社会组织化创造了良好的政策制度环境与发展契机。

第一节　新型农村集体经济发展助推乡村社会组织化的发展变迁

新型农村集体经济发展与乡村社会组织化的共生性关系表明，其发展壮大深嵌在乡村社会生活结构与社会关系网络中。作为乡村社会组织化的社会经济基础，新型农村集体经济在不同时空场域中呈现出的内涵属性、组织载体、运行结构深刻影响着乡村社会组织化的实现形式。因此，探讨新型农村集体经济发展助推乡村社会组织化这一问题，需要以农村集体经济的发展变迁为线索。从发展进程看，农村集体经济经历了以“一大二公、政社合一”为主要形式的集体化时期、以家庭联产承包责任制为基础的“统分结合、双层经营”时期、以集体产权制度改革为核心的新型农村集体经济发展时期。

一　集体化时代的农村集体经济及其实现形式

传统乡土社会生计方式主要体现为以家户为中心且自给自足的小农经济。在这样的社会中，村落社区的公共财产较少，更无所谓的集体经济。不过，出于保护村落共同体尤其是血缘地缘共同体的需要，社区会形成一些公共性财产，如宗祠、族田、庙产等。但这些社区共有之财，向社区提供公共服务的能力十分有限，对改善社区居民的生活几乎没有实质意义。

中华人民共和国成立后，党和政府在全国开展了轰轰烈烈的土地改革运动。通过土改运动，封建地主阶级土地私有制被彻底废除，新政权通过平均地权、均分土地，真正实现了农民耕者有其田，建立了一个均等化、平等化的社会主义新农村，广大贫下中农翻身成为土地的主人，改变了长期受剥削受压迫的宿命。单家独户的小农开始了细碎的土地耕耘，但是传统的农具、作物品种、耕种方式和劳动组织方式使农民家庭难以从土地上获得超出满足家庭日常生活需要的生计收益剩余。为克服小农经济面临生产能力较弱、生产工具短缺、技术手段落后等问题，为防止农村社会出现新的社会分化与社会不平等，国家开始有意识地引导和推动农民走农业合作化和集体化的道路。通过从互助组到初级社、从初级社到高级社的社会改造运动，国家最终在广大农村地区建立了政社合一的人民公社体制。人民公社体制的建立实现了乡村社会的高度集体化和组织化，农村社会经济形态实现了农民个体经济向村庄集体经济的巨大转变。

农业生产互助组是农民本着“自愿互利”的原则建立起来的。它是一种具有社会主义萌芽性质的农业生产合作组织，是农业集体化的初级组织形态。初级合作社和高级合作社已经拥有部分村集体土地和生产资料，合作社统一使用村民的土地和生产资料，实现村民按劳分配与按生产资料股份分红相结合的利益分配形式。人民公社阶段，农民的土地及生产资料所有权已经归村集体所有，村民在“政社合一”的公社体制下，遵循“工分”制的按劳分配机制。人民公社的成立标志着集体化时期集体经济体制正式形成。

在互助组阶段，土地和其他生产资料产权仍归农户私有，互助组成员之间仅限于生计劳动上的协作生产，以及耕畜、农具等生产工具的互换使用。这种互助实质是一种基于换工与帮工的个体经济联合体。互助组本质上也只是一种农业生产合作组织。农户在农忙时将劳动力、农具等集中起来，按生产需要自愿结合，农户作为产权主体，土地所有权、经营权、收益权皆归农户，尚不具备集体经济的完整形态。这种互助组可分为临时性互助组和长期性互助组。临时互助组依据农户个体的生产需要，由三五户在农忙时临时自愿结合，农闲时解散。长期性互助组会拥有少量公共财产，规模比较大，形成了劳动合作与分工，在集体成员中分配生产剩余，具备了集体经济的合作特征。长期性互助组的出现标志着农村集体经济开始萌芽。互助组的形成为集体经济的发展壮大奠定了一定的组织基础。但互助组只是一种基于换工和交换生产工具而形成的个体经济联合体，并没有从根本上改变农民分散经营的经济生产状态，也并没有触及成员间的土地产权关系，产权性质并没有因为互助组的成立而发生本质变化。因此，按照集体经济中土地归集体所有这一性质，互助组不算农村集体经济的实现形式。它只是在协同合作的实践方式上为后来集体经济的出现奠定了组织基础，尤其是那些长期性互助组，成为建立初级合作社和高级农业生产合作社的重要组织载体。

初级合作社是由互助组发展起来的具有一定社会主义性质，但村集体产权不完整的集体经济组织。在初级合作社阶段，土地的所有权和使用权已经出现分离，土地所有权归农户私有，使用权转让给集体，也即农业合作社。因此，合作社已经拥有一部分集体共有的生产资料经营权和使用权，但社员仍然保留个体所有权。合作社统一安排耕种，统一调配劳动力和生产资料，统一进行生产经营和管理，统一进行劳作收益分配。社员集体劳动，但入社农民仍然以股份分红等形式享受个体生产资料的财产收益。这种将按劳分配与股份分红相结合的收益分配方式调动了农户的生产积极性。与此同时，合作社内部也建立起规范的管理运作机制，社员大会作为最高管理机构，就合作社内部的重大事务进行表决，管理委员会负责合作社内部的日常事务。但是，由于初级社中土地等生产资料的产权仍归农民个体所有，因此，它是一种具有一定社会主义性质、但集体产权不完整的经济合作组织。

高级农业生产合作社是一种建立在社会主义公有制基础上的集体经济组织。在高级合作社阶段，社员除保留少量的自留地外，土地及其他生产资料的所有权、使用权都已归集体合作社所有，由集体统一组织生产和劳作。高级社建立了土地和主要生产资料的集体所有制。农民入社的土地和其他生产资料所占股份及分红被取消，合作社的收益和剩余由集体进行统一管理、按劳分配。高级合作社的成立标志着农村集体经济形态的初步成型。它为人民公社的形成奠定了重要的产权与制度基础。

在人民公社阶段，农户生产资料全部归集体所有，广大农村地区最终形成了“政社合一”的集体经济体制。人民公社既是农村集体经济组织，又是农村基层社会生活单位，还是基层政权组织。它是“政经社”三位一体的组织单元。人民公社作为集体经济组织完全替代了原来的家庭经济组织，成为集生产、经营、缴纳税费和居住生活的基本单位。在人民公社体制下，原来为农户所有的土地及其他生产资料的所有权、使用权全部归集体所有，农民生产生活皆被纳入以“三级所有、以队为基础”的人民公社这一集体经济组织中。

从国家与农民的关系来看，人民公社体制是国家权力介入农民日常生活与生产秩序的具体体现。[①] 在人民公社中，农民的劳动属于集体劳动，农民仅仅是集体的生产者和劳动者，劳动的属性由私人性转向集体性。在人民公社内，农民的行为规范也是集体导向的，它以承认集体利益为前提，要求根据集体的利益和发展集体经济的需求来调节自己的行为和人与人之间的关系。在公社体制中，个人无法脱离公社集体进行生产生活。[②] 在集体经济组织内，“工分”代替了实物收成，生产队代替了原有的乡村社会内生性组织网络。人民公社作为集体经济的组织载体，担负着社区公共事务治理、公共设施建设、公共服务供给等职能。

二 统分结合的双层经营体制及其实现方式

人民公社废止后，我国广大农村地区进行了农地产权改革，形成了以家庭联产承包责任制为主体、集体统一经营和家庭分散经营相结合的双层经营体制。所谓集体统一经营，意指村社集体通过向村民收取一定的费用，主要是“三项提留、五项统筹”亦即“三提五统”[③] 来为村民提供生产经营服务。所谓家庭分散经营则是集体直接将土地发包给农户开展家户制生产经营活动，农民则向集体支付相应的税费。土地包产到户使农民重新获得农业生产经营自主权，这调动了农民的生产积极性，提高了农业生产效率，改善了农民的生活状况。与此同时，国家也开始对集体化时期“政社合一”的乡村组织体系进行改革，实行以村民民主选举、民主决策、民主管理和民主监督为主要内容的村民自治制度。在原公社和生产大队基础上建立乡镇政府、村民自治组织和集体经济组织。

---

① 孟庆延：《“生存伦理”与集体逻辑——农业集体化时期“倒欠户”现象的社会学考察》，《社会学研究》2012 年第 6 期。

② 项继权：《集体经济背景下的乡村治理：河南南街、山东向高、甘肃方家泉村村治实证研究》，华中师范大学出版社 2002 年版，第 131 页。

③ “三提五统”具体是指村级三项提留和乡级五项统筹。村级三项提留是农村集体向村民收取的公共开支费用，主要包括公积金、公益金和管理费三项，主要用于农业基础设施建设、社会福利、医疗保健以及村干部报酬和办公费用。乡级五项统筹是乡镇一级政府向农民收取的五项费用，主要包括乡村两级办学教育费附加、计划生育费、民兵训练费、乡村道路建设费和优抚费等。

作为村庄集体经济的组织载体，集体经济组织主要负责管理、经营和盘活集体财产，其主要来源是向农村收取的“三项提留”。在国家尚未在乡村社会建立完善的社区公共服务供给体系的情况下，以集体统一经营为实现形式的村集体经济在保障乡村社会村级组织正常运转、向乡村社区提供公共产品、促进乡村发展、增加农民收入等方面发挥着重要作用。家庭联产承包责任制使人民公社时期的集体经济体制解体。但是，人民公社集体经济的解体并不表明乡村集体经济的终结。家庭联产承包制虽然改变了农村集体经济的经营方式，但没有改变集体经济所有权的性质。集体经济只是以双层经营体制中的集体统一经营为实现形式，并一直延续至今。

但同时，家庭联产承包责任制改革后，总的趋势是集体经济在农村经济中的地位不断弱化，“统一经营”的优势没有充分发挥出来。在双层经营体制下，村集体统一经营主要是管理集体土地，为农业生产经营提供有限服务，村民与村集体经济组织的关系仅仅表现在集体土地的承包与发包上，农民只是通过土地承包关系被纳入社区集体经济组织之中。[①]并且，由于双层经营体制过度强调家庭经营“分”的优势，而弱化集体“统”的功能，使双层经营体制下的农业生产过于分散的弊端日益显现，农村集体经济日益疲弱，集体经济组织日益虚化。最终，广大农村在集体化时代积累的村集体资产大部分被分光卖光，大多数村庄集体经济处于空壳化状态。[②] 集体经济的“空壳化”不仅使乡村社会公共服务难以持续，还使乡村社会村级组织的组织力弱化，难以将分散的农户组织起来。因此，在某种程度上，家庭联产承包责任制并未实现集体经济的复兴，以双层经营体制中的集体统一经营为实现形式的集体经济大多面临空壳化甚至负债化的发展困境。

为解决农村分散经营与社会化大生产之间的矛盾，缓解乡村公共服务供给困境，解决集体经济空壳化危机，在各级政府支持下，部分村庄

---

① 项继权：《集体经济背景下的乡村治理：河南南街、山东向高、甘肃方家泉村村治实证研究》，华中师范大学出版社 2002 年版，第 169 页。

② 梁昊：《中国农村集体经济发展：问题及对策》，《财政研究》2016 年第 3 期。

试图盘活集体资源，开始探索集体经济的在地化实践。如，部分村庄通过承包制和租赁制等形式将村庄集体土地等资源进行发包和出租，通过收取租金和承包费等获得集体经济收入，但这种集体经济的实现形式受村庄资源数量、利益分配机制等因素影响，难以实现可持续发展。20 世纪 80 年代至 90 年代中期，随着工业化和城镇化进程的推进，一些村庄通过对集体化时期的社队工业进行改制，利用已有的产业基础和优势，发展乡镇企业。乡镇企业在乡村社会迅速崛起，成为发展壮大集体经济的主要来源。乡镇企业发展壮大了乡村集体经济实力，充实了社区公共财力，成为这一时期乡村社会最主要的集体经济实现形式。同时，当时的乡镇企业较好吸纳了农村剩余劳动力，使农民在“离土不离乡”的情况下实现了在地就业。在国家尚未在乡村社会建立相对完善的公共服务体系的情况下，乡镇企业这种农村集体经济形态在保障乡村基层组织运转、提供社会化服务、增加农民收入等方面发挥着重要作用。乡村依托乡镇企业再集体化的过程本身也是其实现再组织化的过程。

20 世纪 90 年代末期，由于大部分地区不具备发展乡镇企业的主导产业，加之集体经济产权模糊等原因，在市场经济的巨大冲击下，中西部地区乡镇企业难以持续发展，纷纷开始走向破产和倒闭，乡镇吸纳农村剩余劳动力的能力弱化。在农地产出有限、农业收入入不敷出，农民家庭支出和消费持续上升的背景下，农民“离土不离乡”的就业结构被打破，大量农村人口向沿海地区和城市流动，大规模的“离土又离乡”的农民工浪潮开始涌现。最终，以家庭联产承包责任制为主体、实行统分结合的双层经营体制并未能建构出强有力的乡村集体经济组织，未能发展壮大集体经济，更难以缓解乡村共同体走向衰败和村落迈向“空巢化”的现实困境。

这一时期，在乡村社会的急剧变革中，农民个体化、分散化的趋势日益明显。乡村社区缺乏有效的组织机制将农民组织起来，乡村社会的各种治理问题越发突出。农村税费难收、农民负担沉重、干群关系紧张、农业经济不景气等“三农”问题日益显现。在这样的背景下，国家开始出台促进乡村社会组织化发展的政策。部分乡村地区为了适应农村经济发展的市场化进程，在政策支持下，乡村社区组织和乡村精英开始带头探索社区合作化、股份制、股份合作制等多种集体经济实现形式。这在一定程度上提高了村级集体经济的市场竞争力，为此后推进村集体产权制度改革，发展新型农村集体经济，助推乡村社会组织化奠定了实践基础。

三　新时代新型集体经济的发展壮大及其实现形式

伴随着市场化进程的持续推进，小农户与大市场的矛盾日益凸显。分散化、个体化的小农户难以应对市场风险，难以获取有效的市场信息。因此，当前亟须发展壮大新型农村集体经济，重建集体经济组织的法人地位，使之成为连接小农户与大市场的桥梁纽带。依托集体经济发展提升农民组织化程度，进而克服农户进入市场的各种风险，降低经济活动的交易成本，提高农户的经济收益，这是在经济层面集体经济助推乡村社会组织化的具体体现形式。不过，当前农村集体经济普遍面临资源短缺、发展后劲不足、农户参与程度较低、集体财政"空壳化"问题突出等发展困境。这些发展困境使集体经济组织难以将农民有效组织起来，难以有效应对市场经济带来的各种风险和挑战。很多地方对集体经济的有效实行形式、运行机制与实现路径的经验探索以及国家一系列制度政策的出台，正是为应对和破解上述发展困境而进行的积极回应。

为进一步推进新乡村建设进程，提升农民社会化和组织化程度，国家高度重视新型农村集体经济的发展壮大问题，并在政策上给予了充分支持。国家通过农村产权制度的不断调整和改革，通过对村集体的资源、资产和资金进行进一步清算和核实，通过赋予村集体经济组织相应的法人地位和身份，通过进一步明确村党支部书记兼任村集体经济组织的负责人，使当前新型农村集体经济的发展进入了常态化发展阶段。2016 年，国家正式提出"新型农村集体经济"这一概念，并在原有政策支持基础上出台一系列支持发展壮大新型农村集体经济的制度政策。这些制度政策进一步明确了新型农村集体经济在助推乡村社会组织化、重建村落社会和夯实乡村振兴社会经济的作用。一些地方在相应的政策支持下，积极探索新型农村集体经济的有效实现形式与创新路径。当前，新型农村集体经济在原来股份制、合作制、股份合作制的基础上，创新发展了“企业＋农民专业合作社＋农户”“党支部＋合作社＋农户”“党支部领办合作社”“抱团发展”“飞地模式”等多种实现方式，新型农村集体经济在诸多村落社会中得以复苏并发展壮大。

在全面实施乡村振兴战略、建设宜居宜业和美乡村的新时代，新型农村集体经济发展日趋成熟。因此，巩固集体产权制度改革成果，总结新型农村集体经济发展的中国经验，成为当前新型农村集体经济发展的主要任务。国家“十四五”规划和2035年远景目标纲要提出，要“深化农村集体产权制度改革，发展新型农村集体经济”。2023年中央一号文件再次强调巩固和提升农村集体产权制度改革成果、多样化途径发展新型农村集体经济的政策主张，并明确提出构建产权关系明晰、治理架构科学、经营方式稳健、收益分配合理的新型农村集体经济。因此，实现新型农村集体经济的高质量发展，促进乡村组织振兴，成为当前新乡村建设的主要内容之一。在社会主义新时代，新型农村集体经济的发展壮大迎来了前所未有的时代契机。

第二节　新型农村集体经济发展助推乡村社会组织化的政策演化

一直以来，党和政府都十分重视农村集体经济的发展，并将其视为助推乡村社会组织化和村社重建的有效路径。改革开放至今，国家就发展壮大农村集体经济、探索农村集体经济产权改革、推进集体经济的组织建设等问题进行了明确的政策表述，充分肯定了新型农村集体经济对于乡村社会建设与实现农民组织化的价值。这些制度政策就推进集体经济组织领导建设、实行农村集体资产清产核资、实现集体成员间的股份与利益联合、保障农民集体资产权利和经济收益权、推进集体经济的多元化实现方式等问题作出了明文规定。这些纲领性政策文件的出台与表述，一方面说明了党和政府对发展壮大新型农村集体经济问题的高度重视；另一方面也为新型农村集体经济的发展壮大提供了充分的制度与政策依据，为新型农村集体经济发展助推乡村社会组织化指明了方向。

依据集体经济发展所呈现的特征，这些政策演化可分为三个阶段：一是1978年至2006年的集体经济探索发展期，这一时期强调对集体化时期形成的以“政社合一”为核心的传统集体经济体制进行改革，探索“统分结合”双层经营体制下的集体经济的新发展模式；二是2007年至2011年的农村集体经济盘活与改革期，这一时期将全面推进农村集体产权制度改革试点作为农村阶段性重点改革任务，注重盘活与改革农村集体经济；三是2012年至今的新型农村集体经济多元发展期，这一时期强调新型农村集体经济的经济性与社会性双重属性，主张发挥新型农村集体经济在助推乡村组织体系重构、实现乡村社会组织化和村社重建的社会经济基础作用，发掘新型农村集体经济的社会品格。

一　农村集体经济探索发展期（1978—2006）

改革开放后，家庭联产承包责任制取代了“政社合一”的人民公社体制，计划经济时期形成的传统型农村集体经济发展模式也随之瓦解。当时，广大农村地区的集体经济大多处于“空壳化”甚至负债化状态，无法承担向农村提供公共服务和建设乡村的重任。在此背景下，国家就如何复兴农村集体经济、如何帮助集体经济实力薄弱的村庄解决好起步问题、如何因地制宜发展农村集体经济等问题给予了政策回应。例如，《中国共产党第十一届中央委员会第三次全体会议公报》中便强调了集体经济在农村经济中的重要地位，重视集体经济在提升农村经济实力、促进乡村经济发展和农民增收等方面的意义。

随着家庭联产承包责任制的全面推行，广大农村社会形成了“统分结合”的双层经营体制。在这一体制背景下，相关政策文件便主张积极探索农村集体经济在“统分结合”双层经营体制下的创新发展路径，因地制宜发展新时期农村集体经济，逐步壮大农村集体经济实力。1982年，在以农业农村发展为核心的第一份中央文件《全国农村工作会议纪要》中便明确指出，以土地所有制为核心、以家庭联产承包责任制为基础的集体经济形态是传统型集体经济的改革方向。区别于计划经济时代的传统型集体经济，改革开放后立基于双层经营体制下的农村集体经济更强调经济发展中效率与公平的统一，更突出集体经济在壮大社区公共财力以及助推乡村社会整体性发展的意义。1990 年下发的中央文件《中共中央、国务院关于一九九一年农业和农村工作的通知》、1992 年党的十四大报告《加快改革开放和现代化建设步伐，夺取有中国特色社会主义事业的更大胜利》也都明确强调要立足村庄资源禀赋，探索依靠集体自身来壮大集体经济实力的有效路径，主张依托集体经济的复兴与发展来振兴农村经济、完善农业社会化服务体系。

1997 年党的十五大报告《高举邓小平理论伟大旗帜，把建设有中国特色社会主义事业全面推向二十一世纪》、2002 年党的十六大报告《全面建设小康社会，开创中国特色社会主义事业新局面》及 2005 年中央一号文件《中共中央、国务院关于进一步加强农村工作，提高农业综合生产能力若干政策的意见》等，继续对农村改革和农业发展做出具体部署，明确主张发展多种形式的农业社会化服务体系，壮大集体经济，推进农业和农村经济结构调整，提高农业竞争力。正是在这些政策的指导下，广大农民按照自愿原则组织起来，经营方式实行合作经营，分配制度实行按股与按劳分配相结合，助推农村集体经济的多元化发展。

总体而言，这一时期关于发展农村集体经济的政策论述都将农村集体经济看作我国公有制经济在农村社会的重要实现形式，将提升农业生产服务作为农村集体经济组织的主要任务，充分体现集体生产经营中“统”的优势。这些政策提出了发展农业生产服务、拓展农村集体经济产业领域，以及加强土地及其他农村集体资产管理等一系列重要措施，力求使农村集体经济的发展实现新突破（见表 3—1）。

表 3—1　　1978—2006 年发展农村集体经济的相关论述

年份	政策文件	发展农村集体经济的政策表述
1978	《中国共产党第十一届中央委员会第三次全体会议公报》，人民出版社 1978 年版，第 8—9 页。	公社各级经济组织必须认真执行按劳分配的社会主义原则，按照劳动的数量和质量计算报酬，克服平均主义。

续表

年份	政策文件	发展农村集体经济的政策表述
1982	《全国农村工作会议纪要》，《中共中央国务院关于“三农”工作的一号文件汇编：1982—2014》，人民出版社 2014 年版，第 2、3 页。	我国农村的主体经济形式，是组织规模不等、经营方式不同的集体经济。包干到户这种形式，随着生产力的发展，将会逐步发展成更为完善的集体经济。
1990	《中共中央 国务院关于一九九一年农业和农村工作的通知》，中共中央文献研究室编：《十三大以来重要文献选编》（中），人民出版社 1991 年版，第 1324—1325 页。	要依靠生产的发展和集体自身的积累来壮大集体经济实力，特别要注意开发新的资源和开辟新的生产途径。要帮助集体经济实力薄弱的乡村解决好起步问题。
1992	江泽民：《加快改革开放和现代化建设步伐，夺取有中国特色社会主义事业的更大胜利——在中国共产党第十四次全国代表大会上的报告》，中共中央文献研究室编：《十四大以来重要文献选编》（上），人民出版社 1996 年版，第 24 页。	积极发展多种形式的农业社会化服务体系。从各地实际出发，逐步壮大集体经济实力。
1997	江泽民：《高举邓小平理论伟大旗帜，把建设有中国特色社会主义事业全面推向二十一世纪——在中国共产党第十五次全国代表大会上的报告》，人民出版社 1997 年版，第 29 页。	长期稳定以家庭联产承包为主的责任制，完善统分结合的双层经营体制，逐步壮大集体经济实力。
2002	江泽民：《全面建设小康社会，开创中国特色社会主义事业新局面——在中国共产党第十六次全国代表大会上的报告》，人民出版社 2002 年版，第 23—24 页。	长期稳定并不断完善以家庭承包经营为基础、统分结合的双层经营体制。增强集体经济实力。建立健全农业社会化服务体系。
2005	《中共中央、国务院关于进一步加强农村工作，提高农业综合生产能力若干政策的意见》，《中共中央国务院关于“三农”工作的一号文件汇编：1982—2014》，人民出版社 2014 年版，第 108 页。	集体经济组织要增强实力，搞好服务，同其他专业合作组织一起发挥联结龙头企业和农户的桥梁和纽带作用。

二 农村集体经济盘活与改革期（2007—2011）

自党的十七大以来，面对后税费时代集体经济“空壳化”、乡村公共服务供给难以持续的困境，以及乡村社会“空巢化”、农民社会生活个体化的社会现实，国家从多个层面阐述了多元化发展壮大农村集体经济的政策主张。同时，这些制度政策指出，要在不断推进农村集体产权制度改革的过程中积极探索集体经济的多元化实现形式与实现路径，重视盘活和发展农村集体经济。它强调，要提升集体经济组织服务农户生产经营与运营管理的能力，重视以股份制和合作经济的方式来发展壮大农村集体经济，强调对集体土地所有权的确权以及对农民集体资产收益权和分配权的保护，重视农村集体经营性建设用地产权流转和增值收益的制度建设等。

这一时期，国家在推进社会主义新农村建设的同时，再次肯定了发展农村集体经济对于实现乡村发展和公共物品供给的重要意义。相关政策对推进集体经济的组织建设与法制化建设、在不断推进农村集体产权制度改革的过程中积极探索集体经济的多元化发展等方面进行了明确表述。这为农村集体经济的复兴与发展提供了制度政策依据。这些纲领性政策文件的出台与政策表述，一方面说明了党和政府对发展壮大新型农村集体经济问题的重视；另一方面也为发展集体经济提供了充分的制度与政策依据，使集体经济发展助推乡村社会组织化获得了新的发展契机。

例如，党的十七大报告《高举中国特色社会主义伟大旗帜，为夺取全面建设小康社会新胜利而奋斗》及2007年中央一号文件《中共中央、国务院关于积极发展现代农业，扎实推进社会主义新农村建设的若干意见》明确提出要发展农村集体经济并探索其有效实现形式，培育多元集体经济组织，并以此重建农村集体经济，改善乡村公共服务供给的困境，推进社会主义新农村建设。2008年发布的十七届三中全会公报《中共中央关于推进农村改革发展若干重大问题的决定》和2008年中央一号文件《中共中央、国务院关于切实加强农业基础设施建设，进一步促进农业发展农民增收的若干意见》进一步指出要推进农村产权制度改革，通过盘活和发展农村集体经济来增强集体经济组织的服务功能，增进村社集体与农民个体的利益联结，保障农民对集体资产的收益权。2009 年至 2011 年中央一号文件也都明确指出要在推进农村集体土地确权工作、明确村集体土地权属的基础上开展村集体产权制度改革试点，壮大农村集体经济，提升集体组织对农民生产经营的服务能力，增强农业农村发展活力（见表 3—2）。

表 3—2　　　　2007—2011 年发展农村集体经济的政策论述

年份	政策文件	对发展农村集体经济的政策表达
2007	胡锦涛：《高举中国特色社会主义伟大旗帜，为夺取全面建设小康社会新胜利而奋斗——在中国共产党第十七次全国代表大会上的报告》，人民出版社 2007 年版，第 24 页。	探索集体经济有效实现形式，发展农民专业合作组织，支持农业产业化经营和龙头企业发展。培育有文化、懂技术、会经营的新型农民，发挥亿万农民建设新农村的主体作用。
2007	《中共中央 国务院关于积极发展现代农业，扎实推进社会主义新农村建设的若干意见》，人民出版社 2007 年版，第 17 页。	培养新型农民，造就建设现代农业的人才队伍。积极发展种养专业大户、农民专业合作组织、龙头企业和集体经济组织等各类适应现代农业发展要求的经营主体。
2008	《中共中央关于推进农村改革发展若干重大问题的决定》，人民出版社 2008 年版，第 11、12、40 页。	稳定和完善农村集体经营制度。统一经营要向发展农户联合与合作，形成多元化、多层次、多形式经营服务体系的方向转变，发展集体经济、增强集体组织服务功能。健全农村集体资金、资产、资源管理制度。
2008	《中共中央 国务院关于切实加强农业基础建设进一步促进农业发展农民增收的若干意见》，人民出版社 2008 年版，第 5、13 页。	保障农民对集体资产的收益权。各级财政要继续加大对农民专业合作社的扶持，农民专业合作社可以申请承担国家的有关涉农项目。

续表

年份	政策文件	对发展农村集体经济的政策表达
2009	《中共中央 国务院关于2009年促进农业稳定发展农民持续增收的若干意见》，人民出版社2009年版，第12、13页。	强化对土地承包经营权的物权保护，做好集体土地所有权确权登记颁证工作，将权属落实到法定行使所有权的集体组织。土地承包经营权流转，不得改变土地集体所有性质，不得改变土地用途，不得损害农民土地承包权益。
2010	《中共中央 国务院关于加大统筹城乡发展力度，进一步夯实农业农村发展基础的若干意见》，人民出版社2010年版，第17、18页。	鼓励有条件的地方开展农村集体产权制度改革试点。加快农村集体土地所有权、宅基地使用权、集体建设用地使用权等确权登记颁证工作。力争用3年时间把农村集体土地所有权证确认到每个具有所有权的农民集体经济组织。壮大农村集体经济组织实力，为农民提供多种有效服务。

三 新时代集体经济的多元化发展与深化时期（2012年至今）

当前，中国社会发展进程进入了社会主义新时代。在新时代，随着农村集体产权制度改革的持续深入，伴随农村集体“三资”的清产核资工作的开展和完成，随着村集体法人资格地位和村党支部书记兼任集体经济法人代表身份的确立，农村集体经济的发展进入了多元化发展时期。在这一时期，无论是国家的制度政策支持力度，还是地方的经验实践探索，都表明新型农村集体经济发展助推乡村社会组织化已进入新的多元化发展与深化阶段。依据集体经济发展所呈现的特征，可以将这一阶段划分为两个亚阶段，其中，2012—2015年为第一个亚阶段，2016年至今为第二个亚阶段。

在2012—2015年，农村集体经济产权制度改革持续深入，农村土地确权工作基本完成，国家政策重视农村集体经济的多元化实现形式，主张因地制宜发展农村集体经济，进一步明确集体经济的发展方向。2013年党的十八届三中全会公报《中共中央关于全面深化改革若干重大问题的决定》及中央一号文件《中共中央、国务院关于加快发展现代农业，进一步增强农村发展活力的若干意见》明确提出要发展壮大集体经济实力，建立与市场经济发展相适应的集体经济形态，盘活农村集体资产，探索农村集体经济的多元有效实现形式，推动农村集体产权股份合作制改革，提高集体经济组织资产运营管理水平，依法维护农民集体收益分配权，赋予农民对集体资产股份占有、收益、有偿退出及抵押、担保和继承的权利。其目的是保护农民在集体经济组织中的权益，发展农民股份合作，探索更高效的集体经济组织统一经营管理机制，使农民切实受益于集体经济发展。2014 年中央一号文件《中共中央、国务院关于全面深化农村改革加快推进农业现代化的若干意见》则明确提出用市场化手段盘活农村土地经营权。使用权和经营权的分离使农民可将土地进行流转，将经营权入股村集体，由集体经济组织对土地进行统一经营管理，这在一定程度上可提高农村土地经营效率，将农民从土地中解放出来。集体建设用地进入市场有效保障了农民公平分享土地增值收益，农民合作社的组建和发展则进一步杜绝了集体经济组织空壳化现象，在集体经济组织重构中进一步保障了农民的利益。

随着农村集体经济在全国各地的试点和农地产权改革的持续推进，国家对支持发展农村集体经济的政策表述更加具体，集体经济对乡村社会发展的意义被不断强化。国家主张全面深化农村集体经济改革，推广有益经验，着手起草农村集体经济相关组织条例与法律条文。在 2015 年中央一号文件《中共中央、国务院关于加大改革创新力度加快农业现代化建设的若干意见》的指导下，财政部下发文件《扶持村级集体经济发展试点的指导意见》。这份文件主张开展扶持村级集体经济发展壮大试点工作，赋予农民对集体资产股份权能改革试点工作，从法律制度层面保障农村集体经济的良性运行与协调发展。在此基础上，国家明确肯定了农村集体经济在提升集体成员积极性、增强村集体社会治理效能、促进农村经济社会发展、巩固农村基层组织等方面的重要作用。这使农村集体经济的发展重获生机与活力，增强了集体经济服务乡村社会的能力，建立了集体和农民的利益联结，为农村集体经济助推乡村社会组织化和提升乡村治理效能提供了重要的制度政策依据（见表3—3）。

表3—3　　2012—2015年发展农村集体经济的政策论述

年份	政策文件	对发展农村集体经济的政策表达
2012	《中共中央 国务院关于加快推进农业科技创新持续增强农产品供给保障能力的若干意见》，人民出版社2012年版，第7、14页。	2012年基本完成覆盖农村集体各类土地的所有权确权登记颁证，推进包括农户宅基地在内的农村集体建设用地使用权确权颁证工作。壮大农村集体经济，探索有效实现形式，增强集体组织对农户生产经营的服务能力。
2012	胡锦涛：《坚定不移沿着中国特色社会主义道路前进，为全面建成小康社会而奋斗——在中国共产党第十八次全国代表大会上的报告》，人民出版社2012年版，第23页。	坚持和完善农村基本经营制度，依法维护农民土地承包经营权、宅基地使用权、集体收益分配权，壮大集体经济实力，发展农民专业合作和股份合作，培育新型经营主体，发展多种形式规模经营，构建集约化、专业化、组织化、社会化相结合的新型农业经营体系。
2013	《中共中央关于全面深化改革若干重大问题的决定》，人民出版社2013年版，第22、23页。	坚持农村土地集体所有权，依法维护农民土地承包经营权，发展壮大集体经济。保障农民集体经济组织成员权利，积极发展农民股份合作，赋予农民对集体资产股份占有、收益、有偿退出及抵押、担保、继承权。
2013	《中共中央 国务院关于加快发展现代农业，进一步增强农村发展活力的若干意见》，人民出版社2013年版，第12、16、17、18页。	农民合作社是带动农户进入市场的基本主体，是发展农村集体经济的新型实体。鼓励农民兴办专业合作和股份合作等多元化、多类型合作社。建立归属清晰、权能完整、流转顺畅、保护严格的农村集体产权制度，是激发农业农村发展活力的内在要求。因地制宜探索集体经济多种有效实现形式，不断壮大集体经济实力。鼓励具备条件的地方推进农村集体产权股份合作制改革，探索集体经济组织成员资格界定的具体办法。

续表

年份	政策文件	对发展农村集体经济的政策表达
2014	《中共中央 国务院关于全面深化农村改革加快推进农业现代化的若干意见》，人民出版社2014年版，第24页。	推动农村集体产权股份合作制改革，保障农民集体经济组织成员权利，赋予农民对落实到户的集体资产股份占有、收益、有偿退出及抵押、担保、继承权。加强农村集体资金、资产、资源管理，提高集体经济组织资产运营管理水平，发展壮大农村集体经济。
2015	《中共中央 国务院关于加大改革创新力度 加快农业现代化建设的若干意见》，人民出版社2015年版，第18、22、23页。	推进农村集体产权制度改革。探索农村集体所有制有效实现形式，创新农村集体经济运行机制。开展赋予农民对集体资产股份权能改革试点，试点过程中要防止侵蚀农民利益，试点各项工作应严格限制在本集体经济组织内部。加强对农村集体资产所有权、农户土地承包经营权和农民财产权的保护。抓紧研究起草农村集体经济组织条例。
2015	《财政部关于印发〈扶持村级集体经济发展试点的指导意见〉的通知》（财农［2015］197号），《中华人民共和国财政部文告》2015年第11期，第8页。	农村集体经济是社会主义公有制经济在农村的重要体现。以全面建成小康社会为统领，坚持自力更生与政策扶持相结合，以增强村级集体经济实力、实现农民共同富裕为目标，以农村集体资产、资源、资金等要素有效利用为纽带，以土地股份合作、农业生产经营合作为主要经营形式，因地制宜探索资源有效利用、提供服务、物业管理、混合经营等多种集体经济实现形式，发挥村级集体经济优越性，调动村集体成员积极性，增强村集体自我发展、自我服务、自我管理能力和水平，为促进农村经济社会发展、巩固农村基层政权注入新活力。

2016年国家政策文件明确阐释了“新型农村集体经济”内涵，农村集体经济改革与发展持续深化。这一时期，国家的政策表述更关注农村

集体经济的多元化实现路径、实践机制与社会功能，并将发展壮大新型农村集体经济视为优化乡村组织体系、实现乡村社会组织化、构建良序善治的乡村秩序、重建乡村社会的重要经济基础。

2016 年，中央一号文件《中共中央、国务院关于落实发展新理念加快农业现代化建设，实现全面小康目标的若干意见》就如何盘活与深化改革农村集体经济做出总体部署，指出要开展扶持农村集体经济发展试点。同年，在中央一号文件的指导下，国务院办公厅连续下发了《国务院办公厅关于完善支持政策促进农民持续增收的若干意见》《国务院关于印发〈全国农业现代化规划（2016—2020 年）〉的通知》等多个关于乡村建设与发展的文件，在这些重要文件中进一步强调了要推进农村集体资产确权到户和股份合作制改革的做法，指出农村集体经济与深化农村集体产权制度改革应同步进行，进而激活农村资源资产要素活力，助推农村集体经济多元化发展。

2016 年 12 月，中共中央、国务院出台的《关于稳步推进农村集体产权制度改革的意见》，是新时代指导农村集体经济产权制度改革的重要文件。文件首次提出“新型农村集体经济”的概念，明确指出新型农村集体经济是集体成员利用集体所有的资源要素、通过合作与联合实现共同发展的一种经济形态。文件将新型农村集体经济分为集体非经营性资产和集体经营性资产两种类型。对于集体经营性资产，文件主张应对其进行改革，将其折股量化到集体成员，并让农户长期分享资产收益，保障农民集体资产股份权利，实现集体成员间的股份联合与利益联合。对于集体非经营性资产，文件倡导应建立高效的运营管理机制，充分发挥其提升乡村公共服务的能力，并强调基层党组织在新型农村集体经济发展过程中的领导核心地位，发挥集体经济组织功能作用。这为发挥新型农村集体经济的社会功能提供了政策依据。

此后，国家制度政策的表述中都明确主张深化清产核资工作，改革集体经济组织结构、激发集体经济发展活力，探索集体经济多元化发展的实现路径。这些政策表述将新型农村集体经济嵌入乡村社会关系结构中，将其视为实现乡村振兴的重要社会经济基础。例如，2017 年党的十九大报告《决胜全面建成小康社会，夺取新时代中国特色社会主义伟大胜利》做出了实施乡村振兴的重大战略部署，进一步肯定了深化农村产权制度改革、探索农村集体经济的有效实现形式和复兴村落集体经济对于实施乡村振兴战略的重要意义。同年，中央一号文件《中共中央、国务院关于深入推进农业供给侧结构性改革，加快培育农业农村发展新动力的若干意见》在肯定集体经济股份合作制改革的基础上，主张从法律层面赋予集体经济组织法人资格，探索新型农村集体经济的多元化发展路径，为村级组织常态化运行提供经费保障。

2018 年，中央一号文件《中共中央、国务院关于实施乡村振兴战略的意见》将发展壮大新型农村集体经济作为实现农业农村现代化的重要举措，就进一步推进以清产核资、“三变”和经营性资产为核心的农村产权制度改革、多元化创新集体经济的实现形式与运行机制、发挥基层党组织的核心领导地位、防止乡村精英俘获集体资产和充实农村集体产权权能等问题进行了深刻论述。特别是文件把为集体经济组织立法作为今后“充实农村集体产权权能”的制度基础提出来，使其从政策合理性走向了制度合法性。同年，中共中央、国务院发布的《乡村振兴战略规划（2018—2022 年）》（以下简称《规划》），进一步明确了新时期发展壮大新型农村集体经济的实现路径以及助推乡村社会组织化的发展思路和方向，更加重视农民产权股份权能的保护。《规划》主张在坚持农民主体性并尊重农民意愿的基础上，通过建立股份制、合作制、股份合作制、租赁制等机制来壮大新型农村集体经济，使农民在这一过程中得到实惠，进而调动农民的积极性和主动性。《规划》提出要建构起村集体与农民之间的股权型、紧密型、劳资型等多元化利益联结机制，形成村集体与农民群体的关系纽带，在此基础上提升乡村社会组织化程度，实现乡村社会重建。

2019 年，党的十九届四中全会公报《中共中央关于坚持和完善中国特色社会主义制度，推进国家治理体系和治理能力现代化若干重大问题的决定》进一步明确了新型农村集体经济的性质和地位，指出新型农村集体经济是社会主义基本经济制度和公有制经济的重要组成部分。这份文件充分肯定了深化农村产权制度改革和发展壮大新型农村集体经济对于实现乡村振兴战略的重要意义。同年，中央一号文件《中共中央、国务院关于坚持农业农村优先发展做好“三农”工作的若干意见》对集体资产的清算和使用、集体经济组织的成员身份确认与集体权利保护、集体经济的实现方式以及党的基层组织建设与发展壮大集体经济之间的内在联系进行了明确规定。文件强调要将发展壮大村级集体经济与农村基层党组织的领导能力建设结合起来，强化集体经济组织服务乡村建设功能，增强村级组织自我保障和服务农民的能力。在此基础上，中共中央、国务院同年出台的《关于建立健全城乡融合发展体制机制和政策体系的意见》提出要探索多元化、多样化的集体经济实现形式与可持续发展机制，并对集体经济发展中的人才缺失、集体资产的闲置、集体经营性建设用地的入市收益、资产融资、集体经济的组织领导与市场化改革、财政资金形成的股权量化、农民集体资产的权能扩展、集体资产的清产核资、集体经济与工商资本下乡的衔接等问题进行了明确论述，更加细化和明晰了农村集体产权制度改革与发展壮大新型农村集体经济的方向。

2020 年是全面开启新乡村建设行动和实施乡村振兴的关键之年。2020 年中央一号文件《中共中央、国务院关于抓好“三农”领域重点工作确保如期实现全面小康的意见》中更加强调了发展新型农村集体经济在助推乡村社会组织化与优化社会治理效能中的关键作用，主张积极探索拓宽新型农村集体经济的发展路径，全面推开农村集体产权制度改革试点，促进集体经济高效发展，帮助农民增收、农村发展。同年，十九届五中全会公报《中共中央关于制定国民经济和社会发展第十四个五年规划和二〇三五年远景目标的建议》再次强调深化农村集体产权制度改革、发展壮大新型农村集体经济的战略部署，进一步明确新型农村集体经济在实现农业农村现代化、推进乡村振兴、实现共同富裕进程中的重要意义。

此后，随着新型农村集体经济助推乡村社会组织化和社区重建的社会属性日益凸显，在推进农业农村现代化、乡村振兴等战略部署中，对于集体经济的政策论述开始从“为何发展”迈向“如何发展”。2021 年中央一号文件《中共中央、国务院关于全面推进乡村振兴加快农业农村现代化的意见》、中央文件《“十四五”推进农业农村现代化规划》将发展壮大新型农村集体经济作为全面实施乡村振兴战略、促进农业稳定发展和农民增收、巩固拓展脱贫攻坚成果同乡村振兴有效衔接、扎实推进农村改革和乡村建设、健全乡村社会基层组织的主要手段。这些政策突出乡村内生发展路径，明确要求将新型农村集体经济发展同乡村治理体系建设结合起来，注重集体经济组织在村级基层组织体系中的功能发挥。同年通过的《中华人民共和国乡村振兴促进法》进一步明确了发展新型农村集体经济与乡村振兴的内在关联，为新型农村集体经济助推乡村振兴指明了发展方向，提供了具体的法律依据。

随着新型农村集体经济的日益发展与改革深化，不同地区因地制宜走出了一条以民为本、村庄本位的新型农村集体经济发展道路。这一时期的政策文件开始强调总结新型农村集体经济参与乡村建设的有效路径，形成可推广的乡村建设经验。2022 年中央一号文件《中共中央、国务院关于做好二〇二二年全面推进乡村振兴重点工作的意见》明确提出要在稳妥推进乡村建设的同时总结推广新型农村集体经济参与乡村建设的成功经验，主张因地制宜发展新型农村集体经济。文件指出，要在坚持农民主体、村庄本位的基础上建立新型农村集体经济服务体系，探索新型农村集体经济的发展路径，增强集体经济的发展活力和实力，建立国家与集体之间的利益联结纽带。2023 年中央一号文件《中共中央、国务院关于做好 2023 年全面推进乡村振兴重点工作的意见》明确指出，要深化农村集体经营建设性用地入市试点，探索建立兼顾国家、集体经济组织和农民利益的土地增值有效调节机制。文件指出，要构建产权明晰、治理结构科学、经营方式稳健、收益分配合理的农村集体产权运行机制，探索资源发包、物业出租、居间服务、资产参股等多样化途径发展新型农村集体经济，健全农村集体资产监督体系。2024 年中央一号文件《中共中央国务院关于学习运用“千村示范、万村整治”工程经验有力有效推进乡村全面振兴的意见》明确指出，要深化农村集体经济产权制度改革，促进新型农村集体经济健康发展，严格控制农村集体经营风险。对集体资产由村民委员会、村民小组登记到农村集体经济组织名下实行税收减免。2024 年 6 月 28 日，全国人大常委会审议通过的《中华人民共和国农村集体经济组织法》就农村集体经济组织的内涵与职能、应当坚守的原则与组织登记规范，新型农村集体经济发展路径、集体成员身份确认及权益、财产经营管理和收益分配、集体经济的扶持措施等进行了明确规定。该法律对发展壮大新型农村集体经济具有里程碑意义（见表3—4）。

表3—4　　　　2016—2022年发展农村集体经济的政策论述

年份	政策文件	对发展农村集体经济的政策表达
2016	《中共中央 国务院关于落实发展新理念加快农业现代化建设实现全面小康目标的若干意见》，人民出版社2016年版，第19、30、32页。	支持有条件的地方通过盘活农村闲置房屋、集体建设用地、"四荒地"、可用林场和水面等资产资源发展休闲农业和乡村旅游。到2020年基本完成土地等农村集体资源性资产确权登记颁证、经营性资产折股量化到本集体经济组织成员。开展扶持村级集体经济发展试点。
2016	《国务院办公厅关于完善支持政策促进农民持续增收的若干意见》（国办发〔2016〕87号），《中华人民共和国国务院公报》2016年第35期，第93页。	有序推进农村经营性资产股份合作制改革，以股份或份额形式量化到本集体经济组织成员。鼓励农村体经济组织与工商资本合作，整合集体土地等资源性资产和闲置农房等，发展民宿经济等新型商业模式，积极探索盘活农村资产资源的方式方法。壮大村级集体经济实力，因地制宜采取资源开发利用、统一提供服务、物业管理、混合经营、异地置业等多种实现形式。
2016	《国务院关于印发〈全国农业现代化规划（2016—2020年）〉的通知》（国发〔2016〕58号），《中华人民共和国国务院公报》2016年第31期，第12页。	深化农村集体产权制度改革。着力推进农村集体资产确权到户和股份合作制改革，赋予农民对集体资产股份占有、收益、有偿退出及抵押、担保、继承权。有序推进农村集体资产股份权能改革试点，到2020年基本完成经营性资产折股量化到本集体经济组织成员，健全非经营性资产集体统一运行管护机制。

续表

年份	政策文件	对发展农村集体经济的政策表达
2016	《中共中央 国务院关于稳步推进农村集体产权制度改革的意见》，人民出版社 2017 年版，第 1、6、11、12 页。	农村集体经济是集体成员利用集体所有的资源要素，通过合作与联合实现共同发展的一种经济形态。开展集体资产清产核资，这是顺利推进农村集体产权制度改革的基础和前提。发挥好农村集体经济组织在管理集体资产、开发集体资源、发展集体经济、服务集体成员等方面的功能作用。在基层党组织领导下，探索明晰农村集体经济组织与村民委员会的职能关系，有效承担集体经济经营管理事务和村民自治事务。从实践出发探索发展集体经济有效途径。
2017	《中共中央 国务院关于深入推进农业供给侧结构性改革加快培育农业农村发展新动力的若干意见》，人民出版社 2017 年版，第 12、22—23、25—26 页。	鼓励农村集体经济组织创办乡村旅游合作社。对各级财政支持的各类小型项目，优先安排农村集体经济组织、农民合作组织等作为建设管护主体。抓紧研究制定农村集体经济组织相关法律，赋予农村集体经济组织法人资格。稳妥有序、由点及面推进农村集体经营性资产股份合作制改革。从实际出发探索发展集体经济有效途径，增强集体经济发展活力和实力。切实加强农村基层党组织建设，强化村级组织运转经费保障，发展壮大村级集体经济。
2017	习近平：《决胜全面建成小康社会，夺取新时代中国特色社会主义伟大胜利——在中国共产党第十九次全国代表大会上的报告》，人民出版社 2017 年版，第 32 页。	实施乡村振兴战略。按照产业兴旺、生态宜居、乡风文明、治理有效、生活富裕的总要求，加快推进农业农村现代化。深化农村集体产权制度改革，保障农民财产权益，壮大集体经济。培育新型农业经营主体，健全农业社会化服务体系，实现小农户和现代农业发展有机衔接。

续表

年份	政策文件	对发展农村集体经济的政策表达
2018	《中共中央 国务院关于实施乡村振兴战略的意见》，人民出版社 2018 年版，第 33—34 页。	深入推进农村集体产权制度改革。全面开展农村集体资产清产核资、集体成员身份确认，加快推进集体经营性资产股份合作制改革。探索农村集体经济新的实现形式和运行机制。坚持农村集体产权制度改革正确方向，发挥村党组织对集体经济组织的领导核心作用。研究制定农村集体经济组织法，充实农村集体产权权能。
2018	《乡村振兴战略规划（2018—2022）》，人民出版社 2018 年版，第 35、44 页。	深入推进农村集体产权制度改革，推动资源变资产、资金变股金、农民变股东，发展多种形式的股份合作。发挥村党组织对集体经济组织的领导核心作用。加快推广"订单收购 + 分红""土地流转 + 优先雇佣 + 社会保障""农民入股 + 保底收益 + 按股分红"等多种利益联结方式，让农户分享加工、销售环节收益。
2019	《中共中央关于坚持和完善中国特色社会主义制度，推进国家治理体系和治理能力现代化若干重大问题的决定》，人民出版社 2019 年版，第 19 页。	深化农村集体产权制度改革，发展农村集体经济，完善农村基本经营制度。
2019	《中共中央 国务院关于坚持农业农村优先发展做好"三农"工作的若干意见》，人民出版社 2019 年版，第 18、23、24 页。	按期完成全国农村集体资产清产核资。指导农村集体经济组织在民主协商的基础上，做好成员身份确认，注重保护外嫁女等特殊人群的合法权利，加快推进农村集体经营性资产股份合作制改革。研究制定农村集体经济组织法。研究完善适合农村集体经济组织特点的税收优惠政策。强化集体经济组织服务功能，发挥在管理集体资产、合理开发集体资源、服务集体成员等方面的作用。把发展壮大村级集体经济作为发挥农村基层党组织领导作用的重要举措，因地制宜发展壮大村级集体经济，增强村级组织自我保障和服务农民能力。

续表

年份	政策文件	对发展农村集体经济的政策表达
2019	《中共中央 国务院关于建立健全城乡融合发展体制机制和政策体系的意见》，人民出版社2019年版，第6、7、9、13、20页。	允许农村集体经济组织探索人才加入机制，吸引人才、留住人才。鼓励农村集体经济组织及其成员盘活利用闲置宅基地和闲置房屋。加快完成农村集体建设用地使用权确权登记颁证。探索在政府引导下工商资本与村集体合作共赢模式，发展壮大村级集体经济。全面推行村党组织书记通过法定程序担任村委会主任和村级集体经济组织、合作经济组织负责人。以市场化改革为导向，深化农村集体产权制度改革。加快完成农村集体资产清产核资，把所有权确权到不同层级的农村集体经济组织成员集体。创新农村集体经济运行机制，探索混合经营等多种实现形式，确保集体资产保值增值和农民收益。
2020	《中共中央 国务院关于抓好"三农"领域重点工作确保如期实现全面小康的意见》，人民出版社2020年版，第15、16、22—23页。	组织群众发展乡村产业，增强集体经济实力，带领群众共同致富。持续向贫困村、软弱涣散村、集体经济薄弱村派驻第一书记。制定农村集体经营性建设用地入市配套制度。全面推开农村集体产权制度改革试点，有序开展集体成员身份确认、集体资产折股量化、股份合作制改革、集体经济组织登记赋码等工作。探索拓宽农村集体经济发展路径，强化集体资产管理。
2020	《中共中央关于制定国民经济和社会发展第十四个五年规划和二〇三五年远景目标的建议》，人民出版社2020年版，第22页。	健全城乡统一的建设用地市场，积极探索实施农村集体经营性建设用地入市制度。深化农村集体产权制度改革，发展新型农村集体经济。

续表

年份	政策文件	对发展农村集体经济的政策表达
2021	《中共中央 国务院关于全面推进乡村振兴加快农业农村现代化的意见》，人民出版社 2021 年版，第 19、20 页。	完善农村产权制度和要素市场化配置机制，充分激发农村发展内生动力。2021 年基本完成农村集体产权制度改革阶段性任务，发展壮大新型农村集体经济。
2021	《中华人民共和国乡村振兴促进法》，人民出版社 2021 年版，第 6、9、17 页。	国家完善农村集体产权制度，增强农村集体所有制经济发展活力，促进集体资产保值增值，确保农民受益。国家采取措施支持农村集体经济组织发展，为本集体成员提供生产生活服务，保障成员从集体经营收入中获得收益分配的权利。保障农村集体经济组织的独立运营。
2021	《国务院关于印发〈"十四五"推进农业农村现代化规划〉的通知》（国发〔2021〕25 号），《中华人民共和国国务院公报》2022 年第 6 期，第 23、28 页。	建立健全以基层党组织为领导、村民自治组织和村务监督组织为基础、集体经济组织和农民合作组织为纽带、其他经济社会组织为补充的村级组织体系。深化农村集体产权制度改革，完善产权权能，将经营性资产量化到集体经济组织成员，有效盘活集体资产资源，发展壮大新型农村集体经济。
2022	《中共中央 国务院关于做好二〇二二年全面推进乡村振兴重点工作的意见》，人民出版社 2022 年版，第 14、21 页。	总结推广村民自治组织、农村集体经济组织、农民群众参与乡村建设项目的有效做法。巩固提升农村集体产权制度改革成果，探索建立农村集体资产监督管理服务体系，探索新型农村集体经济发展路径。
2023	《中共中央 国务院关于做好 2023 年全面推进乡村振兴重点工作的意见》，人民出版社 2023 年版，第 13 页。	深化农村集体经营性建设用地入市试点，探索建立兼顾国家、农村集体经济组织和农民利益的土地增值收益有效调节机制。巩固提升农村集体产权制度改革成果，构建产权关系明晰、治理架构科学、经营方式稳健、收益分配合理的运行机制，探索资源发包、物业出租、居间服务、资产参股等多样化途径发展新型农村集体经济。健全农村集体资产监管体系。

续表

年份	政策文件	对发展农村集体经济的政策表达
2024	《中共中央国务院关于学习运用“千村示范、万村整治”工程经验有力有效推进乡村全面振兴的意见》，《人民日报》2024年2月4日第001版，第5页。	深化农村集体产权制度改革，促进新型农村集体经济健康发展，严格控制农村集体经营风险。对集体资产由村民委员会、村民小组登记到农村集体经济组织名下实行税收减免。
2024	《中华人民共和国农村集体经济组织法》《人民日报》2024年7月3日第14版，第9页。	农村集体经济组织是发展壮大新型农村集体经济、巩固社会主义公有制、促进共同富裕的重要主体，是健全乡村治理体系、实现乡村善治的重要力量，是提升中国共产党农村基层组织凝聚力、巩固党在农村执政根基的重要保障。

小　结

新型农村集体经济克服了传统型集体经济只考虑集体利益、难以调动农民积极性和主动性的弊端，吸纳了传统集体经济“以统为主”和家庭联产承包责任制“以分为主”两种经营方式的优点，形成了“统分结合”的新发展模式。作为社区共同体经济，新型农村集体经济不仅强调农民个体之间开展密切的经济合作，更主张经济嵌入社区关系结构，突出集体经济的共享性、社会性和公共性等社会品格，其能较好地回应社区居民的现实需求。新型农村集体经济以其较强的包容性和强大的生命力，在推进乡村社会组织化和村社重组上发挥着重要作用。因此，发展新型农村集体经济既是“因时之举”，也是“因势之需”。

新型农村集体经济发展壮大对实现新时代乡村社会组织振兴、重建个人与村社集体基于利益联结形成的新型社会关系，对培育乡村社会公共性品格和增强乡村社区凝聚力都具有重要的实践价值。在社会主义新时代，国家不仅从制度政策和法律层面充分肯定了新型农村集体经济的发展壮大对于乡村建设与促进村落共同体成长的积极价值，而且明确地指明了这种经济形态的多元化实现方式、实现路径与发展方向，新型农村集体经济在新时代迎来了崭新的发展契机。对乡村社会而言，中国特色社会主义新时代是在发展新型农村集体经济的基础上，重建集体与个人的新型关系，实现乡村社会在经济、组织、人才、文化、生态全面振兴和全面组织化的新时代。因地制宜发展壮大新型农村集体经济，是新时代部分农村地区缓解村落与农民终结，重建村落共同体的重要实现路径。《中华人民共和国农村集体经济组织法》正式通过后，发展壮大新型农村集体经济助推乡村社会组织化具有更加坚实的制度保障。

第 四 章

乡村社会组织化的演化逻辑与新型农村集体经济复兴

新型农村集体经济助推乡村社会组织化包含两个核心要素，即新型农村集体经济的发展壮大和乡村社会组织化的推进。乡村社会是一个包含经济、社会、文化、政治、生态等诸要素的共同体，其组织化主要表现在社区组织、社会关系、经济生产、社区生活、治理秩序等层面。乡村社会组织化的目标在于优化乡村社会关系结构，建构新型乡村治理体系与治理秩序，夯实乡村建设与乡村振兴社会基础，实现整体性的乡土重建。乡村社会组织化能够化解乡村社会面临的公共性治理难题以及村社集体难以承接国家资源与对接市场的实践困境。新型农村集体经济兼具经济性与社会性的双重属性，它通过建立利益共享、责任共担的联结机制，将村庄成员整合起来，进而提升乡村社区的组织协调能力，使乡村社会在多个层面实现组织化。

第一节　乡村社会组织化的演化轨迹

土地产权、农业生产与利益分配是农民关注的核心问题，这一问题直接影响乡村社会组织化的实现形式。理解后乡土社会中乡村组织化的意义与实现形式，需要对不同时期乡村社会组织化演进轨迹进行剖析。不同时空场域中乡村社会组织化实现形式呈现鲜明的时代特征，其社区资源的整合方式存在明显差异。在乡土社会，自给自足的小农经济是其主要生产形式，礼俗伦理成为最重要的整合纽带。集体化时期，政社合一的公社体制将分散化的农民纳入国家的权力组织网络，乡村社会在生产生活、集体行动、政治动员等方面实现高度组织化。改革开放后，随着“政社合一”的组织体制瓦解，家庭联产承包责任制带来小农个体化经济的复兴，国家试图通过推行村民自治制度，以及建立家庭农场、农民专业合作社等经济合作形式来重构乡村社区组织体系，试图将分散的农民和乡村社会组织起来，但仍面临一系列的发展困境。

一 传统社会中礼俗规范制约下的精英控制

传统乡村社会是一个基于礼俗伦理规范而形成的乡土社会，突出礼俗教化、伦理情谊等道德因素助推乡村社会组织化的意义。为赋税之用的里甲和为治安之用的保甲等组织机制，以及农户基于生产生活所需而自发形成的家户合作体系成为乡土社会主要的组织化形式。以礼俗治村一直是传统乡村社会组织化实践中的重要经验。自给自足的小农经济生产方式与封闭内聚的村庄构造，使乡村社会生成了契合乡土社会特性与适应乡土社会运行机制的“乡土伦理”①。

在乡土社会，国家权力一般不直接进入村庄。国家对乡村社会的组织与管理呈现出一种“有限官僚制”② 与“简约治理”③ 状态，国家权力对农民日常生活的影响是松弛和微弱的、是挂名的、是无为的。为赋税之用的里甲制和为治安之用的保甲制作为乡土社会的半正式组织体系，成为助推乡村社会组织化的重要组织载体。面对分散的农户，国家对乡村社会的组织和控制主要依赖于乡里、保甲、里甲这些组织机制，并以此完成征兵纳税、人口统计等重要事项。对于乡村社会的日常事务和矛盾纠纷，主要由乡村领袖、家族长老和地方精英自行处置，这是一种非

---

① 王露璐：《中国式现代化进程中的乡村振兴与伦理重建》，《中国社会科学》2021 年第 12 期。

② ［德］马克斯·韦伯：《儒教与道教》，洪天富译，江苏人民出版社 2000 年版，第 93—100 页。

③ ［美］黄宗智：《集权的简约治理——中国以准官员和纠纷解决为主的半正式基层行政》，《开放时代》2008 年第 2 期。

正式的治理形态。

事实上，在一般情况下，乡里、保甲和里甲的划分主要以村落社区为基本单位，乡长、保长、里长主要由本村村民担任。[①] 在乡里、保甲、里甲等组织机制控制下，乡村精英或村庄领袖成为乡村社会的内生权威，并依托地方性规范及士绅阶层实现职能从单纯的公产分配与仪礼安排扩展到组织农民、管理乡村。除了建基于礼俗制度下的组织管理外，农民基于生产生活所需而自发形成的家户合作体系也是乡土社会重要的组织化实现形式。乡土社会的基本社会单元是家庭而不是个人[②]，家庭是人们生产生活的共同体，并形成特有的“家户制”[③]。在这种以家户为基础的社会中，农民主要是按血缘和地缘关系组织起来的，其次才组成同一地域的邻里社会。小农户的生产活动与日常生活都整合在以血缘及地缘为核心的熟人社会中，经济与社会交往活动往往限于封闭与内聚的村落。[④]“家”不仅是农民人生意义的原结构，也是村落社会结构中的组织单元，小农户主要是按“家”组织起来的，农民的日常行动建立在家庭生活之上。[⑤]

因此，农户常通过自给自足的方式满足家庭日常生产生活的需要，自给自足的小农经济构成了传统乡村社会的农业生产结构。农民能够单独在家庭内部完成生育和简单的农业劳作，满足大部分生产生活需要。但受限于有限的活动范围与行动能力，分散的农户难以完成超出家庭合作范围的一些公共事务和劳动密集型集体活动，需要更多的家庭进行互助合作。因此，农民开始自发组建起以农务劳作为主的家户合作机制。家户之间在一次次的劳动和日常仪式合作过程中建立起社会联结，村庄内部生成一种“患难相恤、守望相助”的整合机制，如此形成

---

① 费孝通：《乡土中国》，上海人民出版社 2007 年版，第 275—293 页。

② ［美］费正清：《美国与中国》，张理京译，世界知识出版社 1999 年版，第 22—25 页。

③ 徐勇：《中国家户制传统与农村发展道路——以俄国、印度的村社传统为参照》，《中国社会科学》2013 年第 8 期。

④ 徐勇：《国家化、农民性与乡村整合》，江苏人民出版社 2019 年版，第 44 页。

⑤ ［美］费正清：《美国与中国》，张理京译，世界知识出版社 1999 年版，第 22 页。

了村落关系网，每个家庭便都成了村落关系网中的一根丝。[①] 至此，农户间的横向联结得以形成，乡村组织化的传统形态也由此而来。

在这种家户合作中，农民之间的人情交往与互助合作能够生成熟人社会的“身份信任”，从而成为推进乡村社会组织化的重要条件。每个人都以自己为中心按照亲疏远近结成交往网络，并在这个特定的网络圈内建立人情关系，维持着以己为中心的利益结构。村庄社会关系建立在血缘和地缘基础之上的身份认同，形成密切的情感与道义联结，在交往中遵循的是一种互惠式的“交换”逻辑。更为重要的是，以血缘和地缘为核心的村落共同体能够满足农民对政治、经济、宗教及娱乐等基本需要。这激发了农户的村庄认同，使基于礼俗规范制约下的乡村社会从某种程度上走向组织化，实现合作联结与村庄整合。

总的来说，传统乡村社会的组织化是一种基于礼俗规范制约下的精英控制。一方面，乡村精英基于传统的礼俗制度，构建起以地方性规范为核心的乡村伦理秩序，将农民整合在村落权威体系中。另一方面，在农户基于生产生活所需而建构起的家户合作机制中，村庄精英在人员构成、交换过程以及伦理规则中起着重要作用。从本质上讲，这种家户合作机制表现为在同一地域生息劳作的群体依靠血缘与地缘关系形成村落共同体，构成以共同礼俗习惯和乡约规范为纽带的社会生活组织。

值得注意的是，传统乡村社会这种基于礼俗规范制约下的精英控制的组织化实现形式往往是基于不平等的社会关系而建立的，农户参与乡村公共事务表现得较为被动和内敛。反而是那些士绅阶层和地方精英，成为控制乡村的主导力量。可以说，传统社会的乡村自治并非乡民自治，更确切地说是精英控制。[②] 乡土社会在礼俗伦理规范下的集体合作更多地体现为上层精英对下层农民的柔性控制而非协商治理。

近代以来，随着国家权力的下移，传统乡土社会秩序逐渐瓦解，礼

① 林耀华：《金翼：中国家族制度的社会学研究》，庄孔韶、林宗成译，生活·读书·新知三联书店2008年版，第2页。

② 朱德新：《二十世纪三四十年代河南冀东保甲制度研究》，中国社会科学出版社1994年版，第75页。

俗伦理制度逐渐被消解，传统的社区组织体系逐渐解体。作为乡村利益保护者的乡绅或精英阶层逐渐退出乡村社会，一些土豪劣绅、地痞恶棍与官府勾连，最大限度榨取农民血汗，乡村社会被“赢利型经纪”所把控。[①] 伴随着乡村精英流失而来的是乡村社会各种自组织的瓦解。并且，在20世纪二三十年代，由于国家政权的“内卷化”使得国家权力的下移并未实现对乡村社会的全面渗透。[②] 因此，这一时期，传统乡村社会组织化的联结纽带被逐渐瓦解，同时，国家政权建设下的新组织化纽带也尚未能建立起来，乡村社会便处于一种整合秩序“失序”与动员规范“失范”的无组织状态。

现代国家政权建设面对的是一个高度分散的乡土社会。在这样的社会中，国家难以将散落于乡土社会的权力进行集中，也难以将集中于国家手中的权力渗透到乡土社会。新国家政权试图通过一系列的组织化过程对乡村社会的权力结构和社会秩序进行重构，如建立供销合作社和信用合作社等。正式与非正式的乡村建设运动也试图通过组建各种乡村合作组织和自治组织来助推乡村社会组织化，如梁漱溟的邹平实验、晏阳初的定县改造等。但这些乡建运动都未能打破小农自给自足的生产生活方式及家户合作机制，最终走向失败。

二 集体化时期新乡土社会中制度权力认同下的社会整合

中华人民共和国成立后，国家组织农民、治理乡村和整合社会的主要方式是直接将权力延伸和介入到农业经济活动和乡村社会中，推进乡村社会的组织化。部分学者曾用“政权下乡”来概括现代国家对乡土社会的整合过程，认为这是现代国家建构的重要任务。[③] 随着中国共产党领导下的国家基层政权和各类行政化农民组织逐渐建立起来，国家的“基

① ［美］杜赞奇：《文化、权力与国家——1900—1942年的华北农村》，王福明译，江苏人民出版社2008年版，第28—29页。

② ［美］杜赞奇：《文化、权力与国家——1900—1942年的华北农村》，王福明译，江苏人民出版社2008年版，第50—52页。

③ 徐勇：《政权下乡：现代国家对乡土社会的整合》，《贵州社会科学》2007年第11期。

础性权力”[1] 得以顺利下乡，经过土地改革、农业合作化等运动，国家权力全面渗透乡村社会，以官僚制为核心的基层政权组织取代了传统乡村社会基于伦理习俗而形成的社区组织形态。传统乡土社会所建构和形成的各类社区组织网络逐渐解体，取而代之的是一种基于制度权力认同的社会整合。

集体化前期，以“组织起来”和“实现耕者有其田”为纲领的土地改革运动消灭了封建地主土地所有制，农民分到了土地。在土改中，实行“抽补调整”的土地政策。国家以乡为单位，将地主和富农的土地征收，按人口数量比例将村内土地进行平均分配。“耕者有其田”使农民，尤其是中农、贫农和雇农的地位得以提升，当家做了土地的主人，他们的生活状况得以明显改善，农民的生产积极性以及参与公共事务的热情被调动起来。[2] 在土改中，在工作组的组织动员下，农民群众通过“农协会”这一组织载体被广泛动员和组织起来。可以说，土地改革过程既是乡村生产资料重新分配的过程，也是农村社会重新组织起来的过程。这一改革过程为后来国家推进农民集体化进程、实现乡村有效整合、推进乡村社会组织化奠定了基础。

但是，土地改革延续的是以农户为单位的小农生产方式。地权均分使村庄土地分散化和细碎化，以农户为单位的生产方式没有改变，不少农民因失去劳动能力、单家独户，常常无力耕种分配到的土地，又请不起雇工，所分的田又不能出租，导致土地抛荒，甚至私下出卖土地成为常态。

为合理利用土地，实现乡村社会组织化，国家有意识地推动了农业生产合作化进程。随着合作化和集体化的逐步推进，经过互助组、初级社、高级社到人民公社几个阶段，乡村社会在政治、经济、社会等层面实现了组织化。在合作化运动中，人民公社成为这一时期农民合作的主要组织载体。在人民公社中，实行生产资料集体所有制，农民被整合到

---

① ［英］迈克尔·曼：《社会权力的来源》第1卷，刘北成、李少军译，上海人民出版社2007年版，第5—9页。

② 徐勇：《政权下乡：现代国家对乡土社会的整合》，《贵州社会科学》2007年第11期。

自上而下的组织体系中。在所有制关系上，“政经社合一”的人民公社体制强调“三级所有、队为基础”。它通过自上而下的纵向权力整合机制实现了乡村社会在经济、政治和社会层面的组织化。在公社制中，“权力的组织网络”[①] 取代了“权力的文化网络”。在公社中，生产资料归集体所有，农民被赋予了“社员”身份，并在集体统一组织下依照“工分制”和按劳分配的原则进行集体劳动和劳务分配，村社一些有限的公共服务主要由村集体承担。国家成为农民生计利益与村社集体公共品的分配者，最终生成一种“集权式”的乡村组织化机制。政党统领下的人民公社成为乡村社会唯一合法的基层组织。该组织实现了国家力量对乡村政治、经济、文化、社会管理层面的全面组织化。

但是，由于广大农民群众在公社中并没有自由退出权，因此他们不能用退出合作社的方式来保障自己的利益，也难以制止其他成员的偷懒和“搭便车”行为，这在一定程度上抑制了农民群众的生产积极性。加之公社内部集体农业生产监管的难度大，导致合作社效率低下。[②] 由于广大农民丧失了对土地及其他生产资料的所有权、收益权和处置权，导致作为“社员”的农民对村集体的归属与认同仅仅是因为对公社的经济依赖和权力服从。最终，在国家土地产权制度改革持续深化和广大农民对土地经营权主体性诉求的强烈呼声中，人民公社逐渐走向解体。

三　改革开放以来后乡土社会中政策支持下的利益联合

人民公社体制的解体意味着集体化时期以“政社合一”为基础的乡村社会组织化进程走向终结。乡村社会面临的一个重要问题便是重新构造乡村权力结构以便实现对乡村社会的再组织。改革开放以来，基于公社制的弊端，国家倡导农民进行生产合作，但要坚持农民自发自愿和互惠互利的原则。在乡村治理层面，人民公社体制瓦解后，国家在广大农村地区建立了乡（镇）人民政府、在乡镇以下则实行村民自治，广大农

① 强世功：《法制与治理——国家转型中的法律》，中国政法大学出版社2003年版，第78—134页。

② 王曙光：《中国农村：北大“燕京学堂”课堂讲录》北京大学出版社2017年版，第202页。

民按照“四个民主”原则自行管理乡村事务，由此形成了“乡政村治”的治理格局。“乡政”是国家基层政权的组织形式，“村治”是乡村民主的实现方式。村民委员会成为新的乡村自治组织。除了正式的村民自治组织，乡村社会的多元化服务需求也促使广大农民群众组织起来，建构起多类型的社区内生性自组织，如老人协会、红白理事会等。

在经济组织层面，改革开放以来，“统分结合”双层经营体制下的农村集体经济发展前景堪忧，大部分农村地区集体经济呈现“空壳化”甚至“负债化”，集体经济组织徒有其表。市场经济向广大农村地区的持续深入对个体化、分散化的小农经济造成了根本性冲击。广大农民难以应对复杂多变的市场环境，难以克服市场经济带来的各种风险。在这样的背景下，国家开始鼓励农民组织起来，发展壮大农村集体经济。各地区也积极探索在经济精英带领下组建各种类型的农民经济组织，如农协会、专业合作社等。

21 世纪以来，为了进一步解决小农户进入市场问题，助推农业农村现代化和乡村振兴，在国家政策支持与引导下，乡村社会开始进一步探索走合作化、组织化道路。在国家政策的支持和引导下，广大农村地区积极培育和发展种养专业大户、家庭农场、农民专业合作组织等新型农业经营主体，开展农业适度规模经营。各地政府大力支持多种形式的农户合作，并积极倡导组建多元化合作组织，提高农户的组织和发展能力。

相比于其他新型经营主体，农民专业合作社是 21 世纪初期我国乡村社会组织化道路探索进程中的组织创新，也是这一时期助推乡村社会组织化的重要组织载体。随着农民专业合作社的快速发展，以农业合作为主的乡村组织化进程明显加快。截至 2013 年 3 月底，全国依法注册登记的农民专业合作社高达 73.06 万家，覆盖了全国 90% 以上的行政村。[①] 2019 年，中共中央办公厅、国务院办公厅印发的《关于促进小农户和现代农业发展有机衔接的意见》明确指出，要通过发展专业合作社、龙头企业带动小农户等方式来提升乡村社会组织化程度。在政策支持与各地在地化实践探索中，乡村社会在各类合作社等组织载体的支撑下，进入

---

① 孔祥智、毛飞等：《中国农村改革之路》，中国人民大学出版社 2014 年版，第 7 页。

到一个全新的“再组织化”阶段。

但是，伴随乡村社会组织化进程的推进，受政策制约、利益驱动、个体理性等因素影响，专业合作社出现了一些发展困境。一些合作社被大户、龙头企业主导，导致合作社内部治理结构异化①，形成不合理的利益分配机制，甚至出现“大农吃小农”怪象②，一些合作社成为转移风险、隐蔽雇佣的组织。③ 还有一些合作社为了获取国家项目资源，通过各种虚假程序和不正当手段牟利，成为“空壳合作社”或“挂牌合作社”④。

可见，由资本、大户、村庄精英等市场主体主导的市场型合作模式，虽然有利于释放市场机制中的利益激励作用，但市场本身难以达成有效的集体行动。加之合作社的自我生存能力普遍低下，导致一些专业合作社不可避免地异化为私利取向的伪合作社，而不是真正为农民群众谋利益的真合作社。在传统小农生计向社会化大生产转变的背景下，这种以市场经济为导向、以农民专业合作社为组织载体来组织农民和整合乡村的过程，本质上是一种受利益驱动的联营合作。这种合作模式不可能真正实现乡村社会的组织化。

纵观乡村社会组织化的演化轨迹，传统乡土社会的组织化是一种基于礼俗规范的精英控制，其所依托的礼俗组织是村落成员为满足日常生产生活及安全需求，以血缘和地缘关系而构建起来的一种乡村自组织。这种自组织的组建和运行受士绅阶层和乡村精英的主导。因此，乡土社会的组织化本质上是一种“非对等”的组织化。在新乡土社会中，人民公社作为组织农民、整合乡村资源的重要组织载体，主导着村庄资源的生产和分配过程。村落集体成员为了满足生存和服务需求，往往只能

---

① 冯小：《农民专业合作社制度异化的乡土逻辑——以“合作社包装下乡资本”为例》，《中国农村观察》2014 年第 2 期。

② 仝志辉、温铁军：《资本和部门下乡与小农户经济的组织化道路——兼对专业合作社道路提出质疑》，《开放时代》2009 年第 4 期。

③ 陈义媛：《资本下乡：农业中的隐蔽雇佣关系与资本积累》，《开放时代》2016 年第 5 期。

④ 崔红志：《农村“三变”改革的影响因素及政策选择》，《中国发展观察》2017 年第 22 期。

服从于人民公社的权力支配和组织动员。因此，新乡土社会的组织化本质上是一种国家主导的“非自觉”组织化。在后乡土社会，随着村民自治制度的确立，村民自治组织成为助推乡村社会组织化的重要组织载体，但因其往往承担着大部分行政性公共事务，所以常常难以满足村集体成员的公共服务需求，更难以承载起组织农民、助推乡村社会组织化的重任。改革开放进程的持续推进使市场化浪潮席卷农村，为提高农村生产力、扩大农民市场收益，各种形式的农民专业合作社如雨后春笋般蓬勃生长，成为21世纪初期助推乡村社会组织化最主要的组织载体。但是大部分专业合作社在利益诱惑下，往往存在“名实分离”的发展困境。因此，从传统乡土社会到后乡土社会，乡村组织化从一开始就具有非对等、非自觉和形式化的性质，无论推动力量来自政府还是非正式的社会团体和个体精英，农民始终是被动走向组织化。从本质上说，这是一种外部嵌入式、非农民自觉的、形式化的组织化。

在新的社会形势下，面对多元复杂的利益格局，如何构建起分工明确、权责明晰的乡村社会组织载体，实现乡村社会从“被组织”向“自组织”、从“形式化”向“实质化”迈进，是当前新乡村建设的重要方向，也是新型农村集体经济发展助推乡村社会组织化的目标导向。党的十九大报告指出，中国特色社会主义进入新时代。在新时代，我国社会主要矛盾已经转化为人民日益增长的美好生活需要和不平衡不充分的发展之间的矛盾。为缓解城乡之间发展不平衡不协调不充分的矛盾，国家提出了全面实施乡村振兴的重大发展战略。在乡村振兴背景下，应探索一条契合农村实际的乡村组织化道路，进而满足农民的真实需要。笔者认为实现乡村社会组织化的核心，在于通过多种形式发展壮大新型农村集体经济，并在此基础上实现农民之间、农民与集体、村级组织内部以及村级组织与基层政权组织之间的利益联结与关系整合。

第二节 实现乡村社会组织化的意义追寻

新型农村集体经济的发展壮大能够助推乡村社会组织化。实现乡村社会组织化是推进乡村建设的社会基础，这一共识贯穿于百年乡村建设运动的始终。20 世纪二三十年代的乡村建设学派与农村合作学派中的知识精英倡导推动乡村组织化。其中，作为乡村建设学派的代表性学者梁漱溟在其乡村建设思想中便明确指出乡村建设的两条重要路径：一是走工业促农业的发展之路；二是建设团体组织与建立乡农学校的乡村组织化道路。在梁漱溟看来，将农民组织起来，推进乡村组织再造，实现乡村社会组织化，是改造中国乡村的基础。乡村建设的主要目的在于增进而非破坏社会团结，在于促进而非分化村庄集体成员间的互助合作。① 晏阳初也指出，由于中国农民“愚、贫、弱、私”，必须通过启发民智，以一种自下而上的方式将农民组织起来，并以组织化的方式推进乡村建设。② 与此同时，以薛仙舟、王世颖等为代表的农村合作派在民国时期也已经大力倡导建立各类合作组织，主张将农民吸纳进合作组织，致力于通过合作运动助推乡村社会组织化，为重建乡村秩序与实现乡村复兴提供合作基础。③ 21 世纪以来，以温铁军为代表的新乡村建设实验、李昌平等创办的中国乡建院的农村内置金融、杨团带领下的“综合农协”试验，以及近几年清华大学乡村振兴工作站的乡建努力，都在广度和深度上推进了当代乡村建设的组织化进程。

一　建构农民主体性

在发展新型农村集体经济助推乡村组织化的实践进程中，要充分尊重农民意愿，切实发挥农民的主体作用，调动广大农民的积极性、创造性和主动性。当前农民群众低组织化的存在状态，导致乡村建设常常面临主体性困境，使村庄难以形成内生发展动力。这反过来又进一步阻碍了乡村建设进程。因此，如何构建农民主体性，进而培育乡村内生发展动力是当前乡村社会面临的首要发展难题。乡村建设的历史经验与现实需求表明，只有自下而上将农民组织起来，才能更好地构建起农民的主体地位、培育乡村社会的内生发展动力。因此，新时代的农业农村发展，

① 梁漱溟：《乡村建设理论》，上海人民出版社 2011 年版，第 380 页。

② 晏阳初：《平民教育与乡村建设运动》，商务印书馆 2014 年版。

③ 王先明等：《中国乡村建设思想百年史》（上册），商务印书馆 2021 年版，第 131—142 页。

关键在于提高农民的组织化程度，重建农民的主体性。

在20世纪八九十年代，市场经济浪潮逐步席卷乡村社会。“统分结合”的双层经营体制打破了集体化时期的土地经营模式，农民在农业生产方面有了更多的自主性，乡村青壮年人口大量外出务工和经商。在这一过程中，原有公社体制下的“组织化农民”变成了以家庭为单位的“个体化农民”，农民的个体意识被激活，乡村原有的社会结构和利益格局日趋“碎片化”。村民之间基于血缘、地缘形成的社会联结也不断弱化，村落社会中传统人情互惠演变为契约协作，小农户普遍面临小规模分散经营的去组织化困境。这使农民难以作为治理主体参与村集体公共事务，难以承接政府各类公共资源。疲弱的组织治理能力削弱了农民主体性地位，也进一步影响农民参与社区公共事务的意愿，形成“乡建运动农民不动”的实践困境。而在农业市场化浪潮中，组织程度较低的农民个体难以对接市场，难以成为市场经营的主体，在市场经济中逐渐被边缘化。因此，缺少组织化的个体农民难以成为新时代乡村建设的主体，难以承载起乡村建设的时代重任。在农民生活个体化、人口流动超常规化和“村落空巢化”的后乡土社会中，要实现乡村组织化，必须提高农民的组织化程度，以农民的组织化重建乡村社会的主体性。

当前，在新乡村建设行动中，实现乡村社会组织化是重建农民主体性的主要路径。在相应的制度政策、财力基础和组织载体推动下，广大农民将被有效组织起来，形成抱团取暖、抱团发展的态势。在这一组织化进程中，广大农民的积极性和主动性将被调动起来，他们将自己动手建设美好生活。同时，通过组织化方式，农民群体能将自己的所想、所思、所愿和所求嵌入乡村建设行动中，使其最终成为乡村建设的实践主体、参与主体和受益主体。同时，农民主体地位的确立将激发农户组织化的内在动力，提高乡村社会组织化程度。

二 化解乡村治理的公共性困境

在乡村社会结构变迁进程中，随着市场经济的发展和现代经济理性观念的渗透，乡村社会中的传统权威结构逐渐走向瓦解，农村的村社集体和各种自组织逐渐碎片化。[①] 家庭联产承包责任制的推行增强了农民的生产生活独立性，个体间社会关联弱化，组织意识与公共性意识淡化，使农民难以自发组织起来进行村庄建设。在没有组织依托的情况下，村庄中富有公心、做事积极热情的乡村精英若直接参与公共治理，往往也会被贴上"逞能""多管闲事"的标签。

要破解当前乡村治理的公共性困境，实现乡村善治，必须走乡村组织化道路。这就需要构建起一个适应新时代乡村发展的新乡村组织体系，把分散的农民重新组织在村庄共同体中。没有强有力的乡村组织作为载体，没有组织化的农民，广大乡村社会将难以应对发展进程中面临的各种治理难题。从这个意义上说，乡村社会组织化将为实现村庄有效治理提供组织载体和主体基础。

一方面，乡村社会组织化能将个体化的农民组织起来，让他们以组织化而非个体化的方式应对社会风险、以集体而非个人的方式参与村庄公共生活。这些组织化的农民能够形成深厚的集体认同，这种集体认同能够培养他们的公共精神和公共意识，提升他们参与社区公共事务治理的积极性。组织起来的农民群体作为乡村治理的主体，能够提升他们参与社区治理的自治水平和主体效能，强化他们的集体行动能力，实现农民个体和乡村精英参与社会治理的身份从私人性向集体性转变，以此突破集体行动困境。

另一方面，乡村社会组织化以强有力的社区组织体系为载体。这也就决定了乡村社会组织化首先需要解决的问题就是构建起适应新时代乡村社会形态的组织体系，以此加强社区组织建设，提升社区组织效能。而构建起一个运行有效、权责明确的乡村社会组织体系，这是破解乡村治理的公共性困境、实现乡村善治的组织保障。通过优化组织结构、明晰组织权责、重建乡村社会组织网络，能够真正将村庄分散的人、财、物组织起来，形成组织联动、抱团发展的态势。因此，实现乡村社会组织化是对当前乡村社会面临的公共性治理困境的积极回应。正是在这个

---

① 桂华等：《社会组织参与农村基层治理研究》，华中科技大学出版社 2019 年版，第 31 页。

意义上，《乡村振兴战略规划》明确提出要推动乡村组织振兴。通过组织振兴重建社区组织体系，以组织化的方式来解决乡村治理中面临的各种问题，这是实现善治乡村的前提。[①] 抓住了这一前提，在一定程度上就抓住了乡村治理问题的关键所在。

三　承接国家资源与对接市场

长期以来，学术界简单套用马克思关于法国农民的经典论断[②]来认知中国农民与农村社会，将中国农民视为“善分不善合”的原子化个体，认为农民缺乏组织意识和能力，不能代表和表达自身的权利诉求。[③] 依照这样的认知逻辑，分散化、原子化和个体化的农民将在现代化进程中最终走向终结。然而事实却是，农民不仅在中国历史上长期延续，而且至今仍然大量存在，并且是当前及未来一段时期我国乡村建设的主体，“大

---

① 马良灿：《实现乡村社会有效治理的路径探索》，《甘肃社会科学》2019 年第 4 期。

② 马克思曾对法国农民的阶级属性、社会关系特征和性质进行过精辟分析，指出，法国“小农人数众多，他们的生活条件相同，但是彼此之间并没有发生多种多样的关系。他们的生产方式不是使他们相互交往，而是使他们互相隔绝。这种隔绝状态由于法国的交通不便和农民的贫困而更为加强了。他们进行生产的地盘，即小块土地，不允许在耕作时进行分工、应用科学，因而也就没有多种多样的发展，没有各种不同的才能，没有丰富的社会关系。每一个农户差不多都是自给自足的，都是直接生产自己的大部分消费品，因而他们取得生活资料多半是靠与自然交换，而不是靠与社会交往。一小块土地，一个农民和一个家庭；旁边是另一小块土地，另一个农民和另一个家庭。一批这样的单位就形成了一个村子；一批这样的村子就形成了一个省。这样，法国国民的广大群众，便是由一些同名数简单相加构成的，就像一袋马铃薯是由袋中的一个个马铃薯汇集而成的那样。数百万家庭的经济生活条件使他们的生活方式、利益和教育程度与其他阶级的生活方式、教育和教育程度各不相同并互相敌对，就这一点而言，他们是一个阶级。而各个小农彼此间只存在地域的联系，他们的利益同一性并不使他们彼此间形成共同关系，形成全国性的联系，形成政治组织，就这一点而言，他们又不是一个阶级。因此，他们不能以自己的名义来保护自己的阶级利益，无论是通过议会或通过国民公会。他们不能代表自己，一定要别人来代表他们。他们的代表一定要同时是他们的主宰，是高高站在他们上面的权威，是不受限制的政府权力，这种权力保护他们不受其他阶级侵犯，并从上面赐给他们雨水和阳光。所以，归根到底，小农的政治影响表现为行政权支配社会”。参见［德］马克思《路易·波拿巴的雾月十八日》，《马克思恩格斯文集》（第 2 卷），中共中央马克思恩格斯列宁斯大林著作编译局编译，人民出版社 2021 年版，第 566—567 页。

③ 曹锦清：《黄河岸边的中国：一个学者对乡村社会的观察与思考》，上海文艺出版社 2004 年版，第 764 页。

国小农”在我国是一个不争的事实。[①]

党的十九大报告明确指出要实现小农户与现代农业发展有机衔接。2017年，中共中央办公厅、国务院办公厅印发了《关于促进小农户和现代农业发展有机衔接的意见》，明确提出要“引导小农户开展合作与联合，提高小农户组织化程度”。这既是对小农户将在中国长期存在的政策定论，也为韧性小农的现代转型与新生创造了条件。因此，在未来相当长一段时期内，小农户仍然是现代农业生产经营的重要主体。实现乡村社会组织化，将分散的小农组织起来，破解当前个体化小农难以承接国家资源、难以应对市场风险的现实困境，这是实现农业农村现代化和乡村振兴的关键所在。

首先，分散化与松散化的村社集体难以承接国家下发的各类惠农资源。在乡村振兴背景下，乡村社会组织化的实质是重建乡村社会集体性。长期以来，中国农村社会有自身的组织机制，中国农民有自身的社会关系网络和社会交往传统。只是在百年乡村社会的巨变中，这些组织机制和交往原则逐渐被消解了。中国农民不是缺乏群体性和组织性的意识和观念，而是缺乏相应的组织机制、利益联结机制和组织动力。因此，应当探索一种有效的利益联结机制，实现农民的组织化，使广大农民能够积极有效承接国家资源和应对市场挑战。

后税费时代，国家不断向乡村社会输入大量资源。在一定程度上，这些资源提升了农村基础设施建设水平，缓解了农村贫困，提高了农民的发展能力。在当前乡村社会“空巢化”、农民高度分化背景下，分散化的农民个体与松散化的乡村社区组织难以作为承接国家资源的主体，农村基层组织能力较弱，无法实现国家自上而下的资源在村庄里的创造性转化，使得国家专项项目资金难以很好地对接农民的需求偏好，导致大量项目资源被浪费。在很多情况下，这些进村的项目常常被乡村社会精英及村庄能人所俘获[②]，形成资源下乡过程中的

① 陈军亚：《韧性小农：历史延续与现代转换——中国小农户的生命力及自主责任机制》，《中国社会科学》2019年第12期。

② 杨帅、温铁军：《农民组织化的困境与破解——后农业税时代的乡村治理与农村发展》，《人民论坛》2011年第29期。

“利益共同体”[①]，导致项目资金最终难以惠及农民群体。这在一定程度上消解了资源输入效果，并进一步加剧了农村社会的内部分化，引发了村民与村民、村民与乡村精英、村民与基层干部、村民与市场经营主体之间的利益之争，破坏了相对和谐的村落秩序。新农村建设、美丽乡村建设的实践经验表明，在缺乏组织化的乡村社会，分散的农民和疲弱的村集体组织难以承接政府向农村转移的资源。以项目制为主要形式的资源下乡运动未能实现对乡村社会的组织动员，反而破坏了实现乡村社会组织化的关系基础，加剧了乡村社会内部的利益分化与矛盾，导致乡村治理的内卷化和农民主体的边缘化。

造成上述困境的主要原因在于乡村社会组织化程度较低。这种低组织化制约了乡村社会公共物品的供给能力。要破解当前农村公共品供给的难题，则要重构村庄组织体系，确立农民主体性地位，提升乡村组织化程度。乡村振兴与乡村建设的主体是组织起来的农民，只有将农民组织起来，使村社集体成为一个能够对接农民需求与承接国家资源的组织载体，才能激发农民的主体性与能动性。只有将乡村社会组织起来，将实现乡村整合与村落共同体的再造作为新乡村建设运动的重要目标，才能实现国家资源与农民需求偏好相契合。因此，在新形势下，重塑乡村集体性与公共性，实现乡村组织振兴，从多个层面将乡村社会组织起来，这是当前夯实乡村振兴社会基础必须破解的重大难题。

其次，去组织化的小农户难以嵌入现代农业体系，有效对接大市场。目前，中国农村经济仍是以小农户为主的分散经营模式，分散的小农经营模式与现代农业产业之间的矛盾则成为农村发展面临的主要矛盾之一。[②] 乡村组织化是解决“小农户与大市场”难以进行有效对接的关键所在。小农户的长期存在固然具有必然性和合理性，但也要清醒地认识到，小农户分散经营的状态与现代农业产业存在着明显的结构性矛盾，现代化发展的客观条件又催生和培育农户组织化发展。

---

① 李祖佩：《项目进村与乡村治理重构—— 一项基于村庄本位的考察》，《中国农村观察》2013 年第 4 期。

② 王曙光：《中国农村：北大“燕京学堂”课堂讲录》北京大学出版社 2017 年版，第 98 页。

而在农村人、财、物外流背景下，当前村庄呈现“空巢化”、分散化趋势，集体化时期的农村组织化优势与村集体统筹功能基本丧失，乡村基层组织的组织力弱化，资本与技术密集型农业发展形态取代了先前的农业过密化发展形态。因小农户分散经营模式在实现农业技术更新及管理模式创新等方面存在一定的滞后性，导致个体化农户在与市场其他主体打交道时往往面临较大的交易成本，不仅在农业生产过程中只能作为提供土地与廉价劳动力的利润薄销者与资本雇用者，而且往往面临较大的市场交易成本，难以规避与承担进入市场的风险。① 例如，在对接市场其他主体的过程中往往因缺乏组织化而带来议价权的被动化，信息不对称也使农户成为价格的被动接受者，难以实现平等议价，大多时候只能获得被市场空间挤压的低利润。

乡村社会组织化是实现小农户与大市场有机衔接，化解分散化小农户经营模式面临各种市场风险的社会基础。一方面，乡村社会组织化能够将小农户组织起来，帮助小农户以组织化形式参与市场竞争，提高农户进入市场的效率，保障农户参与市场的收益公平性；另一方面，乡村社会组织化使农户有了村集体层面的组织平台，通过发挥村集体组织的统筹功能，农民群体能够依托村集体平台以组织化的方式扩大生产与交易规模，以此提高小农户对资源的控制能力、利益表达能力以及与其他市场主体均衡交易的能力。

当前，一些村落在集体经济组织的保障下，社区农产品不仅已经注册了商标，也形成了生产、销售的链化模式，有效推进了产品经营标准化、专业化、品牌化进程，实现了农业产业结构的调整升级。这种组织化形式有效化解了单一农户的生产风险与经营风险，还使集体内部生成了“利益共享、责任共担”的联结机制。从这个意义上说，农民组织化的实质就是实现小农户现代化改造，提升小农户现代化生存、适应和发展的能力，助推农民融入生产产业化、经营合作化和服务社会化的农业农村现代化的过程。因此，在推进农业农村现代化进程中，实现小农户与大市场有机衔接，化解分散化小农户难以融入市场、难以应对市场风

---

① 周立、王晓飞：《城乡中国时代的村庄再组织化》，《江苏社会科学》2021 年第 5 期。

险的核心是要构建一个能够代表全体村民利益的村集体组织，依托村集体组织将乡村社会人、财、物有效组织起来，帮助小农户以村集体组织为载体，通过组织化的方式参与市场经济活动。

第三节 新型农村集体经济何以助推乡村社会组织化

乡村社会组织化是农村发展的必然选择。当前，中国乡村社会已处于高度流动与分化状态，不流动的乡土社会演变为大流动的村庄，乡村结构分化明显，受现代化和市场化的冲击较大。[①] 在现代化浪潮中，传统村落共同体逐渐走向衰落，村民的社会生活逐渐趋于个体化和功利化，村庄社会内部在一定程度上已失去了秩序再生能力。在村落社会内部越来越难以通过传统的道德、习俗、互惠机制维系村落共同体存在的情况下，“社区的公共财力”就肩负着重建村落共同体的重任。当前，这种“社区的公共财力”已经不可能再是历史上基于习俗、道德等形成的公共资源，而是村庄成员共同所有的经济资源，亦即新型农村集体经济。因此，发展新型农村集体经济，激活乡村集体资源要素，这是实现乡村社会组织化的重要基础。

助推乡村社会组织化须充分考虑乡村社会的政治、经济、文化、制度等综合因素，但关键在于是否存在促使村庄主体参与组织化进程的利益纽带。因此，新型农村集体经济发展所形成的农民与农民、农民与集体间的利益联结机制是真正能够助推乡村社会组织化实现的关键。只有建立了村庄内村民之间基于利益分配的关联机制，村民才会真正参与到村庄公共事务中，并在此基础上从多个层面组织起来。当新型农村集体经济承载和体现村民的共同利益时，它能使村民对村落集体产生荣誉感、归属感和责任感，能使村民个体和集体结成紧密的利益共同体。该共同体将为乡村社会组织化提供坚实的社会经济基础，成为助推乡村社会组织化的动力机制。

---

① 陆益龙：《后乡土中国的基本问题及其出路》，《社会科学研究》2015 年第 1 期。

新型农村集体经济建立在明晰的产权体系基础上，这种产权体系是建立起农民与村集体利益联结的核心所在。产权是一种排他性的权利，对所有者有利的排他性产权能够提供对提高效率和生产率的直接刺激。①2016年底，全国范围内启动了以清产核资、确立集体成员身份、经营性资产股份制改革为主要内容的农村集体产权制度改革，这为新型农村集体经济的发展壮大奠定了产权基础。在新型农村集体经济中，集体所有的产权制度并不存在“集体所有”概念模糊、集体成员资格认定模糊以及收益分配模糊等问题。相反，不仅农民作为产权主体这一事实是明确的，其个人在集体产权中的份额是清晰的，并且农民主体的相应权利也是完整的。新型农村集体经济虽然并没有将集体资产分割给个人，但是却通过将集体经济折股量化到农户，农民个体可以按照入股土地、资金等比例获得相应的收益，使村社集体成员能够获得相对固定的股份分红。在这种完整且清晰的产权体系中，新型农村集体经济的发展壮大将有助于在村级组织内部、村集体与农民个体、个人与社区之间建构责任型、股权型、紧密型和劳资型的利益联结，并通过利益联结实现村级组织的协调统一，激活并培育农民与集体、农民与农民的社会联结，在乡村社区内部形成新型乡村利益共同体。

在利益共同体驱动下，村社集体成员的集体性与公共性意识得以生成，村社集体成员的主体意识和参与积极性得以有效激发。从这个意义上说，新型农村集体经济的发展壮大增强了个体与集体的利益关联，激发了个体成员的集体认同情感和参与公共事务的动力，较好地形塑了村社集体成员的集体性与公共性意识。最终，在新型农村集体经济的多重动力驱动下，以村社组织为主导的村集体合作行动将得以展开，村社集体的团结、互助和友谊将不断得以增进。

同时，新型农村集体经济的发展壮大将不断降低村民之间的社会不平等，不断缩小村民之间的贫富差距。因此，这种新经济形态在一定程度上体现了村民对追求社会平等、实现社会公正的价值追求。从这个意

① ［美］道格拉斯·C. 诺思：《经济史中的结构与变迁》，厉以平译，上海人民出版社1994年版，第98页。

义上说，新型农村集体经济助推乡村社会组织化，实质上是源自建立在新型农村集体经济界定清晰的产权主体和行为边界基础上的共同利益。它以现代社会契约为基础，围绕新型农村集体经济发展、利益分配和使用而将乡村社会有效组织起来。在这一过程中，多元行动主体将积极介入乡村治理性事务，最大限度地发挥自身的治理效能。因此，发展壮大新型农村集体经济的过程，就是组织农民、重建乡村，实现乡村治理秩序优化的过程。

为了更好地理解新型农村集体经济助推乡村社会组织化，可以就这一新经济形态的实践机制进行分析。所谓新型农村集体经济的实践机制，是指村落社区组织内部、村落社区组织与村民、村民与村民之间围绕村落集体经济的紧密型、股权型、合作型和公共服务型等实践关系，以及多样化、多形态的实现方式而形成的社会利益联结、社会关系协调与互动。在这种社会利益联结与社会关系协调互动的过程中，各个行动主体既具有相对的自主性又相互合作，并将促进组织内部的利益互补与组织关系协调，将整合个体利益与集体利益，将维护和实现村社集体的共同利益和公共秩序作为村落集体经济的具体实践逻辑与运行准则。这进一步表明，新型农村集体经济将经济嵌入在多元社会关系的协调互补过程中，并将为组织乡村、促进乡村秩序与关系的协调互补，激发村民的集体意识，为实现乡村社会组织化和村社重组开辟新的路径。①

小 结

新型农村集体经济的发展壮大将为实现乡村社会组织化提供坚实的社会经济基础。因此，盘活乡村现有的集体资源，采用多种方式培育和发展壮大村落集体经济，重建乡村社会的社会经济基础，进而优化乡村组织体系、修复社区关系、增进社区团结与社会合作，这是当前乡村振兴战略实施过程中需要给予认真对待和反思的问题。在乡村振兴背景下，

---

① 马良灿：《重新找回村落集体经济》，《河海大学学报》（哲学社会科学版）2020 年第 5 期。

在新型农村集体发展助推乡村社会组织化的实践中，需要正视当前农村与农民所处的社会环境，直面乡村人口外流、乡村衰败和乡村社会“空巢化”的社会现实。新型农村集体经济的发展壮大本身既是乡村振兴的重要内容和有机组成部分，同时也可为推进乡村振兴战略的落地生根提供强有力的社会经济基础。因此，探索新型农村集体经济在新形势下的有效实现方式与发展路径，运用乡村现有的集体资源，采用多种方式培育和发展壮大新型农村集体经济，发挥新型农村集体经济在助推乡村社会组织化及村社共同体重建中的社会功能，使之成为乡土重建、乡村振兴的重要经济基础，顺应了新时代全面推进乡村振兴和实施乡村建设行动的时代诉求。而实现村社组织再造，激活乡村发展的内生动力，增进农民的团结协作能力，将乡村社会有效组织起来，引导农民积极参与村庄公共事务建设，是当前新乡村建设的主要方向。

第五章

新型农村集体经济助推乡村社会组织化面临的发展困境

乡村社会组织化在实现新乡村建设的主体性建构、解决村社集体承接国家资源与对接市场的实践难题、助推村落共同体再造与村社重组等方面社会功能明显。在明晰其社会功能的基础上，需要认清乡村社会组织化面临的发展困境。发展新型农村集体经济助推乡村社会组织化，重建乡村社会需要直面后乡土社会中“村落空巢化”这一整体性困境，需要正视社区组织效能弱化、农民个体与村集体的联结性不强、集体经济内生发展动力不足等一系列现实难题。

第一节 “空巢化”的社会存在形态

作为嵌入在乡村社会关系与结构中的构成要素，集体经济的发展与乡村社会组织化的实现形式是同置身其中的社会环境密切相关的，其发展受到乡村社会形态变迁的深刻影响。在新的社会发展阶段，发展新型农村集体经济助推乡村组织化，需认清当前乡村社会的结构形态与演化趋势。乡村社会的存在形态及其发展困境，决定了新型农村集体经济发展助推乡村社会组织化的运行机制与建设路径。

长期以来，在城镇化、市场化和现代化浪潮洗礼中，面向农业和农村的政策不断调整，尤其是城乡户籍制度改革、土地制度调整、社会治理等方面政策的变化，使中国乡村社会在社会关系结构、社会主体构成、社会经济形态、人口社会流动、社会利益分化等层面发生了深刻的社会变迁，已迈入以农民个体化、人口流动超常规化和“村落空巢化”为特征的“后乡土社会”①。农民社会生活的个体化、人口流动的超常规化和村落的“空巢化”，成为理解当前乡村社会存在形态及其相关社会发展问题的三个相互关联的关键词。农民生活的个体化带来了农村人口的大流动和大迁徙，而人口的超常规流动在促进城市尤其是发达地区的城市经济繁荣的同时，也加速了乡村的凋敝和衰落，致使乡村进入“空巢化”社会。

村落共同体作为一个自然、经济、文化和社会的连续统②，“空巢化”的村庄存在形态及村落自身所具有的调适和应变潜力③，决定了大部分村落在城镇化、市场化、现代化浪潮的洗礼中，将会以新的方式和存在形态延续。但是，这并不代表城市化、工业化、现代化进程对乡村社会没有任何影响。在新型农村集体经济发展助推乡村组织化的实践进程中，“空巢化”社会将导致集体经济组织权能与角色虚化，村党组织在集体经济发展中的政治引领作用不足、乡村组织体系脆弱；村落社会的公共性衰落，农民与村集体联结性弱化，村落社会组织化程度低；集体经济基础薄弱，内生发展动力不足；等等。因此，在新型农村集体经济发展助推乡村社会组织化的实践中，需正视乡村社会“空巢化”这一社会存在形态及其所带来的一系列发展困境。

流动性是现代社会的基本特性。农村人口大量外流与周期性回流，则是当前“村落空巢化”的典型特征。④ 随着农村人口在城乡之间的大规模流动，农村地区的空间结构、经济与社会结构、人口结构等都发生了复杂变动。在此过程中，传统意义上的村落共同体在一定程度上逐渐走

---

① 陆益龙：《后乡土中国》，商务印书馆 2017 年版，第 9 页。

② 陆益龙：《村庄会终结吗？——城镇化与中国村庄的现状及未来》，《学习与探索》2013 年第 10 期。

③ 赵旭东：《乡村成为问题与成为问题的中国乡村研究——围绕“晏阳初模式”的知识社会学反思》，《中国社会科学》2008 年第 3 期。

④ 马良灿、康宇兰：《是“空心化”还是“空巢化”？——当前中国村落社会存在形态及其演化过程辨识》，《中国农村观察》2022 年第 5 期。

向衰落，村级组织和邻里支持系统逐渐弱化，生产互助体系出现消解，村落公共服务开始衰败，村落老龄化问题严峻。[①] 进一步说，在参与城镇化建设与市场化分工的过程中，农民形成了以工为主、亦工亦农、农工互补的生计模式。村落社会构造、互助体系、价值认同与村庄的整体形态都发生了空前的巨变。

其一，乡村社会因人口持续向外流动，形成“半工半耕”的家庭分工结构和“城乡两栖”的流动现象。[②] 大量新生代农民工外出务工、经商，或长期定居，或季节性流动，所引发的人口大流动导致乡土人才流失，抽空了乡村社会发展的人力资本，加速了乡村产业、阶层利益分化与秩序重组，产生了数以万计的“空巢化村庄”。留守老人、留守儿童和部分留守妇女成为当前乡村社会的主体，形成了规模庞大的“留守家庭”。由于受到身体素质、年龄和性别等诸多因素的影响，这些留守群体已难以肩负发展乡村、振兴乡村和建设乡村的重任。

其二，大量农村人口在城乡之间往返流动，使乡村社会难以培育且形成稳定的组织结构和治理秩序。“空巢化”状态下的人口结构变动不仅造成了地理空间维度内“人”的流失，也造成了关系空间维度下“人”的疏离。“人的流失”在一定程度上抽空了社区组织建设所需的人力资本，这使乡村社会难以在社区内部找到可供培育的组织后备人才，使社区组织发展面临“青黄不接”、村组干部年龄结构老化的现实困境。“人的疏离”加深了农民的个体化状态，导致村落社区难以形成统一的行动逻辑和共同体意识，这又使社区组织在动员农民群众参与公共事务的过程中常常面临集体行动难以开展的困境，这进一步弱化了社区组织的行动能力与治理效能。

其三，村落人口的持续性流动带来农民生产和生活活动与村集体的脱域化、使得农民在村集体公共事务中的参与缺位，降低了村民对村落集体的认同感和归属感。特别是那些“乡—城两栖”的农户伴随家庭生

① 田毅鹏、闫西安：《过疏化村落社会联结崩坏对脱贫攻坚成果巩固拓展的影响——基于T县过疏化村落的研究》，《南京社会科学》2021年第7期。

② 王春光：《第三条城镇化之路：“城乡两栖”》，《四川大学学报》（哲学社会科学版）2019年第6期。

计模式与收入结构的改变，其内部利益分化更加明显、农民社会生活个体化更加突出。当前农民群体尤其是青壮年农民群体的价值观念与行为方式已发生根本性变化，其行为方式与社会选择的理性化、社会生活的原子化与私密化，追逐个体利益和自我发展权利的正当化，已经成为新一代农民身上所表露出来的典型特征。这必然进一步弱化村民与村集体的社会关联。

总之，当前乡村社会已进入开放性和流动性较强的后乡土社会，村落社会已变为流动的村庄和“空巢”社会。[①] 当前，乡村社会的社会结构、社会关系、主体构成以及主体的社会行动都已经发生了实质性变迁。这就要求新型农村集体经济发展助推乡村社会组织化要正视农民个体化、人口流动超常规化和“村落空巢化”的社会现实，需要充分考量当前新型农村集体经济发展助推乡村社会组织化所处的社会环境，直面乡村社会经济发展和社会建设的双重困境。在此基础上，通过发展乡村产业、振兴村落集体经济、优化乡村社会发展环境，合理引导外流人口返乡创业，进而激发乡村发展活力，合理谋划新型农村集体经济发展助推乡村社会组织化的实现方案。

第二节 社区组织效能弱化

在当前“乡政村治”的基层治理格局中，要实现新型农村集体经济发展助推乡村社会组织化的建设目标，关键是构建一个强有力的社区组织载体。国家出台了一系列加强乡村组织建设的制度政策，地方政府和村落社区在相关政策支持下也经历了一系列的组织结构改革，探索出一些能够适应乡村社会发展的新组织架构及人员配置结构。当前在全国层面全面推行的村党支部书记“一肩挑”政策、成立农民股份经济合作社等，在组织建设实践方面极具代表性。但在“村落空巢化”背景下，乡村组织体系建设仍面临村“两委”内生发展动力疲弱、经济组织功能虚

---

① 陆益龙：《农村的劳动力流动及其社会影响——来自皖东T村的经验》，《中国人民大学学报》2015年第1期。

化、组织职责不清、内生性组织发展缓慢等困境。

其一，村级组织的服务和治理效能低下，有组织而无组织能力的问题比较突出。人民公社体制解体后，在一些村落社会中，村级组织未能较好履行自治职能，在实践中为了应对庞杂而艰难的任务，反而很大程度上被自上而下的层级治理体系所“吸纳”，扮演了国家行政体系“末梢”的角色，村级组织的行政化取向较为明显。[①] 村级组织的过度行政化必然削弱其自治功能、降低其向乡村社会提供公共产品的服务能力，使其难以及时回应村民的现实诉求。村级组织在不断弱化其自治能力的同时，也破坏了其与基层行政组织的良性互动关系，亦即制度文本中的业务指导与合作共治的关系变成了实践中“领导与被领导”关系。同时，大部分农村地区的村集体经济“空壳化”甚至“负债化”，使村集体经济组织名实分离，这进一步弱化了村级组织的服务能力，使其长期处于消极应付、被动治理的状态。

在人员结构上，一些村“两委”成员普遍面临年龄结构老化、知识储备不足和难以适应新社会变化趋势等问题，他们对乡村治理、社区建设及发展壮大新型农村集体经济的认知与行动能力不足，行政依赖性较强。当前，在中西部广大农村地区，尤其是那些刚刚摆脱绝对贫困的村庄，村“两委”对包村干部、驻村第一书记、驻村工作队等外部力量过度依赖。这些组织力量在一定程度上推进了上级行政工作任务在乡村社会的有效落实，促进了村落社区的建设工作，但客观上也造成了村级组织事务的行政化取向。村集体经济薄弱与村级组织日益行政化使其更加被动，难以解决村民面临的实际困难。

其二，村集体经济组织名实分离，组织功能相对虚化。国家对集体经济发展及乡村集体经济组织的建设非常重视，当前所有行政村落也都完成了集体清产核资和土地确权改革，在此基础上成立了新型农村集体经济组织，该组织被赋予了独立的法人资格。部分村落在集体经济组织的带动下，发展壮大了新型农村集体经济。但从运行实践看，农村集体

① 徐勇：《村民自治的成长：行政放权与社会发育——1990 年代后期以来中国村民自治发展过程的反思》，《华中师范大学学报》（人文社会科学版）2005 年第 2 期。

经济组织仍没有建立起完备的权责划分机制。在很多村庄，农村集体经济组织的相应职能仍由村“两委”承担，导致村“两委”与村集体经济组织在实际运行中权责分工不明确、职能界限模糊不清，部分农村集体经济组织的实际控制权掌握在村“两委”中，形成了功能交织、机构重叠的“三合一”组织架构。

乡村社会基层治理的复杂性与特殊性以及建设乡村共同体目标的一致性决定了集体经济组织与其他村级组织之间必然存在功能交织的问题，乡村社会各组织间的权责与人员也必然会存在部分交叉。但这并不意味着各类乡村组织在目标、任务、责任、分工等方面的完全重叠。这种交叉建立在各组织权责清晰、分工明确、目标一致基础上。当前村“两委”与村集体经济组织间存在权责不清、分工不明的问题，是因为村集体经济组织内部还未能建立起完备的权责机制。农村集体经济组织的这种非独立性使集体经济组织背负多重职能，难以单纯作为经济法人发挥作用，这在一定程度上制约了集体经济的市场化运作与发展壮大。[①] 就村“两委”而言，村干部作为农村集体经济组织的代理人，在集体经济产权模糊且内在民主监督缺失的情况下，农村集体经济组织的这种非独立性可能会引发村干部权力寻租的治理风险[②]，容易将村集体经济异化为“干部经济”[③]。

一种理想的村社组织发展状态便是实行“政经分离”，同时让集体经济组织具有两种主要职责，既要保障村集体经济的发展壮大，也要承担一定的社会服务与治理职责。只有当农村集体经济组织具备市场化的经济职能，促进村集体经济的发展壮大，才能积极履行建设乡村、服务乡村的社会治理职能。当前，村级集体经济组织的发展面临内部权责分工紊乱、对外独立性治理结构还未能建立起来的发展困境。因此，如何建立内部运行机制顺畅、管理规范、权责明晰、具有相对独立性的集体经

① 陈亚辉：《政经分离与农村基层治理转型研究》，《求实》2016 年第 5 期。

② 邓蓉：《农村土地制度改革进程中的集体经济组织主体地位重塑》，《农村经济》2017 年第 3 期。

③ 陆雷、赵黎：《从特殊到一般：中国农村集体经济现代化的省思与前瞻》，《中国农村经济》2021 年第 12 期。

济组织是当前新型农村集体经济日益发展壮大进程中必须解决的难题。只有从根本上解决这一难题，农村集体经济组织才能更好地发挥经济与社会功能，才能助推新型乡村组织体系的建立，并最终实现乡村社会组织化。

因此，随着农村集体产权制度改革不断深化，一些农村地区通过组建以农村股份合作制为主要形态的农村集体经济组织，探索实行“政经分离”，由该组织统一经营和管理村集体资产。从现阶段各地区的改革推进情况看，将村“两委”与集体经济组织的机构职责和服务事项进行划分相对容易，但实现组织间职责、人员和财产等彻底分离则较为困难。“政经分离”改革涉及因素众多、情况复杂，常常面临分离不彻底难题。

为完善农村基层党组织领导的村民自治组织和集体经济组织运行机制，最典型的做法即是在农村全面推行“一肩挑”制度，让村党支部书记同时兼任村民委员会主任和村集体经济组织理事长，实现村民委员会和村集体经济组织分设，使两者均为在村党组织领导下平行的法人组织。这种制度设置在一定程度上可以解决村级集体经济组织职能虚化和功能缺位的困境。但由于村集体经济组织的法人单位资格才确立不久，它同村“两委”之间的职权边界和组织间的运行机制还有待完善，村级集体经济组织的作用和潜能还需进一步观察。

其三，村庄内生性组织发育不足，总体性社会功能缺失。乡村内生性组织直接服务于村民的社会生活，是助推乡村社会组织化的重要组织载体。但在市场化、利益分化、人口流动和国家制度变迁等诸多因素影响下，乡村社会关系与结构发生转型与重组，个体化、流动化的农民群体逐步丧失对村落社区的认同感、归属感和责任感。农民多依赖自身力量解决他们所面临的生活生计问题，农民与农民、农民与村社共同体之间缺少利益联结机制，这使乡村社会内生性组织逐渐衰落，发育明显不足。

一些村落成立了红白理事会、老人协会、妇女协会、协商议事会等各类自组织。而事实上，这些乡村自组织角色定位混乱、职能交叉重叠、组织建设缺乏规范，不仅没有将农民有效组织起来，反而加剧了乡村社会内部的分化与分裂。例如，有些村庄自发成立的自组织内的活跃者只是村庄里的少数精英，他们成了瓜分社区公共资源、破坏社区和谐稳定的各种利益小团体，这些小团体非但不能起到整合乡村社会的作用，反而破坏了乡村社会内部的和谐稳定。

无论是村“两委”组织、集体经济组织，抑或是各种村庄内生性组织，都存在结构功能的萎缩与权责混乱等难题。当前乡村组织发展效能疲弱，难以实现乡村社会组织化的根本原因在于缺乏厚实的社区公共财力基础。因此，积极整合乡村资源，发展壮大新型乡村集体经济，建构新型乡村组织体系，是实现乡村社会组织化的重要前提。

第三节　农民与村集体的弱联结

乡村社区组织效能弱化使新型农村集体经济助推乡村社会组织化陷入了组织困境之中。在乡村社会“空巢化”背景下，农民与村集体的弱联结则是导致新型农村集体经济助推乡村社会组织化实践中农民参与积极性不高的主要因素。新型农村集体经济嵌入乡村社会、助推乡村社会组织化的过程从某种程度上说也是农民回归社区的过程。在这一过程中，较理想的实践途径是，广大农民作为乡村建设的参与主体和受益主体，将认同村集体经济发展目标，并积极主动参与新型农村集体经济发展助推乡村社会组织化的进程。然而，理想和现实之间总是存在差距。当前，人口大量外流造成广大农民与村集体发展的“时空脱域”。这弱化了农民与村集体的利益联结。这些外流的农民对参与集体经济发展的积极性和主动性不高。这导致新型农村集体经济的发展壮大举步维艰，难以对接和回应村社成员的主体性诉求。农民群众与村集体的这种弱联结关系状态，直接影响新型农村集体经济社会功能的发挥，并在一定程度上阻碍了集体经济助推乡村社会组织化的发展进程。

在传统乡土社会，农民生活紧紧依附在土地上，自给自足的小农经济生产模式决定了家庭是村落社区的基本单位。农民的生产生活是嵌入在以血缘和地缘为核心的社会关系网络中的，其利益诉求及生活需求的满足来自家庭和村落。集体化时期，人民公社体制下“三级所有、队为基础”的生产体系将农民嵌套在集体单位中，人民公社体制从政治、经济、社会和文化等层面将农民组织起来，村社集体成为农民生产生活的主要组织载体。

改革开放后，“统分结合”的双层经营体制终结了人民公社体制，但导致农民个体与村社集体的关联性日益淡漠。家庭联产承包制激发了农民的生产积极性，在一定程度上提高了农民的生活水平。但是却把农民重新变为分散的个体，农民的个体性不断增强，村集体对农民的约束变弱。因双层经营体制过度强调家庭经营“分”的优势，而弱化集体“统”的功能，使农业生产过于分散的弊端日益显现，出现了农户小规模经营与现代农业发展的矛盾。在这样的背景下，农村集体经济越来越薄弱，集体经济组织不断虚化，广大农村在集体化时代积累的村集体资产大部分被分光卖光，大多数村庄集体经济处于“空壳化”状态。[①] 集体经济的“空壳化”不仅使乡村社会公共服务难以持续，还使乡村社会基层组织的组织动员能力过于弱小，难以将分散的小农组织起来。农民与村社集体的利益联系仅维持在“完粮纳税”上，村集体与农民联结度日益弱化。

后税费时代，农民与集体的联结关系更加弱化了。取消农业税费，废除“三提五统”，极大地减轻了农民负担，使农民对集体和国家的责任降到了最低状态。这虽然缓解了乡村干部与农民之间因税费征收而产生的利益矛盾，但也导致农民个体与村社集体的关系更加松散化。乡村干部被禁止向农村收取任何费用，村干部的工资来源由之前的村提留转变为地方政府财政转移支付和津贴。村级组织与农民群众基于税费收取而形成的制度性关系走向终结，村集体与村民缺乏利益联结关系。大部分村集体组织除了拥有已经承包到农户家庭的集体土地所有权之外，并无其他经营性资产，村集体经济“空壳化”更加严重。在没有国家公共服务进村和资源下乡的前提下，农户不得不以个体化的方式来应对生产生活中面临的各种问题。农业税费的废止降低了村集体的乡村公共服务能力和动力。

为调动乡村干部服务基层的能力和积极性，密切干群关系，确保农村生产经营服务能够持续跟进，激发乡村活力，重建乡村社会，国家启

---

① 梁昊：《中国农村集体经济发展：问题及对策》，《财政研究》2016 年第 3 期。

动了社会主义新农村建设运动，加大了对农村的财政支持和资源反哺。以项目进村、资源下乡为主要形式的社会主义新农村建设极大地改善了农村水利、电网、居住环境、路况设施等基础建设，一定程度上满足了农民的公共服务需求。但是，在具体实践过程中，进村资源和项目往往被基层干部和乡村精英所俘获，加之基层干部将自身的意图和利益糅杂到项目实施中，随意改变项目实施的重点和方向，常常引发乡村内部的利益冲突与阶层矛盾，干群关系并没有因此得到改善。[①] 此外，农民与村集体的关联也仅限于农田补贴等各类惠农资金的发放，并且这种利益关联也随着"一卡通"下发形式的推广而日益淡化。因此，社会主义新农村建设没能从根本上扭转农民社会生活个体化、乡村社会组织松散化和乡村集体经济"空壳化"的社会衰败现实。[②]

从农民与村干部的关系来看，在后税费时代，村干部角色具有双重代理的特征，即村干部既是政府在基层的代理人，传达和执行政府的政策，同时也是村民的当家人，农民的很多诉求也需要通过村干部向上反映。但是受行政化等因素影响，村干部几乎难以平衡"代理—代表"这一双重角色，往往趋于职业化，村民自治组织也日益行政化，忙于应付上级政府的台账查阅等行政任务，而疏于解决农民的利益诉求。村民基本上不关心谁当村干部，也不关心村集体经济收益与负债情况，农民与村集体的联结性非常低。

由于小农户生计模式难以满足家庭的生活需求，在城市化与市场化浪潮的裹挟下，越来越多的农民开始摆脱村庄土地的束缚，进城务工经商，形成了规模庞大的农民工流动群体。该群体对村社集体的公共资源依赖性下降，随之带来的便是在村社集体公共活动的缺位，以及对村落命运和集体利益的责任感缺失。并且，这些"出村进城"农民的居住空间也不仅仅局限于村庄，相当一部分人口居住在乡镇、县城等，其生产生活与村庄是割裂的。农村青壮年人口的外出流动，使乡村社会组织基

---

① 邢成举、李小云：《精英俘获与财政扶贫项目目标偏离的研究》，《中国行政管理》2013年第9期。

② 马良灿：《重新找回村落集体经济》，《河海大学学报》（哲学社会科学版）2020年第5期。

础更加薄弱。

人口流动在提高农民的经济生活水平的同时，也催生了他们的个体主义意识。这些青壮年农民越来越要求自我的发展、个人幸福感和安全感，越来越强调最大限度地维护个体利益和权利。他们努力提高生活水平和社会地位，不再愿意为了集体的利益和扩展家庭的绵延不绝而牺牲自己。村落社区已不是一个利益关联和守望相助的共同体，农民与村集体之间的关联性变得空前弱化。

第四节 集体经济内生发展动力不足

乡村社会组织化需要一定的村庄公共财力支撑。近年来，国家通过政策与资源扶持，使一些地方农村的新型集体经济不断发展壮大。一些村落借助各级政府的政策与项目支持，因地制宜探索出了新型农村集体经济的多元化实现路径，并通过集体经济的发展壮大实现了乡村社会的组织化。但就目前农村集体经济的整体发展状态来看，受制于乡村自然资源、主体参与、社区组织能力等因素制约，集体经济仍面临内生发展动力不足的困境。特别是中西部地区村集体经济还比较薄弱，新型农村集体经济的发展还处于起步阶段，面临不少挑战。这些地区对新型农村集体经济的市场地位和职责范围的认识还不够清晰，新型农村集体经济发展质量不高、发展进程缓慢、发展效益低下。

特色产业是新型农村集体经济发展的重要抓手。部分地区以发展农村特色产业为契机，不断发展壮大集体经济，使群众获得了实惠。这些特色产业培育了村落社区的“造血”能力，使部分农民走上了脱贫致富的道路。但是，大部分村庄受现有资源条件的约束，村集体经济多以传统种植业和养殖业这些单一产业为主，不同村落的特色产业趋同性较高。由于村集体经济实现形式的单一化和趋同化，这些村落难以发挥市场竞争的比较优势。此外，大部分村庄的集体经济发展规模较小，加之集体经济组织内部管理混乱，使村集体的各类生产要素难以实现有效整合和深度开发，难以产生良好的市场效益。这样，村集体既无法实现集体经济的积累，也难以为村集体成员提供更优质的社会化服务。这又导致村集体成员参与动力不足，使村集体经济发展陷入多重困境之中。

近年来，部分村庄凭借自身的资源禀赋和良好的地理环境优势，从事以乡村旅游、休闲娱乐为特征的第三产业。但由于发展资金不足、宣传不到位、集体资产经营管理缺失以及不能充分对接市场需求等原因，这些村庄的市场竞争力有限且收益不理想，不能有效带动和促进农村集体经济的持续发展。大部分村庄由于面临资金、技术和人才短缺问题，只能选择发展资源密集型或劳动密集型产业。这类产业很难使集体经济获得高质量、稳定且可持续的发展。同时，在激烈的市场竞争中，农村集体经济组织的适应能力不强，难以维护村庄的共同利益。

当前，增收困难是农村集体经济发展面临的最大难题。在发展初期，大部分村落集体经济的主要实现形式是依靠集体资源的发包租赁、政策支持，或依托项目进村、产业扶持、生态补偿、部门帮扶等外生性资源扶持。这虽然增加了村集体经济收入，但由于乡村社会本身的内生动力不足，并未能与外生性资源形成稳固的合力发展机制，实现“外扶”转“内生”的发展道路。尤其是在很多中西部地区的农村社区，随着脱贫任务的全面完成，部分村庄因缺少政策资金的支持，丧失了可持续的发展能力。一些村庄甚至面临集体资产进一步流失的风险，集体经济发展举步维艰。最终，集体经济发展陷入恶性循环之中，低组织化的状态导致村集体经济难以形成内生发展动力。村庄大量青壮年劳动力的外出流动，又进一步加速了村落社区的衰落。事实上，许多农村拥有较为丰富的自然、文化与社会发展资源。充分挖掘这些本土资源，发展特色产业，是发展农村集体经济的重要方向，但集体经济组织涣散和人才短缺却直接中断了该路径的有效实现。

在“村落空巢化”背景下，如何通过盘活村社集体的资源、资产与资金，如何通过有效的利益联结机制将个体化、分散化的农民组织起来，因地制宜地发展壮大新型农村集体经济，振兴多元化和多样化的村社集体产业，在乡村社会组织化的实践进程中意义重大。新型农村集体经济能较好地形塑村社集体成员的集体性与公共性意识，不断增进村社集体的团结、互助和友谊，不断降低村民之间的社会不平等，不断缩小村民之间的社会差距，并在一定程度上体现了村民对追求社会平等、实现社会公正的价值诉求。因此，如何发展壮大新型农村集体经济，成为当前实现乡村产业振兴中需要解决的难题。

小 结

面对当前乡村社会的现实处境与转型遭遇，党的十九大报告提出了以“产业兴旺、生态宜居、乡风文明、治理有效、生活富裕”为总要求，以实现“农业强”“农村美”“农民富”为总目标的乡村振兴战略，并将这一战略作为今后党和政府全面复兴乡村社会、经济、文化和乡村生活的指导方针。这一战略强调乡村振兴的系统整合，突出组织建设、经济建设、文化建设、生态文明建设和社会建设的互相嵌入。党的十九届五中全会公报《中共中央关于制定国民经济和社会发展第十四个五年规划和二〇三五年远景目标的建议》明确将“优先发展农业农村，全面推进乡村振兴”“实施乡村建设行动”“深化农村集体产权制度改革，发展新型农村集体经济”“健全党组织领导的自治、法治和德治相结合的城乡基层治理体系”“建设人人有责、人人尽责、人人享有的社会治理共同体”和“加强基层社会治理队伍建设”等作为今后国家全面开启社会主义现代化新征程的重要组成部分。在这一战略思想指导下，大量的资源、资本和政策必将优先向农村聚集，乡村建设、乡村治理和乡土复兴将面临前所未有的时代机遇。

当前，乡土重建和乡村振兴面临的主要困境是农村社会组织化程度较低。要破解这一难题，需要依托一定的制度政策、社会经济基础、社区组织载体，盘活村社集体资源，发展壮大新型农村集体经济，助推乡村社会组织化。这要求在国家资源政策下乡与新型农村集体经济复兴、集体经济复兴与乡村组织建设、乡村组织建设与乡土重建之间建立有效的联结机制，从根本上将分散的农民组织起来。从某种意义上说，乡村建设和乡村振兴的主体是组织化的农民，乡村振兴的组织载体是构建新型社区组织体系，而乡村社会组织化的社会经济基础则是新型农村集体经济。

第六章

新型农村集体经济助推乡村社会组织化的“塘约经验”[①]

发展壮大新型农村集体经济，对提升乡村组织效能、实现农民组织化和重建乡村社会具有十分重要的意义。随着新型农村集体经济的经济性和社会性品格不断凸显，其发展壮大在助推乡村社会组织化和社区重建中的社会经济基础作用日益明晰。一些地方在国家政策的引领和支持下，结合自身的集体资源禀赋和村落实际，在坚持农民主体、村庄本位基础上，就新型农村集体经济发展助推乡村社会组织化问题进行了实践探索，积累了宝贵经验。在这些地方的实践经验探索中，很多村落社会都因为发展壮大新型农村集体经济而优化和健全了乡村社会的组织体系，实现了村党组织、村民自治组织和村集体经济组织的责任利益联结与关系整合，建构了运行高效、协调统一的村级组织体系。在村级组织的积极行动和强力推动下，村落社会与农民个体的利益联结纽带更加牢固，农民在经济与社会层面的组织化程度越来越高，乡村的公共服务供给困境在一定程度上得到了缓解，村落社会的治理水平和能力得以明显加强。这些村落社区通过发展壮大新型农村集体经济，有效吸纳了部分剩余劳动力和返乡青年，在一定程度上克服了“村落空巢化”的现实困境，乡村社会的集体性与公共性得以重建，村落社会的复兴和重建得以可能。

其中，贵州安顺塘约村通过党建引领新型农村集体经济发展，形成

---

① 本章部分内容已以论文的形式发表。详见马良灿《新型农村集体经济发展与乡村社会再组织：以贵州省塘约村为例》，《中州学刊》2021 年第 2 期。

了影响较为深远的“塘约经验”。“塘约经验”较好地呈现了新型农村集体经济发展助推乡村社会组织化的实践逻辑、作用机制与展开过程，为实现乡村组织振兴和乡村社会组织化提供了可供参照的模式。塘约村通过深化农村集体产权制度改革，在发展壮大新型农村集体经济的基础上，建立了以村党组织为核心，以村委自治组织、村集体经济组织为两翼，以乡村其他内生性组织为补充的新型乡村组织体系。在新型乡村组织体系推动下，塘约村通过采用村社一体、合股联营、统分结合等多种经营方式，实现了新型农村集体经济的发展壮大。厚实的村落集体经济基础和完备的乡村社区组织体系协同发力，实现了乡村社会的有效治理，使村落社会在生活秩序、经济社会交往和乡村公共性等层面实现了再组织。“塘约经验”表明，通过发展壮大新型农村集体经济，将为乡村社会组织化和新乡村建设探寻另一种可能或出路。

第一节　新型农村集体经济的复兴

塘约村是贵州省安顺市平坝区乐平镇管辖的一个行政村，该村距平坝县城约 15 公里。塘约村下辖 11 个村民小组，截至 2019 年，全村共有人口 921 户 3542 人。村庄面积 5.7 平方公里，土地 8350 亩。其中，耕地面积 4268.6 亩，林地面积 2819.70 亩，河流水域面积 155.97 亩。塘约村森林资源丰富，森林覆盖率在 70% 以上。该村曾是贵州省省级二类贫困村，在 2013 年前，村民人均纯收入每年不到 4000 元，村集体收入每年只有四五万元。村集体经济的主要来源是出售集体农场的木材。但由于木材砍伐直接危及生态环境，需要区林业局进行严格审批，林业局审核很严格，这也使该村集体经济收入来源不稳定，村集体经济常年处于亏空状态。全村男性青壮年群体基本上外出务工，留守儿童、老人和妇女现象突出，“村落空巢化”问题严重。2014 年，塘约村遭遇了百年不遇的特大洪水，大量田地、农作物和房屋被摧毁，全村损失惨重，村民面临的贫困问题更加突出。在“穷则思变”的思路下，塘约村村民在村“两委”带领下走出了一条以发展壮大新型农村集体经济为核心的乡村社会重建之路。

首先，在村“两委”领导下，塘约村开展了农村产权改革工作。2015年，塘约村成立了村产权改革办公室，下设土地调查小组、土地指界小组、矛盾纠纷调解小组和清产核资小组。在区政府和镇政府国土、住建、农业、林业、水利部门的协助下，村“两委”完成了对全村土地承包经营权、集体林权、集体土地所有权、房屋所有权、集体建设用地使用权、小型水利工程产权、农村集体财产权等七种产权的确权工作。特别是对集体土地所有权、农民土地承包权和经营权、集体林权和水权的确认，为厘清村集体和个人的产权界线、为维护村民和集体的利益，为盘活村集体资产和发展壮大新型农村集体经济，实现村民与集体村社一体、合股经营的农业现代化发展道路扫清了障碍。在确权过程中，村“两委”成员和全村党员发挥了模范带头作用。这些人员及其亲属凡是侵占集体土地、集体林地、集体公房和集体财产的要么归还集体、要么折算成现金补偿给集体。这种政策实践减少了产权改革中的矛盾纠纷，维护了村集体权益。

其次，在农村产权改革基础上，塘约村成立了由村“两委”领导的新型农村集体经济组织。村集体用集体林权做抵押，向银行贷款2000万元作为注册资金，成立了金土地合作社。合作社将全村集体资产、机动地、自留地等以股份或者份额的形式量化到集体成员。全村土地共计4881亩，村民按水田700元/亩、耕地500元/亩、坡耕地300元/亩的土地流转价格将土地全部入股合作社，由合作社对全村土地进行规范化种植和专业化管理。全村921户村民都成为合作社股东，按500元/股计算，总计5230股。村民每年除获得地租外，还可参与合作社收益的年终分红。合作社、村集体和村民的分红比例为3∶3∶4。此外，合作社每年赠予全村贫困户15股。依照规定，合作社的技术管理人员和劳作人员全为本村村民。管理人员采用底薪加绩效计酬，月薪不少于3000元，普通村民则依据需要可直接到合作社劳作，按天或按件计酬，每天工资100元左右。村民收入包括了土地流转费、土地入股分红和合作社务工工资三部分。合作社的成立使农地得到了充分利用，全村农民劳动力从土地中彻底解放出来，使农民获得了更多的创收和就业机会。全村除部分劳动力直接参与合作社经营管理或进行有偿劳作外，其余剩余劳动力可外出务工，或从事建筑业、货物运输或服务业等工作。

最后，在集体经济的实现形式方面，塘约村采用的是村社一体、合股联营、统分结合的集体经济经营方式。村社一体体现为村“两委”班子成员和合作社管理人员共同经营合作社。村“两委”是合作社的上级领导部门，也是参与合作社利润分红的主体之一。在村“两委”协调领导下，金土地合作社通过搭建集体与个人、村民与村民的合作平台，实现了集体与个人的利益联结，激发了村民参与村庄发展的内生动力。合作社的合股联营、统分结合主要体现为两个层面。

一是全村统筹范围内的合作社，即金土地合作社是村集体经济的有效载体，其他村级层面的经济组织都属于该合作社的下属单位。在村集体领导下，这些经济组织可以从事不同的产业，形成合股联营，联产联业的产业链条。目前，除金土地合作社外，全村有独立法人资质的公司还有三家，即建筑公司、水务公司和旅游公司。这些公司收入全部归入金土地合作社，用于支付村民土地流转费、发放村民股金和充实集体经济基础。因此，塘约村在构建集约化、组织化、专业化、规模化的现代农业经营体系的基础上，培育了多种形式和多种产业联合的经营主体，这些公司为塘约村集体经济的多元化实现方式奠定了基础，促进了村集体经济的资本累积，增强了村集体经济的实力和统筹能力。

二是各个子公司具有独立的管理权限。塘约建筑公司于 2015 年 4 月注册成立，拥有 12 个建筑队近 300 名工人，这些工人主要是本村返乡创业青年。目前，建筑公司承接了各种项目，是集体经济创收的主要来源。近年来各级政府向塘约村投入的大量基础设施建设项目，都由建筑公司直接承接，或者分包给其他有资质的建筑公司，按一定比例从中抽取利润。塘约村家政公司的前身叫妇女创业队，主要由塘约村妇女组成，组织参加合作社务工，或者承接外面的家政服务，同时妇女创业队还是入驻塘约村的工厂（诸如电子厂等）的主要劳动力。目前，水务公司除了负责全村人的饮用水和农田灌溉用水的服务并收取相关费用外，其他业务还在进一步扩展中。而旅游公司还处于起步阶段，目前主要是协助相关部门将该村打造为国家 4A 级旅游景区。服装公司、编织公司是通过招商引资的方式入驻塘约村的企业。这些公司主要利用本村提供的场地和相对低廉的劳动力成本开展经营活动，一方面解决该村的妇女就业问题，另一方面公司和村集体按一定比例进行利润分成。

金土地合作社与其他子公司进行统分结合的集体经营方式，既有效解决了村民就地就近就业问题，又降低了农业经营风险。农业种植具有不可控的自然和市场风险，合作社与其他子公司联合经营，可以增强集体经济抵御风险的能力。同时，多业并举有助于满足不同村民的就业需求。

2016 年，塘约村集体及合作社年终利润 121.5 万元，社员土地租金和利润分红 81 万元。2017 年，村集体及合作社利润 204.35 万元，社员土地租金和利润分红 124.32 万元。此外，合作社不仅每年为贫困户额外赠送 15 股股份，而且优先为他们安排就业，使他们很快就达到了脱贫标准。塘约村的农业集体化道路实现了农民人均纯收入由 2013 年的不到 4000 元达到 2018 年的 14120 元，村集体经济从 2014 年的不足 4 万元到 2018 年突破 312 万元。2019 年合作社利润 172 万元，村集体为全村村民全额承担了共计 74 万元的农村合作医疗费用。2016 年以来，村集体为全村村民每年承担了 30 万—40 万元的红白酒席服务费用。同时，村里规定，凡是村中考取大学的学生，凭录取通知书每人可领取 2000 元的奖金。另外，村集体还为每个村民小组划拨 3 万元共计 33 万元的集体资金用于修建每个自然村的群众广场。

新型农村集体经济的发展壮大使塘约村实现了从贵州二类贫困村到小康示范村的转变。作为村集体经济组织载体的金土地合作社，它加强了村集体和农民个体之间的利益纽带，特别是农业生产中的合作经营有效实现了农民的再组织。村民在参与合作社的集体经营过程中获得了实实在在的利益，他们充分感受到抱团取暖、抱团发展的巨大优势。新型农村集体经济的发展壮大使村庄内生性的发展动力得以激发，干群关系得以改善，村民之间的团结互助得以增强。在村集体经济的带动下，一个股权型、紧密型的新型村落共同体逐渐形成。

第二节 新型农村集体经济助推乡村组织振兴

塘约村在发展壮大新型农村集体经济的实践过程中，村级层面的集体经济组织得以充实和完善。新型农村集体经济组织既是乡村组织体系建设的重要组成部分，也为健全和完善乡村治理的组织体系提供了坚实的社会经济基础。同时，新型乡村组织体系的建构必将为发展壮大新型农村集体经济提供强有力的组织保障。因此，在实践中，新型农村集体经济的发展壮大和乡村组织体系的建设是一种相辅相成、互相促进的关系，两者都致力于实现村落社会的重建与复兴。

塘约村村“两委”在发展壮大新型农村集体经济、培育新型农村集体经济组织的同时，也在不断健全和完善乡村治理的组织体系，不断提升自身治理村庄的水平和能力。塘约村以基层党建为引领，以提升村民自治组织的治理水平和能力为目标，建构了党总支（行政村）—党支部—党小组（自然村）、村民委员会（行政村）—村民小组自治委员会（自然村）的村级组织治理结构，同时在村“两委”增设了酒席理事会（老年协会）、治安巡逻队等二级组织。

塘约村十分重视村级党组织建设，建立了一个党总支、三个网格党支部、九个党小组的村级组织架构，直接将党的组织建到了自然村上。在乡村治理实践中，基层党组织发挥了积极的思想引领和先锋模范带头作用。依照规定，每个党小组每半月要开展一次思想政治学习，村党支部和党总支每月要开展一次全村党员的集中学习并组织全村党员开展公益性活动。通过会议学习、服务群众生活实践、参加公益性劳动等组织形式，使全村党员干部增强了服务乡村、顾全全村整体利益、勇于承担责任的公共意识。在乡村治理实践中，党员干部以身作则、乐于奉献、组织性强，始终走在乡村改革和村庄治理的最前面。因此，塘约村通过加强和完善党的农村基层组织建设，使基层党组织在乡村治理的各项工作中充分发挥了领导作用。

同时，塘约村积极深化村民自治实践，将行政村层面的村民自治与自然村层面的村组自治结合起来，从根本上优化了村民自治的组织结构。

为及时回应村民诉求，解决村民内部矛盾，村民以 15 户为单位推选一名村民代表，在每个自然村组成立了以村民小组长为核心、村民代表为纽带的组委会，并设置了直接面向全组村民服务的村组工作室，每个组委会都持有专门的公章，使村组权力的运行更加规范化和常态化。

在村庄治理实践中，组委会作为直接面向群众社会生活的服务型乡村组织，在组织发动群众参与村集体公益事业建设、进行村庄环境整治、表达村民利益诉求、调解村组矛盾、化解邻里和家庭纠纷、协调村民关系、维护村民权益等方面发挥了重要的基层治理功能。自然村落中面临的一些治理问题，通过组委会的介入基本上都能够给予解决。塘约村将村民自治制度直接下沉到自然村并建立群众性自治组织的实践探索，真正将村民治村、村组自治扎根在了乡村社会的土壤中，夯实了乡村民主的社会根基，充分体现了乡村民主的实践价值，积极回应了村民的现实诉求。从行政村到自然村、从自然村到村民代表、从村民代表到每户农户家庭，乡村社会由于村民自治和村组自治的有机衔接而得以有效整合并重新组织起来。

为及时回应村民诉求，塘约村形成了“组委会（党小组）—村民委员会（基层党总支部）—村民代表大会”的三级议事协调治理机制。组委会和党小组会不定期召开会议，就本组内部村民反映的各种利益诉求和问题进行协商讨论，尽可能在小组层面协商解决村民的各种利益诉求和矛盾冲突。若村民小组自治委员会对村民反映的各种问题和诉求无法解决，由组委会提出建议，提交村民委员会和村党总支部进行专题讨论解决。塘约村村民委员会和村党总支部每周定期召开工作例会，就各个组委会提交的各种问题进行集体协商和集中解决，最后以村“两委”的名义下发对各种问题的处理意见。如若村民对村“两委”的解决方案持有异议，塘约村将启动村级层面最高级别的议事协调机制，即召开全村村民代表大会，由全村村民代表就一些重大事项和村民关心的焦点问题进行投票表决。一旦通过村民代表大会会议决定，将作为村级处理问题的最高决定。此决定一旦做出，村民就应遵照执行。

一般通过村社组委会会议、村“两委”会议和村民代表大会三级议事协调机制，村民的各种诉求和问题都能得到相对合理的解决。[①] 因此，在乡村治理实践中，行政村和自然村之间形成了良性的组织互动关系。在调解邻里纠纷、整治乡风民俗、化解干群矛盾、进行村落规划与环境整治以及处理各种土地确权问题的过程中，塘约村所形成的“小事不出组，大事不出村”的工作原则和三级议事协调机制是村民自治的精神实质所在，也是当前乡村自治实践过程中“社会问题社会化”处理方式在塘约经验中的真实呈现。在塘约乡村治理实践中，凡涉及村中的重大决定、民生问题、村容整治、制定村规民约、整治乡风民俗事项等都必须召开全村村民代表大会，通过民主协商和民主投票的方式就一些重大问题进行决策。

塘约乡村组织体系的完善和组织治理效能的发挥，得益于强大的村落集体经济的有力支撑。为了有效发挥乡村组织的治理功能，塘约村凭借自身的集体经济优势，建立了严格的党员及干部考核机制。从党员、党支部书记到党总支书记，从村民小组长、村委会成员到村民委员会主任，每月都要直接接受村民的评议和积分考核，考核评议直接与物质待遇、绩效奖励和相关职务挂钩。为了激发乡村组织成员的动力，村“两委”对所有职务和岗位采取“定岗不定人”的方式进行管理。村组干部和村民代表一旦年终考核不合格，不但要扣罚岗位津贴，还可能被直接撤销相应职务。

针对村干部，塘约村制定了《塘约村村干部百分制考核办法》。该办法规定，对村干部采用“定岗不定人”的工作机制，实行年薪制，按照每分 300 元兑现报酬，其中工作任务完成的分值占 50%，年底村民小组长评分占 30%，村民代表评分占 20%，少 1 分扣 300 元。针对党员干部，塘约村形成了《塘约村党员量化积分管理办法》，每位党员人手一份《党员记分册》，总分 120 分/人，10 分/月，考核内容涵盖学习教育（1 分）、组织生活（2 分）、职责履行（3 分）、廉洁自律（2 分）、遵纪守法（2 分）。年末考核积分 80 分及以上的党员给予奖励，低于 60 分的为不合格，连续三年低于 60 分的采取组织惩戒措施，严重的劝其取消党员身

---

① 马良灿：《实现乡村社会有效治理的路径探索》，《甘肃社会科学》2019 年第 4 期。

份。这种对党员干部的动态考核方式被当地村民称为“驾照式”考评。针对村民小组组长，该村制定了《塘约村小组长百分制管理办法》，该办法规定，村民小组长工作落实情况占50%，村民代表测评占50%。考核结果分为优秀、称职、基本称职和不称职四个等次，作为小组长发放报酬的依据。在这种动态的考核管理过程中，无论是村民小组长、村干部还是党员干部，在服务基层群众的过程中都必须勤奋工作、公平公正、热情周到。因为一旦被取消各种资格或职务，不仅直接关系自身的待遇和津贴，而且关乎自身的名誉和脸面。在相对熟悉的乡土社会，大家对脸面和名誉看得很重。

厚实的村落集体经济基础、完备的乡村社区组织体系和灵活的村组干部考核机制，使塘约村的村级组织治理能力得到了明显提升，村民组织行动能力和公共意识得以明显加强。塘约村通过加强推进乡村组织建设，形成了组织联动、上下互动的组织机制。乡村组织体系的建设为发展壮大新型农村集体经济提供了组织保障，而集体经济则为实现乡村治理提供物质基础。村级组织凭借村集体厚实的物质保障，为村民提供了优质的公共服务，增强了村民对村庄的荣誉感和归属感。

在塘约村，除了基层党组织和村民自治组织在实现乡村有效治理的过程中发挥积极作用外，一些直接为村民社会生活提供公共服务的、设于村“两委”下面的二级社会组织（如酒席理事会、治安小组等）的功能也较为健全，这一切都源于强有力的集体经济支撑。在实践中，特别是酒席理事会受到群众普遍欢迎。塘约村为了整顿滥办酒席的铺张浪费现象，以村规民约的形式明确规定，全村村民除了举办婚宴酒席和丧葬酒席外，禁止操办其他一切酒宴。同时，为了免除村民的后顾之忧，塘约村在村民委员会下面成立全村酒席理事会，这个理事会为村民的婚庆和丧葬提供一条龙服务。服务队的劳务津贴由村集体支付，相关厨具等由村里统一配备，无偿提供给村民使用。依据规定，一桩红喜事村里补贴1000元，白喜事补贴3000元。由村里统一为村民操办酒宴，这极大地减轻了村民的人情开支和经济负担。因此，酒席理事会所做的工作得到群众的广泛认可。每年村集体划拨的红白酒席补助金支出在40万元左右。另外，为整顿村庄秩序，提升村民安全感，村里还组建了治安小组，治安小组相关负责人员的劳务津贴由村集体支付。治安小组在治理村庄赌博、酗酒、盗窃和维护村庄治安秩序方面取得了良好的效果，先后治理了全村近30家赌博窝点，使曾经参与赌博的150多人不再重蹈覆辙。同时，治安小组还同乡镇派出所形成了联防联控机制，通过合作及时将扰乱村庄秩序的人绳之以法。

第三节 乡村社会的组织化

塘约村新型农村集体经济的发展壮大，不仅筑牢和扩展了乡村集体经济组织的基础，而且为健全和完善乡村治理的组织体系、为实现乡村组织振兴提供了社会经济保障。厚实的村社集体经济和乡村社会的组织振兴则使塘约村实现了乡村经济、社会秩序和社会生活等层面的再组织，乡村的有效治理得以实现。由此，乡村社会重新被组织和激活起来，村落共同体得以重建。

首先，在经济层面，塘约村通过成立金土地合作社、建筑公司、运输队和妇女创业队等集体经济组织，将全村青壮年村民吸引到经济组织中来，使乡村社会在经济层面实现了再组织。村集体将村里经验丰富的农业大户、销售人才、专业农业技术人员聘用到合作社并参与合作社的经营管理，提升了合作社的经营效率。具体而言，金土地合作社被划分为四个农业种植基地，每个基地由一名中青年管理人员负责经营管理。基地负责人主要组织农业工人进行农作物的育苗、种植、田间管理、采摘、生产、经营和销售等一系列工作。每个基地需要农业工人10—15人，农忙时节则多达30—40人。这些农业工人都是本村45—55岁年龄段的中年男女。也可以说，除了部分管理人员外，农业合作社满足了本村中年男女的就地就业需求，使这些群体在经济层面实现了再组织。而一些青壮年群体，特别是男性青年主要在塘约村建筑公司和运输队就业。本村建筑公司成立后，承接了大量的工程项目，为本村青壮年群体提供了大量就地就近的就业机会。另外，塘约村还组建了一支由200多名村民所构成的运输队伍。队伍由具有驾驶资格和车辆的村民自愿加入，设运输队队长一名。有运输需求的客户或单位直接联系运输队队长，由他负责协调运输人员。车队管理比较灵活，队员既可以由队长分配和安排运输任务，也可以自行拓展业务。因此，运输队的成立提高了部分青壮年群体的组织化程度，满足了他们的就业需求。同时，为解决塘约村妇女的就近就业问题，塘约村还成立了塘约妇女创业队。塘约村组建妇女创业队之后，妇女创业队人员根据自身就业意愿，可以到合作社务工，也可以到入驻塘约村的工厂（诸如电子厂等）里打工，或者在村两委的组织下承接外面的家政服务，村里不抽取妇女创业队的利润。因此，塘约村通过不同类型的产业聚合，实现了不同层次、不同年龄的农民群体在经济合作层面的再组织，并通过经济合作组织实现了乡村的共同发展。村民通过参与村庄公共活动，进行集体劳作，大家不仅增进了情感、促进了相互协作与交流，更重要的是逐步培养了一种民主协商的议事能力，村民的公共性意识在村落集体活动与协商共治的过程中逐渐培育与壮大。这种议事协调能力和村落公共意识的成长是新时期村落共同体重建的灵魂，是增进村庄互助团结的情感纽带。①

其次，新型农村集体经济的发展和壮大为塘约村乡村组织体系的有效运行提供了坚实的物质基础，并由此提升了乡村各类组织的治理水平和组织动员能力，使村落社会生活和村庄秩序井然有序，乡村社会在多个层面实现了再组织。为了规范村民的社会生活秩序、建构良好的乡风文明新风尚，为了妥善处理好村民与乡村干部、村民与村民以及村民家庭内部的各种纠纷和矛盾，塘约村先后出台了村规民约“红九条”与“黑名单”制度②、治理全村村民乱办酒宴和铺张浪费制度。“红九条”

---

① 马良灿：《农村社区内生性组织及其“内卷化”问题研究》，《中国农村观察》2012 年第 6 期。

② 塘约村“红九条”规定，“凡是不孝敬、不赡养父母者，不管教未成年子女者，滥办酒席铺张浪费者，不参加公共事业建设者，不交卫生管理费者，贷款不守信用者，不按规定乱建房屋者，不积极配合组委会工作者，不执行村支两委重大决策者”，只要违背其中任何一条，便被纳入“黑名单”管理，并受到相应处罚。村民一旦被刷黑，不但会受到公共舆论的指责，同时还会被取消其享受各种优惠政策、村组干部拒绝提供任何服务的资格，例如不予开具死亡证明、合医报销证明、换户证明、准迁证明、接收证明、落户证明、银行开户证明（未成年人）、贫困证明（精准扶贫户）、建房申请、低保申请、临时救助申请、用电申请、拨户申请（自有住房不属违章建筑）、贷款证明、高龄补贴，等等。

中的每一条都同村民的日常社会生活息息相关，都是为了解决或维护村民的各项权利而制定的。塘约村的“红九条”之所以得到村民的遵守和认同，根本原因在于村民不仅明了这些规约的产生过程，而且它们直接对应村民社会生活中的现实问题，表达了村民的真实需要。在村规民约的执行过程中，无论是村组干部还是普通村民，都会共同维护这些规约的权威性和治理的有效性，一般都不会跨越这些规约所划定的红线。

塘约村的村规民约“红九条”之一，便是将“滥办酒席铺张浪费者”列入“黑名单”，明确规定今后全村村民除了举办婚宴酒席和丧葬酒席外，其他酒宴如搬家酒、过寿酒、状元酒、满月酒等名目繁多的酒宴一律不准操办，一旦发现操办者不仅要被刷黑，所有食材将被没收并送给学校或养老院。《塘约村关于“滥办酒席，反对铺张浪费”致全村村民的一封信》和《酒宴理事修改草案》中，进一步对全村酒席事项进行了明确规定，村民办酒席需提前一周到酒席理事会办理备案手续，老人去世必须当天填写备案表，审核通过的酒宴由理事会指定厨师4—5人提供服务，并提供免费餐具，但凡超过40桌以上，由操办酒席方按每桌20元缴纳服务费，红喜“八菜一汤”、白喜“一锅香”，红喜不超过3天，第一天是村里面的人去帮忙，第二天是吃正席，第三天早上村民帮忙吃饭之后就结束；白喜办酒则一般在五天左右，之所以时间不确定，是因为有些时候白事办酒需要听风水先生的建议择定下葬日期，此时办酒的时间就可能会延长。凡超过5天者，由东家承担相关服务费用。在2015年7月到2018年12月，全村有40户村民因滥办酒席被纳入“红九条”“黑名单”管理，村组织对其进行批评教育和考察后，有的村民还向村委会提交了检讨书和承诺书。

以厚实的集体经济为后盾，各级乡村组织行动有力，治理能力较强，各项村规民约得到有效贯彻并发挥了良好的乡村治理功能。村民与村干部、村民与村民之间的社会关系由于密切的交往和利益互动而得以增进，特别是三级议事协调机制的建立使村庄社会矛盾纠纷得以及时化解，村落社会秩序运行良好。塘约村在治理赌博、村霸、铺张浪费和改善干群关系等方面，积累了丰富的乡村治理经验。在各级村级组织的积极介入和干预下，村庄个体化、私利化和无序化的状态逐渐改善，村庄的共同体意识、主人翁意识和团结合作意识逐渐加强。

最后，塘约村为了重建村庄公共生活和培育公共精神，村集体为9个村民小组修建了广场和办公室，这为各个自然村召开村组会议、举办红白酒席和其他传统文化习俗节日提供了公共空间，促进了村民之间的公共讨论和交流，加强了村庄的社会团结。为丰富村民的公共生活，塘约村在村“两委”倡导下每年举办“寻找最美塘约人”“塘约篮球杯”和“卡拉OK歌唱比赛”等大型公益活动。塘约全村村民共同参与评选最美家庭、最美教师、最美中小学生、最美大学生、最美儿媳等村寨模范。这些活动丰富了农民的社会生活，改造了以前每家每户庭院里村民经常围坐在一起打麻将、玩纸牌等不良习惯，营造了良好的村庄公共生活氛围。因此，塘约村公共生活和公共精神的重建，不但把失序的乡村社会重新整合起来，而且重建了乡风文明，规范了村民的社会交往行为。

小　结

新型农村集体经济复兴的过程，实质上就是重建社会、重建村落共同体的过程。面对乡村社会衰败的现实困境，如何运用乡村现有的集体资源，采用多种方式培育和发展壮大新型农村集体经济，使之成为组织乡村、重建社会的重要经济基础，这成为当前乡村振兴战略实施过程中需要给予认真对待和反思的问题。塘约村通过发展壮大新型农村集体经济，不仅从根本上改善了农民的物质生活水平和生计方式，成功带领农民脱贫致富，而且为健全和完善乡村社会组织体系，提升社区组织体系组织乡村、团结乡村、实现乡村有效治理的水平和能力提供了坚实的社会经济基础。最终，塘约村从经济、组织、秩序等层面实现了乡村社会的组织化。

塘约村的发展道路较为独特。它以新型农村集体经济的发展壮大为牵引，关心和尊重每一位村民的现实需要。它通过发展新型农村集体经济重新凝聚了人心，实现了村落社会的重建。塘约村新型农村集体经济是一种为满足社区居民公共服务需求和资源供给的社区共同体经济。它以重建乡村社会为目的，强调集体经济的社会效益优先于经济效益。塘约村的实践经验表明，发展壮大新型农村集体经济和实现乡村社会组织化之间是一种相互促进的关系。在实践中，二者彼此促进，共同推动村落社会的复兴与重建。总之，“塘约经验”为中西部地区发展新型农村集体经济、实现乡村社会组织化和重建村落共同体提供了一种可供借鉴的模式。

第七章

烟台“党支部领办合作社”的在地化实践①

全面推进和实施乡村振兴战略，建立在强有力的组织载体和村落集体经济基础之上。山东省烟台市在新型乡村组织体系建构、新型集体经济发展与乡村社会组织化等层面进行了积极探索。

2017 年始，山东省烟台市在组织部门的强力推动下，在全市范围内兴起了一场以农村基层党建为引领、以村党支部领办合作社为切入点，通过发展壮大新型农村集体经济来增强乡村组织行动能力，进而实现组织农民、建设乡村，促进乡村社会组织化、社会秩序有序化、乡村经济合作化、农民生活社会化的乡建运动。2019 年底，乡村建设的“烟台经验”已逐渐在山东省全面推广。至2020 年底，全市范围内已有3045 个行政村建立了党支部领办的合作社，占比全市行政村的 40% 左右。烟台广大农村地区以党支部领办合作社为平台，在不断发展壮大村落集体经济的过程中健全了复合型乡村社区组织体系，提升了乡村组织治理乡村、建设乡村的协同能力。同时，该地在以基层党组织为核心的复合型乡村组织推动下，通过构建村落与集体、个人与组织之间股权型和紧密型的利益联结，打造了新型乡村利益共同体，并在一定程度上实现了乡村社会关系的再联结与社会秩序的再造。可以说，“烟台经验”为当前发展壮大新型农村集体经济、实现乡村社会组织化和村落共同体重建树立了典范。

---

① 本章部分内容曾以论文形式发表。详见马良灿、李净净《从利益联结到社会整合：乡村建设的烟台经验及其在地化实践》，《中国农业大学学报》（社会科学版）2022 年第 1 期。

第一节 自上而下的组织联动与复合式乡村组织体系建构

从政府层面说，烟台乡村建设运动旨在通过发展壮大新型农村集体经济来推进和加强农村基层的党建工作，夯实基层党组织的社会经济基础，进而从根本上解决“集体穷、支部弱、群众散”的问题[①]，使农村基层党组织在乡村建设与组织关系中真正发挥核心领导作用，提升其治理乡村、组织乡村和动员农民的能力。正因为如此，这场运动一开始便由市、县党委组织部门协调领导，市、县相关职能部门协同配合，乡、村两级进行衔接和联动。从性质上说，这是一场自上而下、由组织部门领导和推动、以发展壮大新型农村集体经济为基础来加强农村基层党建工作的运动。这种自上而下的组织联动为烟台乡村建设运动提供了强有力的组织保障。同其他党建形式不同，烟台市开展的基层党建行动以“党支部领办合作社”的方式进行，主张通过集体经济发展来激活党建。[②] 正是因为由组织部门协调领导，才使各级政府涉农部门的相关资源以及各类中央惠农支持项目和资金大量向村集体和合作社聚集，并最终使烟台市“党支部领办合作社”在短期内得以迅速成长和壮大。

以烟台市牟平区的大窑街道办事处蛤堆后村和韩家疃村、高陵镇槐树庄村、水稻镇南台村、龙泉镇西台村和观水镇蚌西头村 6 个合作示范村为例，近两年各级政府向每个村的投入资金都在 100 万元以上，这不包含前期政府向农村投入的各类项目。据原烟台市委组织部部长，“党支部领办合作社”的主要发起者、组织者和领导者于涛提供的数据，烟台市政府仅两年就单列 1.72 亿元合作社专项扶持资金用于支持合作

---

① 于涛：《组织起来实现乡村振兴：烟台市是怎样推行党支部领办合作社的》，载江宇《烟台纪事：党支部领办合作社之路（附录）》，人民日报出版社 2021 年版，第 348 页。

② 陈义媛：《以村集体经济发展激活基层党建——基于烟台市“党支部领办合作社”的案例分析》，《南京农业大学学报》（社会科学版）2021 年第 3 期。

社发展[①]。这还不包括市县级相关部门以及中央各部委、省级各部门投入的涉农资金和项目。因此，离开自上而下的组织联动和政策资源支持，“党支部领办合作社”将难以维系，面临很多发展困难。

在烟台乡村建设实践中，以村党支部为核心的复合型乡村组织体系有效推动了烟台市乡村建设与乡村振兴工作。为了强化党支部对乡村建设的全面领导，烟台市新乡村组织建设实践强调基层党组织、村民自治组织和集体经济组织之间的协调统一，强调“政经社”三者之间的组织耦合与组织联动。这种以基层党组织为核心，以村民自治组织和村集体经济组织为两翼的新型组织架构形塑了一种典型的复合型乡村组织体系。[②] 在该组织体系中，三个组织一套人马，村党支部委员、村民委员会委员和合作社主要负责人交叉任职、互相嵌入。通过新一轮的村干部选举与调整，烟台市在村级层面全部实现了党支部书记“一肩挑”，即由村党支部书记同时兼任村民委员会主任和村党支部领办合作社的理事长。党支部委员同为村民委员会委员，村民委员会委员中主要成员也是支部委员，村“两委”成员都是合作社的主要负责人、监事、理事和最大股东。此外，在党支部领办的合作社中，村“两委”委员都是其中的主要负责人、直接利益相关者、监事和理事。

因此，这种合作社显然不是纯粹的经济组织，而是兼具政治、经济和社会的功能。烟台乡村组织体系所呈现的复合性特征，在一定程度上减少了组织运行成本，避免了村党支部、村民委员会和合作社之间的相互扯皮和推诿，使以村党支部为核心的乡村组织能够心往一处想、劲往一处使，其组织管理水平和行动效能更明显。它们更能在集体经济发展、乡村治理和组织农民等方面发挥积极作用。可以说，乡村建设的“烟台经验”及在地化实践，正是围绕基层党建这一核心，并能在自上而下的

---

① 于涛原为山东省烟台市组织部部长，曾系统提出“党支部领办合作社”构想，并在她的组织领导下开展了党支部领办合作社的乡村建设实验，现任山东省市场监管局党组副书记。于涛：《组织起来实现乡村振兴：烟台市是怎样推行党支部领办合作社的》，载江宇《烟台纪事：党支部领办合作社之路（附录）》，人民日报出版社2021年版，第369页。

② 马良灿、哈洪颖：《新型乡村社区组织体系建设何以可能——兼论乡村振兴的组织基础建设》，《福建师范大学学报》（哲学社会科学版）2021年第3期。

组织联动与上下合力、复合型乡村组织建设中得以有效推进。

第二节 村党支部核心引领与支部书记能人带动

在乡村建设的“烟台经验”实践中，村党支部，尤其是支部书记的核心领导作用和能人带动效应不可或缺。村党支部是烟台乡村建设最重要的实践主体，是发展壮大集体经济、领办村集体经济合作社的核心力量。而村党支部书记作为乡村社会的领导人和村集体经济的直接责任人，在乡村建设实践中发挥着至关重要的作用。在集体经济发展较好的村庄中，村党支部书记不仅有较为丰富的合作社管理经验，而且拥有相对雄厚的经济与社会资本，是乡村社会中典型的强人、能人和富人。在实施党支部领办合作社之前，这些支书都是乡村社会中的致富能手，大多有自己的专业合作社或产业，在群众中的社会威望较高。在烟台地区大面积推广党支部领办合作社经验后，他们要么将自己的合作社拍卖给党支部领办的合作社，要么将其折价入股到合作社，直接转变为集体经济合作社负责人，成为合作社最大的股东。这些支部书记在合作社创办之初以入股或垫付资金的方式向合作社注入了大量资金。支部书记在合作社中的占股比例一般都在20%左右，有的占股高达50%，后因不符合党支部领办合作社关于个人占股不超过20%的相关规定，才将自己的股份转移给其他村干部。

例如，西台村的王文明是当地的苹果收购商贩，经济实力雄厚，具有丰富的苹果销售经验和社会资源，在本村已担任村党支部书记15年，在村里社会威望较高。作为党支部领办合作社的理事长，他自己曾出资120万元用于合作社的建设和发展。韩家疃村党支部书记李从学自担任村党支部书记十余年来，先后为本村争取各类项目经费300余万元，在村庄环境整治与美化、乡村道路硬化与改造、乡村公共服务建设等方面做了大量工作，在村民中具有较高威望。同时，他一直经营自己的樱桃大棚，曾注册成立了合作社，是典型的乡村能人。成立党支部合作社后，他将自己的一个大棚卖给合作社，并出资20余万元入股，成为合作社最大股东。南台村支部书记王克永有自己的大棚种植基地，在2014年便联合村里的种植大户成立了专业合作社，在油桃和草莓种植方面具有丰富的管理经验，建立了广泛的销售网络。在党支部领办合作社后，他直接将自己的合作社转交给村集体进行统一经营管理。槐树庄村党支部书记于峰以“烟薯25号”的种植—加工—销售为基础，在2012年带领村民成立了专业合作社，积累了大量的社会资本，是典型的能人、富人，在成立党支部领办合作社时，他自己曾入股50万元。

因此，烟台党支部领办合作社成功的关键，在于各级组织部门牢牢抓住那些具有一定政治思想觉悟和大局意识的乡村能人、富人。这些支部书记拥有丰富的致富经验、雄厚的经济实力、广泛的社会关系网络以及良好的群众基础。在乡村建设较为成功的案例中，村党支部书记之所以全身心投入到发展壮大集体经济的过程中，除了组织部门和上级部门的政治性、组织性要求和完成相应的考核任务外，更重要的是他们本身就是直接的利益相关者，合作社能否正常维系和盈利，和自身的切身利益直接相关。他们领办集体性质的合作社，一方面是基于政治理性的考虑，作为村党支部书记，理应服从上级组织部门安排，有义务推进乡村建设，带领村民致富。这项工作做好了，有助于他们在乡村社会树立政治与社会威望，也有助于他们更好地开展群众工作和治理乡村。因此，党支部领办合作社的过程，从本质上说也是治理乡村和动员村民的过程。另一方面是基于经济理性考虑，这些支部书记领办合作社，目的在于充分借助和利用各级政府和中央各部委的各种惠农政策和资源便利，通过发展壮大新型农村集体经济来发展壮大自身，抵御各种市场风险，获取相应的物质回报，扩展自身的政治与社会网络。从这个意义上说，党支部领办合作社通过相应的利益机制选择性激励和权力制衡，激发了乡村能人服务乡村建设的激情。①

---

① 于福波、张应良：《基层党组织领办合作社运行机理与治理效应》，《西北农林科技大学学报》（社会科学版）2021年第5期。

第三节　多元利益联结打造新型乡村利益共同体

烟台乡村建设的在地化实践过程，从本质上说是在党支部领导下构建集体与群众利益共同体的组织行动过程。发展壮大新型农村集体经济，建构多元利益联结，打造新型乡村利益共同体是“烟台经验”的动力源泉所在。烟台市通过党支部领办合作社这一平台，依托村党支部的政治组织优势和村党支部书记的能人示范效应，撬动、盘活和整合村庄现有的土地、资本、资源、资产和劳动力，并通过外部的政策扶持和资源注入，发展壮大新型农村集体经济，进而在自上而下的组织之间、在乡村组织内部、乡村组织与农民个体、乡村集体与个人之间建立多元的利益联结。这场以党支部领办合作社为平台发展壮大新型农村集体经济的乡建运动试图打造一种上下联结、多元互动、互利共享的新型乡村利益共同体。在烟台党支部领办合作社的在地化实践中，这种利益联结主要表现为村集体经济发展与全村村民的利益关联、村集体与农民个体的股权型利益关系建构、村集体与农民的劳资关系联结等。

一　村集体与农民之间股权型利益关系建构

烟台党支部领办合作社是通过村集体与村民之间的股份合作机制得以建立和维系的。通过股权型利益关系的建构，村集体与村民之间的利益联结更加明确。这无疑有助于村落新型利益共同体的生成。

合作社成立之初，便明确规定村集体与村民之间的占比关系与入股比例，一般情况下，单个村民个人股份一般不超过20%。例如，2019年，南台村共有284户村民入股注册成立的永田果蔬专业合作社，占全村户数的73%。同时，村集体现金入股40万元，社员现金入股共计74万元。韩家疃村2019年注册成立广纳果蔬种植专业合作社，在成立之初，村集体和村民以土地、资金入股合作社，分别占股51.09%和48.91%。目前，该村共有40户入股合作社，约占村民户数的37%，社员入股共计10.9万元。西台村成立合作社之初，全村村民158户中有150户加入了合作社，其中集体股份占比35%，村民个人股份总计占股65%，社员入股现金共计190万元。但后期随着大量财政资金进入村集体领办的合作社，村民股份逐渐下降。槐树庄村集体占股30%，村民占股70%。依照相关规定，合作社盈利后，需按照入股比例进行分红。合作社未获利之前，需向现金入股的村民返还保底利息，利息率为3%。在烟台市牟平区的大窑街道办事处蛤堆后村和韩家疃村、高陵镇槐树庄村、水稻镇南台村、龙泉镇西台村和观水镇蚌西头村6个合作示范村中，已经有5个村庄在2020年底进行了年终分红。其中，韩家疃村分红3.2万元，蛤堆后村分红150万元，槐树庄村分红2.6万元，南台村分红50万元，西台村分红50万元。另外1个村庄由于种植的樱桃和苹果还在成长期，未见收益，合作社均已向村民支付了保底利息。

村民入股合作社，可以获得土地租金、合作社分红或利息。这样，通过股份合作的形式，村民和村集体之间的利益联结关系得以建立。当然，对普通村民而言，合作社所获得的土地租金、年底分红或利息仅占他们收入中的一小部分，属于锦上添花性质。这点收入也不可能从根本上解决他们面临的生存和发展问题。然而，通过发展合作社，使村集体与村民个体之间建立了一种股权型、紧密型和合作型的利益联结。通过利益联结这一核心纽带作用，乡村干部与农民之间、村集体与个体之间的关系互动更加密切了。合作社通过入股分红、就地用工等方式，在村集体与社员之间建立了一种股权型和合作型的利益联结。这种利益联结使村民、社员与集体之间的关系更加紧密，交往互动更加频繁，进而助推村落新型利益共同体的生成。

二　村集体与村民之间劳资型关系的建立

通过合作社这一平台，村集体和村民之间建立了一定的劳资关系，密切了双方的利益联结。在烟台党支部领办的合作社中，整个合作社的运营和管理主要由村“两委”成员和乡村技术精英组织实施。在合作社运营中，需要大量的季节性工人，而这些工人，主要由留守在家的中年妇女和男性组成，年龄大多在50—65岁。依据规定，男性劳作一天的工资为100—120元，女性为80—100元。依据合作社种植规模和种植作物的不同，一年支付给参与劳作的村民工资在10万—60万元。

如，槐树庄村2020年的用工支出为30多万元，韩家疃村用工支出在10万元以上，南台村和西台村的用工支出都在60多万元。西台村的合作社规模较大，除了季节性用工外，常年用工20人左右。留守在村的中年群体除了在合作社做工外，同时还兼顾自家的农业种植、照护老人和孙辈。合作社的发展和壮大一方面为具有强烈的乡土情怀的人提供了发展平台；另一方面就近就地解决了“村落空巢化”背景下留守在农村且具备劳动能力的中年群体的就业问题，使该群体能凭借自身的能力自食其力，解除了他们外出子女的后顾之忧。

烟台市的广大农村与中西部地区的农村一样，青壮年群体都向外流动了，留守在农村的大多是儿童和中老年群体，“村落空巢化”问题非常突出。青壮年群体普遍外流，使中年群体成为乡村社会的主体。党支部领办合作社的发展和壮大，在为该群体创造和增加就业机会的同时，也为村民之间的社会互动和交往提供了平台。大家共同劳作、相互合作与交流，有助于建立相对亲密的社区邻里关系和良性的干群关系。因此，很多合作社负责人说，评价党支部领办合作社是否成功，不应只看结果，而应该重视过程。在他们看来，合作社运营的过程比结果更重要。对合作社而言，只要亏损不大且能正常运营下去，便可以说是办得很成功了。因为在合作社发展和经营过程中，更多的利润空间已经让渡给村民，尤其是留守在家的中年群体。也可以说，合作社所产生的盈利也均未溢出村庄，都留在村集体内部，并在村中发挥着一定的社会保障功能。① 这一点，或许是党支部领办的村集体合作社与乡村能人、企业老板领办的个人合作社最明显的差别。

三 组织利益共同体的构建

烟台市以农村基层政权建设为依托，在基层党组织领导下，通过组织动员、利益整合、话语建构等形式②，塑造出具有主体意识和共同体意

① 刘燕舞：《党支部领办型合作社发展研究——以山东省招远市西沟村为例》，《西北农林科技大学学报》（社会科学版）2020年第3期。

② 张跃然：《反映社会还是塑造社会？——国外社会学讨论“政党—社会关系”的两条路径》，《社会学研究》2018年第3期。

识的社会群体，打造一个具有凝聚力的社会“利益共同体”[①]。一方面，乡镇政府通过自上而下的组织联动，推进国家各项乡村建设项目落地农村；另一方面，乡镇政府联合村“两委”组织通过自下而上的组织动员、利益整合向国家争取项目资金。为实现组织联动的有效性，确保乡村建设成效，乡镇政府通过目标考核、绩效激励和领导包村等合法机制同村级组织建立联系，彼此间形成责任利益连带共同体。

首先，乡镇政府通过组织联动，积极实施国家自上而下建设乡村的各项政策、资金和项目，促进乡村社会全面发展。烟台市各乡镇政府联合村党组织、村集体经济组织，通过政治领导和资源整合，推动有条件的乡村社区成立“党支部领办合作社”，通过发展壮大新型农村集体经济来推进乡村组织建设，提升乡村社会的组织化水平。例如，为解决集体经济组织发展中的日常销售和成本运营问题，龙泉镇在乡镇党委领导下成立了乡镇联合社。联合社为各村集体经济组织提供“三资”服务和电商销售平台，降低了各村集体经济组织的生产成本，扩宽了农产品的销售渠道。

其次，乡镇政府协同村党组织和村集体经济组织，共同发展壮大新型农村集体经济。在乡镇党委和上级政府协助下，村党组织协调动员各村落组织，整合乡村资源，一方面为发展壮大集体经济积极探索“党支部领办合作社”的有效实现形式和农村产业发展项目；另一方面乡镇政府联合村集体经济组织和村“两委”，自下而上向国家争取各项财政补贴和项目资金支持，推动乡村各项事业发展。例如，南台村在村党组织带领下，合作社探索出油桃和大棚草莓产业发展的路子。在乡镇党委政府的协助下，南台村先后申请到中央财政专项惠农补贴100万元、乡村振兴专项资金50万元；获得烟台市第一家申请“强村贷”的合作社，获得贷款50万元，有效解决了合作社发展的资金周转问题。在乡镇政府积极倡导和协助下，南台村还开展草莓采摘节，探讨乡村旅游业发展和草莓销售新渠道。在乡镇政府协助下，韩家疃村和南台村的集体经济组织与村

---

① 潘泽泉、辛星：《政党整合社会：党建引领基层社区治理的中国实践》，《中南大学学报》（社会科学版）2021年第2期。

“两委”组织通过股份联结、利益共担等机制，打造“党支部领办合作社”发展壮大集体经济示范村，并分别获得烟台市“十佳示范”合作社5万元奖励。

最后，乡镇政府通过目标考核和政治激励，促进乡村组织体系形成责任共担的组织共同体。一方面，乡镇政府以目标考核和绩效激励的机制督促村“两委”落实“党支部领办合作社”的建设和乡村各项服务工作开展。面对乡镇党委和上级政府的规范化管理和目标考核，南台村王书记积极落实八小时坐班制度，完成上级交办的各项乡村建设任务。王书记认为，能否完成这些任务，这直接关系村干部的政治觉悟高低、个人物质待遇能否兑现和工作职位晋升有无机会的问题，更关系上级政府会不会继续对本村进行资金资源投入与持续支持的大问题。因此，上级交办的任务，一定要完成好。同时，在乡村社会中，村民基于地缘关系、血缘关系以及姻亲关系形成的较为密切的情感与道义联系[①]，倒逼村“两委”成员为乡村建设任务奔波劳碌。在人口流动性较强与“空巢化”严重的槐树庄村，于书记认为老百姓选他连任村书记是出于对自己的信任和情义，因此只有为老百姓做点惠农实事才对得起这份信任。在烟台农村地区，乡村干部以自下而上的自组织权力实现组织之间相互协作。这种自上而下的组织联动和组织之间的相互协作，促使多元主体之间形成强大的组织合力，促进了新型复合式农村社区组织体系建设。

总之，烟台广大农村地区以党支部领办合作社为平台，通过发展壮大新型农村集体经济，使村干部与群众、村集体与村民、合作社与社员、合作社与留守群体之间产生了利益联结。通过利益联结，一种股权型、劳资型和紧密型的“一荣俱荣、一损俱损”乡村利益共同体正在生成。[②]

---

① 陆益龙：《后乡土中国》，商务印书馆2017年版，第6—10页。

② 丁波：《乡村振兴背景下农村集体经济与乡村治理有效性——基于皖南四个村庄的实地调查》，《南京农业大学学报》（社会科学版）2020年第3期。

四　利益联结助推社会联结

“烟台经验”的目标导向是通过利益联结组织农民，建设乡村，最终实现村落共同体的重建。在烟台地区推行的以“党支部领办合作社”为核心的乡村建设实践中，新型农村集体经济发展与乡村社会建设是高度统一的。在合作社运营过程中，基层干部尽可能将利益让渡给村庄、村民和合作社社员，尽可能使他们在入股分红、参与合作社经营管理和劳作中获得实惠。合作社对于村干部和村民而言，具有重要的社会整合价值。甚至可以说，其社会意义远重于经济价值。烟台乡村建设实践开启以来，村庄的饮水工程、基础设施建设和公共福利事业有人过问了，留守在乡村的老人和贫困群体有人关心了，村中的中年留守妇女和在家务农的中年男性有工可做了，乡村社会中的一些传统民俗活动、体育与文艺活动也得以组织和开展起来了。尤其是通过股份合作、利益分红和创造就业机会，农民个人命运和村落集体发展之间的关系更加紧密地联系在了一起，乡村组织发动群众、组织群众的能力得以加强，乡村建设的行动能力明显改善。同时，在村落集体经济和复合型乡村组织的双重驱动下，村落个体化、“空巢化”和空心化的乡村衰败困境有明显改善，一个充满活力的新乡村社会景象正在生成，乡村社会在一定程度上得以重生。

在实践中，自上而下的组织联动与复合型组织体系建设、党支部书记的核心作用、乡村社会的利益联结与社会整合是相互嵌合的。自上而下的组织联动与资源动员是烟台乡村建设得以持续推进的政策与制度保障，复合型的新乡村组织体系是烟台乡村建设的组织载体，基层党组织特别是党支部书记在乡村建设行动中发挥着能人带动作用，利益联结是烟台乡村建设的动力源泉，而实现乡村社会整合、重建乡村社会是乡村建设的目标归属。在外在组织资源、复合型乡村组织体系和党支部书记推动下，乡村社会中的个体与集体、个人与社会、个人与个人之间实现了利益联结，并最终通过利益联结实现了社会整合。因此，抓住了“利益联结”与“社会整合”这两个关键词，从某种程度上说就抓住了“烟台经验”的灵魂。

第四节　社会整合与村落共同体重建

烟台市以党支部领办合作社为切入点所推进的乡建运动从本质上说是一场整体性的乡村改造运动。它以促进多元行动主体之间的经济利益联结为核心，在一定程度上实现了乡村的系统性整合和组织间的上下联合。

一　复合型乡村组织体系助推农民组织化

复合型乡村组织体系的建立提升了乡村组织的运行效能，夯实了乡村振兴的组织基础，并在一定程度上推动了乡村社会与农民的组织化。乡村组织振兴既是乡村振兴与乡村建设的重要内容，也是全面实施乡村振兴和重建乡村的有效载体。烟台广大农村地区通过发展壮大新型农村集体经济，建构了以基层党支部为核心、以集体经济组织和村民委员会为两翼的新型复合型乡村组织体系。该组织体系主张成员间“双向进入、交叉任职”，强调农村政治、经济和社会职能的互相嵌合与乡村组织间的功能耦合与职责同构。这种“一核两翼”的复合型组织明显提升了其组织村民、建设乡村和服务社会的效能。同时，这一组织体系介于县区、乡镇与村落之间，在村党支部书记的统一协调和领导下，较好地实现了同乡镇、县区相关部门的有效联动。此外，这一复合型组织体系通过与全村村民代表、全村党员和合作社社员建立常态化、制度化和组织化的沟通渠道，建构了一张较为完整的乡村组织行动网络，较好地将这些乡村精英组织起来。在这一行动网络的推动下，村落社会和村民群体在一定程度上实现了组织化[①]。因此，烟台广大农村地区通过建构复合型的新型乡村组织体系，实现了自上而下的组织联动与自下而上的群众动员，并由此汇聚成治理乡村、建设乡村、发展乡村、改造乡村和实现乡村社会组织化的巨大合力。

---

① 陈义媛：《农村集体经济发展与村社再组织化——以烟台市“党支部领办合作社”为例》，《求实》2020 年第 6 期。

二 乡村组织治理效能提升与治理秩序优化

在烟台乡村建设实践中，乡村组织凭借厚实的村落集体经济和利益联结网络，有效改善了乡村社会环境，提升了村级组织的治理效能，优化了乡村的治理秩序。村党支部通过领办合作社，在发展壮大新型农村集体经济过程中不断改善了乡村的社会治理环境，不断加强了和群众的沟通联系，密切了干群关系，提升了治理乡村和建设乡村的能力，有效维系了乡村社会秩序的良性运行。后税费时代，乡村干部与村民之间由于缺乏直接的利益联结渠道和机制，因此干群关系较为松散，乡村关系出现了悬浮化、松散化的趋势。而烟台广大农村地区通过党支部领办合作社这一组织载体，将曾经悬浮化、松散化的乡村关系重新进行了在地化联结与整合。乡村干部通过积极争取各种项目资源，通过尽可能将利润空间让渡给群众并积极投入建设乡村的行动之中，在群众之中树立了良好的社会形象，增进了干群之间的纽带联结，重新赋予了乡村关系实质性内涵。

乡村组织在组织群众发展壮大新型农村集体经济的同时，也在开展诸如农村厕所改造、村庄环境整治与基础设施建设、新冠疫情防治与突发事件处置、乡村公共福利事业建设等社会建设工作。在乡村干部看来，村集体经济发展和乡村社会建设是乡村工作的一体两面，不可割舍。村民与村集体由于利益联结而产生了社会关联。他们积极配合乡村组织的各项工作，主动参与乡村治理实践。集体经济较强的村，同时也是乡村治理的示范村。围绕合作社发展中的产业发展方向、股权分配、乡村建设与村庄治理中的一些重要议题，乡村组织经常组织村民代表、合作社社员代表进行公开讨论。通过公共议事和公开讨论的形式，使村民更加关注集体事务，更加积极地参与村庄的公共事业建设。

在村集体经济的有效保障下，乡村社区突出数字化治理，在村庄内部和村庄周围安装可视化摄像头，实现村落全景监控，保障村落的整体安全。同时，村“两委”将村民个体利益与全村整体利益进行捆绑，通过利益治理确保乡村整体治理效能的实现。如南台村把村庄环境整治、村容村貌治理和村民享受村集体“三耕”（春耕、秋耕、冬耕）免费服务挂钩。在乡村治理实践中，南台村村民理事会、村民议事会、村务监督委员会等村民自治组织，在协助村民办理婚丧嫁娶、组织开展各种节庆礼仪活动、倡导积极向上的乡风民约方面发挥了重要作用。在乡村组织推动和村集体经济支持下，南台村自发成立了鼓乐队和舞蹈队。这些民间组织不仅丰富了村民的文化生活，而且还应邀到区市演出，受到村民广泛好评。

三 村落公共服务水平提升与村落公共性重建

党支部领办合作社的重要目的之一是发展壮大新型农村集体经济，提升乡村社区的基础设施与公共福利水平。在党支部领办合作社的实践中，合作社明确规定村集体股份不低于20%。如西台村集体股份占30%，韩家疃村集体股份达51.09%。此外，当前大量的政府扶持资金、项目和资源不断注入农村，在这些外在政策与资源进村过程中，一些涉及产业发展、农田水利建设与质量提升工程的相关项目资源直接由村集体①承接。如南台村和西台村曾分别以村集体的名义申请到中央财政补贴项目100万元，申请到乡村振兴专项资金50万元，韩家疃村以村集体名义向烟台市委组织部申请到30万元的农村基层党建专项资金。村集体获得的外在项目资源和资金将直接以股份的方式注入合作社中，进而不断提高自身的持股比例，使党支部领办的合作社成为真正意义的集体化合作社。而村集体的收益，除了用于补贴村“两委”的部分日常支出外，其余全部用于村庄的公共福利事业建设，如村庄的环境整治、土地平整、道路维护、水利服务、为老百姓垫付医保、乡村老年人福利津贴、贫困群体帮扶和教育文艺活动赞助、儿童乘坐校车补助等。这些福利支出直接和全村老百姓利益相关，直接惠及全村村民。因此，全村村民对党支部领办合作社都比较支持，因为合作社的发展壮大对提升自身的公共福利水

---

① 在烟台广大农村地区，经过土地确权和清产核资工作，村集体的资产、资源和资本的权属更加清晰，并由新注册成立的农民股份经济合作社代表全村村民进行经营管理。因此，通过清产核资后，村集体即为农民股份经济合作社，全村村民即为合作社股民。该合作社直接由农业农村局进行监管，代表全村村民利益，是当前村集体的真正主体。目前，烟台地区很多村庄在向外申请各级政府的项目资金时，都以村集体经济股份合作社的名义进行。

平具有直接促进作用。党支部领办合作社的基本方向是发展壮大新型农村集体经济，这种经济代表的是全村村民的共同利益，它对改善和提升村民的生活质量及水平具有重要意义。

农村集体经济的发展壮大提升了村落的公共服务水平，使得村中的老人、贫困群体和儿童能直接感受到村落集体的温暖。为了重建村庄公共生活，让所有居民都享受集体经济的红利，在集体经济发展壮大以后，村集体都依据自身效益差异化抽取10%—20%“公益金”用于村庄基础设施改造、文化娱乐活动、儿童文化教育、老人医疗养老等生活服务。如韩家疃村利用集体公益金为村民盖了老年食堂、让村民喝上了净化水；南台村为适龄上学儿童提供免费校车服务；埠西头村党支部领办合作社为每户贫困户赠送1股原始股金，每年从公益金中提取部分资金定向开展乡村扶贫工作。因此，村集体经济发挥了托底型社会服务的功能。村中的贫困群体、丧失劳动能力的人或“空巢”老年人能直接享受到村集体经济发展带来的红利，他们不再感到孤独和无助。同时，在村集体组织下，村里的一些民俗活动和各种文艺活动得以恢复，往日消沉的村庄恢复了生机和活力。村民在参与集体公共生活中，逐渐对村落集体产生了认同感和归属感。如南台村的舞蹈队在村妇联带动下，积极参与乡镇和县里的文艺会演，并到相关街镇义演。这一方面丰富了村民的文化生活；另一方面也增强了村民的自信和集体荣誉感，并不断扩大了村落社区的社会影响。因此，一个新的村落共同体由于新型集体经济的发展壮大而逐渐形成。

小　结

山东烟台在市委组织部和各县区组织部门的协调领导下，在各级政府相关涉农部门的参与下，走出了一条“党支部领办合作社”的特色道路。烟台经验的核心在于将加强农村党建工作与集体经济发展进行了有效融合，从利益联结层面建构新型乡村利益共同体，进而实现乡村社会的系统性整合。烟台经验在新型乡村组织建构、新型农村集体经济发展与村落共同体重建等层面进行了一些大胆尝试，为当前实施乡村建设行动、夯实乡村振兴的社会基础提供了可供参照的模式。

在具体实践中，烟台市充分利用各种政策扶持资源和村社集体经济资源，借助相应的政治和组织优势，组织发动各村党支部，强化村党支部尤其是党支部书记的关键作用。由村集体以资源、资本和资产，村民以土地、资金和劳力等方式入股，注册成立由党支部领办的农业专业合作社，以此发展壮大新型农村集体经济，在村社成员与村社集体间建立起了多元利益联结机制，为乡村社会组织体系的建构与乡村社会组织化提供社会经济基础。而自上而下的组织联动与复合型乡村组织体系的建构在新型农村集体经济的发展壮大及乡村社会组织化的实现进程中发挥了重要的组织载体作用，并使乡村社会在多个层面实现了系统性整合。

烟台乡村建设的在地化实践经验表明，党支部领办合作社的新型农村集体经济发展模式能使村集体与农民实现股权型、劳资型利益联结。在利益联结驱动下，复合型新型乡村组织体系得以建立，村干部与村民、村民与村民之间的互动更加频繁，乡村公共服务与治理秩序逐步优化。在这一实践过程中，自上而下的组织联动与以村党支部书记为核心的复合型组织体系建设是组织载体；村党支部书记的能人带头作用扮演着关键角色；发展壮大新型农村集体经济，建构多元利益联结，打造新型乡村利益共同体是动力源泉；实现社会整合，重建村落社会是目标归属。在烟台乡村建设实践中，党支部领办合作社的社会意义远大于经济意义，这一合作经济行动同时受制于政治理性、经济理性和社会理性等多重逻辑制约，是多种力量、多种因素共同驱动的结果。乡村建设的烟台经验之所以备受关注，在于它以党支部领办合作社为切入点发展壮大新型农村集体经济，直接回应了当前乡村建设与发展面临的诸多共性问题。

第八章

田西村新型农村集体经济发展助推村落社区重建

田西村是陕西省杨凌农业高新技术产业示范区[①]杨陵区揉谷镇下辖的一个行政村，紧邻杨凌西高速口和杨陵高铁南站，距主城区5公里。全村5个村民小组，共523户2168人。村集体拥有土地资源1757亩，其中耕地面积1390亩。2016年以前，田西村的农业结构单一，农民主要从事红薯种植，农业产出较少，大量青壮年人口外出流动，“村落空巢化”问题突出。同时，村集体经济主要来源于政府政策支持、集体林地、经济建设用地租赁和村集体学校旧址租赁费，“空壳化”问题比较严重。2016年，村集体先后从农民手中流转30亩土地进行红薯育苗、种植，并与乡村能人和企业合作，打造基于红薯主题元素的“田薯叔”庄园。但由于乡村专业人才匮乏、村“两委”干部缺乏市场经验、发展资金依赖于资本合作，因此集体经济的发展较为缓慢。2017年，田西村入选“陕西省财政厅集体经济发展示范村”，获得省财政资金200万元的专项支持。同年底，田西村在进行土地确权和“三资”改革基础上，成立了农民股份经济合作社。农民以土地、资金和劳动力等形式入股合作社，村集体则对全村土地进行统一经营和管理。至此，农民与村集体之间建立了股权型、紧密型和劳资型的利益联结关系。田西村在相关政策和资源支持下，村“两委”带领全体村民走上了发展壮大新型农村集体经济助推乡村建

---

① 陕西省杨凌高新技术产业示范区是经党中央、国务院批准建立的示范区。该示范区拥有地市级行政管理权，下辖县级单位杨陵区。

设的发展道路。经过近六年的发展探索，田西村已初步形成了集体主导、精英带动、村民共享、专家支持、村企联动、政府推动的集体经济实现路径。这条路径主张“上下联动”与“内外共生”，并力求在坚持农民主体和村庄本位基础上，通过村庄能人带动和农民参与来发展壮大新型农村集体经济，进而实现村落社区在经济生活、组织建设、秩序优化与社区和美乡村建设等层面的重建与再生。

第一节 农地产权制度改革与新型农村集体经济组织的成立

新型农村集体经济的发展壮大建基在村集体资源责权明确、产权清晰的基础上。因此，深化农村土地产权制度改革，对村社集体的资本、资源和资金进行清产核资，建立产权清晰、权责明确的农地产权制度，这是发展壮大新型农村集体经济的制度保障。同时，村集体经济组织作为经营、管理和运营集体资源、资金和资本的组织载体，是发展壮大新型农村集体经济的主体。田西村通过土地确权改革和清产核资，通过农民入股合作方式，成立了农民股份经济合作社。并以此为基础，迈向了新型农村集体经济发展助推乡村社区重建之路。

2017 年，田西村在村“两委”组织下开展了清产核资工作。清产核资是以账面价值为根本，先账内后账外，对村集体所拥有的资产、资源、资金、负债情况和产权归属等进行清查，彻底摸清集体资金、资产、资源的存量、结构和使用情况，明晰集体资产权属。田西村以财政部《乡（镇）村集体经济组织清产核资办法》和农业部《农村集体资产清产核资资产所有权界定暂行办法》为政策指引，成立产权改革工作组，组长由村党支部书记担任，下设三个具体业务小组。在村“两委”组织领导下，田西村清产核资行动有序开展。

田西村将集体资产划分为三大类：第一类资产包含 1726.06 亩村集体土地、包括 1390.42 亩农用土地和 335.64 亩建设用地及 31 亩“四荒”地，统称为资源性资产。第二类资产包含田西村账面上现有资金 165230.61 元，称为货币经营性资产，这类资产主要来源是村集体向各类企业租赁土地所收的租金。第三类资产包括房屋建筑、机器设备、办公用品等共计6240570元的固定资产，也可称为公益性资产（见表8—1）。

表8—1　　　　田西村清产核资状况

资产类型	资产类别	金额/面积
货币资金	村账面资金	165230.61元
固定资产	房屋建筑、机器设备、办公用品等	6240570.00元
资源性资产	村集体土地面积包括农业用土地面积和建设用地面积，其中	1726.06亩
	①农用土地面积	1390.42亩
	②建设用地面积	335.64亩
	“四荒”地面积	31亩

在清产核资基础上，村集体进行了股权设置和股权界定。村集体将股权享受对象分为12种类型[①]，原则上不受年龄和性别限制，按照一人一股原则分配股份。依据规定，与本村村民离婚且户籍已迁出本村的妇女及其随迁子女、经社员代表会议表决不给予股权的人员不能享有村集体的股份。农民股权可家族继承、转让和赠予他人使用，但不能见利忘义或村集体遇到经营风险后退股提现。目前，田西村只设个人股，不设集体股。今后待村集体资产保值增效后，可进行折股量化，经合作社股东大会表决后增设集体股，但集体股的比例不能超过合作社总股份的20%，以保障村集体与村民的收益权（见表8—2）。

① 这12种类型分别是：（1）农村集体资产产权改革基准日止在册的本社社员；（2）正在服义务兵役的本社社员；（3）全日制大中专院校就读的在校本社社员；（4）与本村社员已办理结婚证书落户的对象及子女；（5）本村村民已办理结婚证书但尚未迁入的对象及户口尚未申报的子女；（6）原本村村民办理结婚证书的离异妇女及其迁入子女；（7）与本村村民离婚，户口关系尚未迁出的妇女及其依法判决随母的子女；（8）因离异将户口迁回本村的出嫁妇女；（9）户籍关系未迁出的本村出国人员；（10）原本村村民单方为劳动人事部门办理正式招工录取手续的单位职工，其配偶和子女给予股份；（11）独生子女享受双份股权；（12）已办理结婚手续的二女户可享受1名上门女婿及其子女股份。

表 8—2　　2017 年田西村成员资格认定通过情况汇总

村民小组	户数（户）	成员资格认定通过（人）	资格不明确者①（人）
第一小组	106	477	5
第二小组	93	413	4
第三小组	95	392	11
第四小组	77	338	1
第五小组	95	416	2
合计	466	2036	23

村集体经济组织是经营、管理集体资源、资金和资本的实践主体。在完成清产核资股权确认工作后，田西村在 2017 年底成立了农民股份经济合作社。合作社内部设立股东代表大会、董事会和监事会，以便对村集体“三资”进行统一经营、管理。确保集体资产保质增效，进一步发展壮大新型农村集体经济。村集体经济组织和村委会实行“政经分离”，村集体经济组织独立核算，自负盈亏。根据田西村产改小组讨论制定的《首届股东代表选举办法》，村里每五户推举一名股东代表，全村共选出 85 名股东代表。全体股东代表选举产生了董事会成员 5 名、监事会成员 3 名，董事长和监事长各 1 名。其中，董事长是农民股份经济合作社的法人代表。股东代表大会每年召开一次，就股份经济合作社的重大决策进行商议和投票表决。董事会和监事会成员在股份经济合作社中分别扮演“执行者”和“监督者”角色，每届任期 3 年。

在股权管理上，田西村农民股份经济合作社实行“生不增、死不减”的静态管理方式。集体资产量化之后换算成股份，由股份经济合作社向全村股东发放股权证书，作为享受合作社收益分配的主要依据。截至 2022 年，田西村股份经济合作社总参股数为 2038 股，涉及股东人数 2038 人。全村村民已将土地以每亩 1200 元/年的费用全部流转到合作社中，由合作社进行统一规划、经营和管理。合作社获得收益后，

① 由于个人原因，未能及时提交成员资格认定材料的村民。

70%将用于股民分红，30%用于乡村公共服务事业建设。这样，田西村农民股份经济合作社通过股份认定与股权收益将个人与集体紧密联结在了一起，农民既可获得土地租金，也可参与年终分红。

第二节　多种路径推动新型农村集体经济发展壮大

田西村农民股份经济合作社的正式成立，开启了新型农村集体经济的发展壮大之路。该村在村"两委"尤其是村党支部书记的能人带动效应下，通过发展特色农业、通过村企联合并寻求与政府、企业和专家团队的联动，推动了新型农村集体经济的发展壮大。

2018年底，田西村"两委"制定了详细的乡村建设规划，明确提出了"一寨两园三基地"① 的发展思路。依据发展规划，田西村将优先发展以红薯种植为基础，集科研、观光于一体的特色农业。该村是远近闻名的红薯之乡。村集体在相关科研人员指导下，通过科技赋能增效，已形成了以红薯育苗、种植、加工为一体的生态农业。同时，村集体不断扩大红薯产业规模、延长红薯产业链条，形成了红薯干、红薯粉、红薯条等特色产品。田西村还利用杨凌农科城的区位优势、科技资源和农耕文化基础，打造了以薯类产业为核心的农耕研学营，形成了集生态农业、观光农业、科技农业于一体的薯类产业链条。2022年，田西村种植红薯48亩，收益22万元；红薯育苗大棚45个，收入460万元。同时，田西村将农业种植和乡村旅游进行深度融合，打造出了"梦里田西"这一乡村旅游名片。目前，田西村村集体已投资2000余万元建成98个农业科技大棚，已形成红薯育苗、食用菌培育、农机研发、乡村建设、农业社会化服务等五个特色主导产业。田西村生态农业产业园种植的羊肚菌、彩色辣椒、蚯蚓西红柿等农业科技含量较高，市场发展前景较好，深受消费者信赖。

---

① "一寨两园三基地"：一寨是指田家寨民俗村；两园是指农产品加工园和健康农业产业园；三基地是指红薯育苗基地、农机研发基地、食用菌种植基地。截至2023年5月，田西村乡村建设规划中提出的产业发展已经基本实现，并新增加了乡村建设、农业社会化服务两个产业。

除发展特色农业外，田西村农民集体股份制经济合作社通过引入外来资本并与外部企业合作，村集体以土地和资金入股，先后成立了梦里田西乡村建设有限公司、梦里田西农业设施有限公司、梦里田西餐饮管理有限公司、梦里田西供销有限公司、“薯香门第”农业科技有限公司、梦里田西乡村旅游有限公司、梦里田西卓升企业咨询有限公司等7家子公司（见图8—1）。这些公司由村集体股份经济合作社进行统筹协调和经营管理。

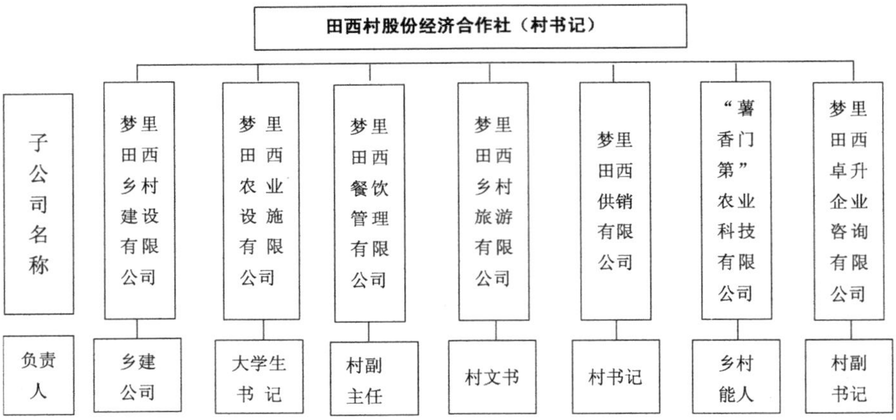

图8—1　田西村集体经济股份合作社与各子公司关系图

田西村股份经济合作社下属的7家子公司之间股份相互交叉、业务相互补充，公司负责人均为村“两委”成员。村“两委”成员担任公司负责人且相互交叉任职，减少了村“两委”与公司之间的关系协调成本，使两者形成了紧密的责任利益连带关系。[①] 这既有助于促进村集体经济的多元化发展，又优化和丰富了乡村社区的组织体系，形成了推动新型农村集体经济发展壮大的组织合力。如梦里田西乡村建设有限公司、梦里田西餐饮管理有限公司和梦里田西乡村旅游有限公司明晰的权责分工和业务合作，共同推动了田西乡村旅游业和服务业的发展。当前，三家公

① 王汉生、王一鸽：《目标管理责任制：农村基层政权的实践逻辑》，《社会学研究》2009年第2期。

司联合打造的“田家寨健康农业综合体”是集旅游观光、农业种植、创意产业、科普教育和农事体验于一体的田园综合体。该综合体现已成为田西村乡村旅游产业发展中的核心板块。

梦里田西乡村建设有限公司主要负责把田西村乡村建设的理念进行规划、设计、落地。梦里田西乡村旅游有限公司主要负责把田西村产业发展理念和乡村建设规划进行推广，进而为梦里田西乡村建设有限公司吸引更多的客户。当前，田西村乡土化、艺术化的新乡村设计理念已通过梦里田西乡村建设公司辐射新疆、宁夏、河北等省份。公司成立 3 年来，已承接650 多个乡村建设规划项目，仅 2022 年就创收 600 多万元，当年为村集体创收 230 多万元，成为目前村集体收益的主要来源。

梦里田西餐饮管理有限公司则主要为到村游客和客户提供舒适的乡村体验，满足他们的餐饮、酒店等服务需求，为乡村建设规划的落地实施提供充足的后勤服务保障。其中，“艺舍别苑”是 2021 年梦里田西乡村建设有限公司在田西村设计建成并正式投入运营的田园式样板餐厅，由梦里田西餐饮管理有限公司负责运营，主要承接乡村旅游餐饮和提供各类宴会服务。“艺舍别苑”风格别致，融入了乡村田园风光、山水园艺、农舍记忆和农耕文化元素，环境干净优美，乡土气息浓厚，菜品风味原汁原味且口感鲜美，是一家极富特色和让人充满想象力的花园式田园餐厅。该餐厅能同时容纳 300 多人用餐，可承接各类大、中、小型宴会，吸引了大量顾客光顾，也是目前村集体经济创收的重要来源之一。农业设施有限公司通过引进先进的农业技术和设备，通过提升农业的科技含量和管理水平，使农业向集约化和现代化转型。梦里田西供销有限公司主要负责统筹协调村内劳动力资源和用工调度，增加村民工资性收入，为村民提供技术指导，帮助村民建设电商平台，同时提供各类市场信息和生产经营服务，推动农产品走向市场。“薯香门第”农业科技有限公司主要负责薯类产业的生产、深加工和销售等，使田西村薯类产业形成完整的链条。梦里田西卓升企业咨询有限公司主要负责对上述六家公司和村集体财务进行代理和监管，确保村集体经济的公有性质（见表 8—3）。

表 8—3　田西村股份经济合作社与各子公司股份合作与受益比例

公司名称	其他主要股东成员	股份合作社占股	合作社受益额度	业务范围
农业设施有限公司	山东某农业公司	80%	80%	生态农业
乡村建设有限公司	陕西柯程园林景观建设有限公司、陕西金益辉腾建筑工程有限公司	39%	39%	乡村建设规划、设计、建设
餐饮管理有限公司	乡村建设有限公司	40%	63.4%	“艺舍别苑”运营
田西供销有限公司	杨陵区供销合作社	90%	90%	集体经济农资
“薯香门第”农业科技有限公司	杨凌奥达现代农业科技有限公司、村书记	25%	25% +38%（村书记个人投入收益）	红薯产业发展
乡村旅游有限公司	乡村建设有限公司	60%	75.6%	梦里田西旅游
卓升企业咨询有限公司	副书记入股	100%	100%	财务代理与监管

上述 7 家公司都在农民股份经济合作社的统筹协调下，严格遵循市场运行规律，并在股权明晰、程序规范、监管到位基础上，最大限度发挥村集体“三资”效应，不断发展壮大新型农村集体经济。在与外部企业进行村企合作中，田西村村集体始终是最重要的合作主体，是最大的股东，是最主要的受益方，其他主要股东成员主要以资金入股，分享股份收益。这在一定程度上保障了集体经济的公共性属性，维护了全村村民的整体利益。上述 7 家企业每年可为田西村村民提供至少 200 个就业岗位。2021 年，村集体股份经济合作社为农民发放务工工资 130 余万元，发放土地租金 90 多万元，农民可支配收入同比增长 3.2%，解决了全村 150 多人的就业问题。村集体经济的发展一方面通过资本把乡村资源和企业有效组织起来，丰富了乡村建设的组织内涵；另一方面也通过利益联结机制将分散的农民和资源进行了有效整合，实现了村集体与村民股权型、紧密型和劳资型的利益联结。

此外，田西村新型农村集体经济的发展壮大得到了各级政府的大力支持。该村村集体在村党支部书记带领下，积极主动寻求各级政府尤其是杨凌高新区管委会、杨陵区政府的资源与政策支持。在村“两委”积极争取和努力下，地方政府协同相关部门、农业技术专家、各类企业形成乡村振兴工作帮扶团队，建立了“五联一抓”的工作协调机制[①]，合力帮扶田西村发展壮大新型农村集体经济和推进新乡村建设行动。在“五联一抓”工作机制推动下，专家团队负责人、当地政府主要领导、相关职能部门领导、帮扶企业负责人多次深入田西村，现场解决了田西村村庄建设与集体经济发展中的诸多难题，并争取到了很多项目资源。为了确保“五联一抓”真正落到实处，各帮扶单位和村“两委”规定每周二为集中办公日。在当天，各单位之间将进行充分协商，并以“工作项目化、项目清单化、清单责任化”的方式，共同推进田西村的集体经济发展与乡村建设工作。当前，田西村已经成为杨凌高新区管委会和杨陵区政府重点打造的乡村振兴典型示范村和样板村。田西村在当前乡村建设中的突出地位和示范效应将使大量资源、技术、资本和资金持续进入和汇聚，推动形成了新型农村集体经济发展与乡村建设的巨大支持力量。

此外，田西村新型集体经济的发展壮大建基在强有力的村级组织基础上，在一定程度上是村党支部书记能人带动的结果。田西村党支部书记田小雄系典型的返乡精英和乡村能人，现年 43 岁，已担任村干部十余年，毕业于西安建筑科技大学，本科学历。大学毕业后，他曾在西安自主创业，拥有自己的企业，积累了大量经济和社会资本。2011 年，因家庭原因返乡后，于 2012 年成功当选田西村村民委员会主任。他上任后，决心带领村民发家致富，改变家乡衰败的面貌。十余年来，他充分发挥自己的才能，和地方政府、相关企业建立了良好的合作关系，在推动田西村乡村建设、整治村落社区环境和发展壮大新型农村集体经济方面做出了重大贡献，成为当地远近闻名的乡村能人和致富能手。同时，在村

---

① “五联一抓”机制是杨陵区政府为整合农业专家和科研、政府相关部门以及企业相关力量，合力推进乡村振兴而建立的一种综合性的帮扶协调机制，具体内容是专家联产业、科研联生产、企业联市场、部门联政策、党员联群众、书记抓典型。具体而言，帮扶田西村的专家团队来自西北农林科技大学食品学院、帮扶企业是陕西方元建设有限公司、政府相关部门是杨凌示范区管委会发改局和杨陵区发改局。

党支部书记带领下，田西村村“两委”形成了一支年富力强、业务素质较高的组织队伍。村“两委”成员共7人，平均年龄39岁，均为大专以上学历，其中本科学历3人。这些成员既有返乡精英又有退伍军人，还有在村庄里威望较高的党员干部。正是这支精力旺盛、事业心强、敢于担当、勇于突破的年轻队伍，在组织上确保了新型农村集体经济的发展壮大。

第三节　新型农村集体经济发展助推村落社区重建

当前，随着大量农村人口持续不断向城市流动，农民的生计与产业结构、家庭结构、社区组织结构和治理秩序发生了深刻转型，村落社区在城市空间的持续扩展中逐渐走向衰落。从某种程度上说，中国社会已由传统意义的安于故土、以农为本、以土为生、以村而治的“乡土中国”转变为了农民离土离乡、以工为主、以农为辅、城乡互动的“城乡中国”。[①] 在城乡中国时代，乡村社会的“村落空巢化”问题越发突出。在此背景下，通过发展壮大新型农村集体经济，不断增进村民与村集体的利益联结，并在利益联结基础上实现村落社区的重建与再生，从根本上缓解“村落空巢化”引发的诸多乡村发展困境，显得尤为紧迫和必要。田西村在发展壮大新型农村集体经济的过程中，重建了乡村组织体系、优化了乡村治理秩序，实现了乡村经济、社会和公共生活的组织化。通过发展壮大新型农村集体经济，村落成功实现了社区转型。与之前的社区相比，这样的转型社区显得更加开放、包容和多元，更加有序并充满活力。

一　以利益联结促进乡村经济层面的组织化

新型集体经济既是促进村社再组织的社会经济基础，也是乡村进行

---

① 刘守英、王一鸽：《从乡土中国到城乡中国：中国转型的乡村变迁视角》，《管理世界》2018年第10期。

组织重构的行动保障。[①] 在发展壮大新型农村集体经济的过程中，田西村通过在村集体与村民、社区与企业之间建立股权型、劳资型和互利型的利益关系网络，实现了三者之间的社会关系重建与利益联结，推动了乡村社会在经济层面的组织化进程。村集体以创造村社共同利益为基础，通过村民、村集体与企业等行动主体的共同发力，形成了共建共享共赢的经济合作关系。

一方面，田西村农民股份经济合作社通过股权关系和劳资关系增强了农民与集体的密切联系，实现了农民在经济层面的组织化。田西村通过成立农民股份经济合作社，将全村土地流转到村集体中，村民变成了股民。村民将获得每年每亩土地 1200 元的租金和享受年终分红的双重收益。村集体将土地集中后形成规模化经营，实现了农业生产的组织化。当前，田西村建立了 98 个农业大棚，成立了农业生态产业园，走上了农业生产的规模化、机械化、科技化和现代化的发展道路。同时，新型农村集体经济组织与村民之间股权型和劳资型关系的建立有效将分散的、个体化农民进行了组织。这不仅解决了集体经济发展过程中的劳动力短缺问题，而且就近就地满足了农民的就业需求，增加了农民的劳务收入，实现了农民经济生活领域的再组织。村集体建立了全村劳动力资源库，将有就业意愿的人员进行登记，有用工需求随时调动村内劳动力。该村将剩余劳动力分为两类，即技术学习型村民和自主劳动型村民。并依据村民特点和专长进行分类整合，以利益联结为纽带，使其在集体经济发展过程中充分彰显自身才能。2022 年，村集体为全村村民提供了 200 多个就业岗位，村民获得土地租金 933 万元，务工收入 130 万元。

另一方面，为更好地调动村民参与乡村建设的积极性和主动性，田西村依托“梦里田西乡村振兴人才创业孵化基地”，定期为农民开展以现场示范、一对一辅导为主要形式的技能实训。通过技能实训，农民掌握了搭建科技大棚、羊肚菌种植、棚栽经济种植与采摘、餐饮管理与经营、网络电商经营等技术本领，这些技术技能使农民能胜任相关用工与岗位

---

① 孔祥智、魏广成：《组织重构：乡村振兴的行动保障》，《华南师范大学学报》（社会科学版）2021 年第 5 期。

职责，并已经转化为农民的内生发展动力和增收创收的来源。通过各种形式的就业实训，田西村农民参与村集体经济发展的能力和信心得以提升，其内生发展的动力不断增强。

田西村新型农村集体经济发展壮大既得益于乡村内生动力的驱动，也是外在资源积极推动和共同参与的结果。在市场资本、帮扶企业、政府驱动和相关科技力量推动下，田西村以集体经济组织为平台，以利益联结为纽带，通过村企合作、政社互动和社会力量参与，使外部力量和资源持续不断地介入和参与到田西村的集体经济发展与乡村建设过程中，并从多个层面推动了乡村经济活动的再组织。村集体经济股份合作社通过与外来企业合作，有效解决了乡村社区发展面临的资金、技术和资源等问题。在股份合作和利益联结推动下，部分合作单位直接把优秀的技术人才下沉到田西村，直接参与了田西村的乡建过程，实现了多元主体间的共建共享。例如，梦里田西乡村建设有限公司不仅入股田西村集体经济股份合作社的餐饮公司和旅游公司，还积极参与田西村餐饮公司和田西村发展的规划建设，直接将办公场地迁至田西村。此外，田西村集体经济股份合作社和村“两委”采用人员交叉任职、股份交叉共享等方式调动乡村内部的各种组织力量，通过利益联结推动内部合作和关系整合，形成乡村发展的巨大合力，实现乡村内部资源、资本和人才的整合与抱团发展。总之，田西村以党建引领为核心、以村民参与为主体、以企业赋能为支撑、以政策资源为推动，多股力量协同合作推动了新型农村集体经济的发展壮大，使村落社会在经济层面实现了再组织。

二　以多种联结机制推动形成良序善治的社区秩序

社会秩序是一个社会中相对稳定的存在形态。良序善治是社区治理追求的目标。要形成良序善治的治理形态，需要在多元主体间建立相应的联结机制，并以此为基础构建相对和谐稳定的社区关系，打造共建共治共享的治理格局。田西村通过优化利益分配机制、建立相应的议事协商机制，实现了多元主体之间的关系整合，打造了良序善治的村落秩序，成为当前乡村社区治理的典范。

一方面，田西村在发展壮大新型农村集体经济的过程中，通过不断优化利益分配机制而使村集体各子公司、村集体与外部企业、村集体与村民之间的良性互动关系得以维系。在引进外部资金和技术使用的过程中，田西村坚持乡村集体利益优先原则，村集体尽可能占据较高股份，最大限度维护村集体和全村村民利益。当外部企业股份较多时，田西村则通过股权回购等方式不断稀释外部企业的股份。同时，在村集体和村民的利益分配中，村集体尽可能将集体经济的利润空间通过按时支付土地流转费、务工工资、年终分红、建立土地公益金和公积金等方式让渡给村民，使村民充分感受到社区发展与自身命运的密切联系。此外，在集体经济与各子公司之间，田西村通过财务监管机制建立了相应的信息公开制度。村党委副书记、村监委会主任、村副主任三人交叉任职各公司的财务监管人员，这使工作人员之间相互监督履职，保证集体资产的集体性和公共性属性。

另一方面，通过建立相应的民主议事协商机制，田西村优化了社区治理结构。田西村建立了一套健全的决策、执行和监督考核机制，并鼓励更多村民参与到村庄建设与社区发展中来，推动了社区治理的规范化与民主化进程，增强了社区的凝聚力。同时，田西村以村级党组织为组织载体，以“三治融合”为导向，积极转变乡村治理理念，充分发挥村民议事协商制度在村集体经济发展与乡村建设中的重要作用，推动乡村治理方式和治理结构优化。该村通过民事民议、积分制管理、村民红黑榜公示等机制创新，调动了农民参与乡村治理的积极性和主动性，丰富了乡村治理的“自治”内涵，增强了社区发展的凝聚力。同时，在高校相关法律专业力量的支持下，该村建立了村级法律服务中心，运用法律手段解决村落纠纷，提升乡村治理法治化水平。田西村村“两委”积极开展“最美家庭”“好媳妇”“好婆婆”等评选活动，进而在村民中践行新风尚，传递正能量。为提高村民们的道德意识，村集体每季度开展一次“道德讲堂”，引导和教育村民遵纪守法、文明礼让、助人为乐、和亲睦邻。通过诸多治理机制创新，田西村优化和重建了乡风文明秩序，实现了“三治”有机融合，形成了共建共治共享的社区治理格局。正是因为在乡村治理中的突出表现，2021 年 9 月，田西村被中央农村工作领导小组、农业农村部、中央宣传部、民政部、司法部和国家乡村振兴局等联合授予了“第二批全国乡村治理示范村”荣誉称号。

三 以新型农村集体经济的公共服务功能推动宜居宜业和美乡村建设

田西村通过发展壮大新型农村集体经济，推进了以改善村落公共空间、整治居民人居环境、推动社区基础设施建设、优化社区空间布局为核心的宜居宜业和美乡村建设。田西村立足社区本位，以打造“花园乡村”为核心，每年将村集体30%的收益用于乡村公共事业建设，同时积极争取各级政府资源支持，发动全村村民积极参与美丽家园建设工程，不断提升乡村建设的层次和水平。

在村“两委”带领下，通过积极协调内外部资源，田西村先后完成了村落道路硬化和村庄连接道路28000平方米、村庄道路及产业道路两侧绿化5000平方米，居民厕所改造426户、庭院美化28户、全村覆盖污水管网、统一回收生活垃圾，同时还建成了23亩的田西花谷和20亩的田西欢乐谷。田西村经过乡村社区环境整治和质量提升后，打造了宜居宜业的和美乡村，2021年度被陕西省农业农村厅、陕西省住房和城乡建设厅联合授予了“陕西省美丽乡村建设示范村”荣誉称号，田西村成为远近闻名的明星村。田西村的乡村建设工作受到了当地政府和相关企业的高度关注。在政府项目和企业资本的撬动下，田西村“花园乡村”建设走上了良性循环的轨道。居民作为乡村建设的主体，充分享受了乡村建设与社区发展的实惠，形成了一个以乡土情结为纽带的新型村落共同体。

宜居宜业和美乡村的建成和社区公共空间环境的改善极大提升了社区居民的生活品质。随着田西花谷、田西文化广场、田西乡村振兴大讲堂等公共服务项目的建成，田西村村民的文化生活更加丰富多彩。近年来，田西村先后举办了各种形式的文化活动，如“美丽庭院”、田西村油菜花节、乡村大碗茶、传统剪纸、捏泥人、不定期开展文化会演、送戏下乡等。村委会组建了农家书屋，配套图书2500册，坚持每天开放，村民随时可以看书读报，参与学习。这些文化形式丰富了农民的文化生活与精神世界，增强了村民的认同感和归属感，提升了村民的幸福指数。

小　结

面对当前村落社会“空巢化”的现实处境，如何组织农民、建设乡村，推动乡村社会组织化，进而实现乡村社会的重建与再生，这是当前全面推进乡村振兴战略在地化实践过程中需要破解的重大现实难题。新型农村集体经济作为嵌入在乡村社会关系与社会结构中的经济形态，其发展壮大的意义不仅体现在经济层面，更重要的是它是组织农民、建设乡村和推动乡村社会组织化的重要牵引。因此，发展壮大新型农村集体的过程，实质上就是实现村落社区重建与乡村再造的过程。田西村在土地确权改革和清产核资基础上，明确了村集体成员股权，成立了农民股份经济合作社。该村以这一新型集体组织作为有效载体、在村“两委”的组织和带动下，通过对土地进行股份制经营、通过村企合作、精英带动、政府扶持、企业帮扶等发展举措，走上了发展壮大新型农村集体经济助推村落社会重建与再生之路。在发展壮大新型农村集体经济的过程中，田西村的村落社区环境和居住空间得以整体性改造和提升，多元治理主体之间的利益关系得以有效联结，新型社区社会关系网络得以构建并深度融合，良序善治的社区治理秩序和共建共治共享的治理格局已经形成，一个新型的村落社区共同体正在形成，村落社会得以重生。田西村新型农村集体经济发展助推乡村社会重建的实践探索表明，在城乡中国时代，只要找准乡村建设的切入路径，乡土重建或村落再生将不再是遥不可及的幻想。村落社会在城市化和市场化双重驱动下不一定非得走向终结或衰亡。当然，在新乡村建设实践中，每个村落所拥有的资源禀赋、所处的区域空间与社会环境、所面临的发展困境与时代机遇等都不尽相同，田西村迈向村落社区重建与乡村再造之路的实践经验不一定契合其他村落实际。

第 九 章

以“寨管家”助推乡村社会组织化的“湄潭经验”

“空巢化乡村”的衰败直接体现为乡村组织衰败。大量青壮年人口长期离开村落，村落逐步丧失社会再生产和自我调适能力，无力回应来自城市化的挑战。而乡村组织衰败又造成留守村落的老人、妇女、孩子生活在原子化状态之中，国家难以有效向村民提供公共服务，解决乡村居民生产生活中遇到的困难。缓解新时期的乡村衰败和实现乡村善治，关键在于乡村组织振兴，将分散和个体化的农民重新组织起来，实现乡村社会的再组织化。2019 年 6 月 23 日，中共中央办公厅、国务院办公厅印发《关于加强和改进乡村治理的指导意见》，要求建立以基层党组织为领导、村民自治组织和村务监督组织为基础、集体经济组织和农民合作组织为纽带、其他经济社会组织为补充的村级组织体系。党和国家当前推进的乡村组织体系建设，客观上形成了“新型复合式农村社区组织体系”①，为乡村组织振兴提供了可能性。

在这种复合式的农村社区组织体系中，村党组织全面领导农村各项工作，村民委员会履行基层群众性自治组织功能，村务监督委员会发挥村务监督功能，集体经济组织发挥集体资产管理、集体资源开发、服务集体成员等方面的作用，农民合作组织和其他经济社会组织依照国家法律和各自章程充分行使职权。乡村治理每一次根本性的变革都与乡村基

① 马良灿、李净净：《新型复合式农村社区组织体系建设的在地化实践——以山东“烟台经验”为例》，《贵州大学学报》（社会科学版）2022 年第 6 期。

本的经济制度，尤其是产权结构及经营方式的变革密切相关。[①] 因此，大量研究探讨了新时期的农村集体经济发展与乡村治理之间的关系，这些研究普遍认为新型农村集体经济发展与乡村共同体重建存在一种“共时性关系”[②]，发展新型农村集体经济是推动乡村共同体重建的一条可行路径。本章将以遵义市湄潭县“寨管家”乡村自治组织的实际运行过程为例，说明新型农村集体经济发展如何为乡村组织体系建设奠定坚实的经济基础。

第一节　湄潭县“寨管家”社区治理的演化过程

湄潭县属贵州省遵义市，东与遵义市凤冈县、余庆县毗邻，西与遵义市播州区、绥阳县接壤，南与黔南布依族苗族自治州瓮安县相连，北与遵义市正安县、凤冈县交界。湄潭县经过撤乡建镇、改街道办事处以后，全县下辖12个镇及3个街道办事处。湄潭县自然生态环境优美，农业资源丰富，素有“粮仓、酒乡、烟县、茶城”之称，为县域经济发展提供了良好条件。改革开放以来，湄潭县先后被中共中央、国务院和国家有关部委确定为“全国农村土地改革试验区”“全国粮油高新示范县”“国家级生态建设示范区”“全国无公害茶叶生产基地县”等。湄潭县为人熟知的是在农村土地制度改革中，探索形成了“增人不增地，减人不减地”的农村土地制度，得到了中央的高度肯定。这些改革探索经验先后被写进《中共中央　国务院关于当前农业和农村经济发展若干政策措施》（中发〔1993〕11号）、《国务院批转农业部关于稳定和完善土地承包关系的意见》（国发〔1995〕7号）、《中共中央　国务院关于保持土地承包关系稳定并长久不变的意见》（中发〔2018〕36号）等文件，并在全国予以推广。

脱贫攻坚时期，为了补齐农村基础设施建设短板，农村新建了大量

---

① 项继权：《集体经济背景下的乡村治理：河南南街、山东向高、甘肃方家泉村村治实证研究》，华中师范大学出版社2002年版，第366页。

② 李文钢、马良灿：《新型农村集体经济复兴与乡土社会重建——学术回应与研究反思》，《社会学评论》2020年第6期。

公共基础设施。这些公共基础设施要能够持续发挥作用，需要相关人员对这些设施进行管理和维护。2018 年 9 月，湄潭县顺利通过国务院第三方评估脱贫验收，正式退出贫困县。湄潭县的脱贫攻坚任务完成后，由上级政府下派的驻村干部数量也随之减少。同时，村“两委”成员人数有限，难以对新建的公共基础设施进行有效管护。无法为村民提供便利的基本公共服务，成了困扰湄潭县乡村治理的一个难题。在 2019 年初，该县西河镇党委政府为了改善人居环境和提升为村民提供基本公共服务的能力，开始尝试将过去在乡村社会中负责操办红白喜事的“总管”纳入乡村治理体系。这些负责操办红白喜事的“总管”主要由具有一定权威的退休干部、老党员和乡贤寨老组成。基层政府鼓励他们参与乡村公共事务，管护脱贫攻坚时期新建的大量基础设施，初步构建了“寨管家”的自治组织体系。

西河镇党委为了加强党对“寨管家”乡村自治组织的领导，由镇党委政府下派一名工作人员作为指导员。这些指导员既发挥监督管理的作用，也负责将“寨管家”成员在日常运行中遇到的困难和诉求反馈到镇党委政府，再由镇党委政府出面协调解决。行政村下派一名村干部作为包保员，负责具体指导“寨管家”的日常活动。通过村民大会选举出寨长及“五大员”，分别承担乡村道路管护、环境卫生、巡河、护林、饮用水基础设施管理，还负责各寨的矛盾纠纷化解和政策宣传工作。西河镇党委政府首先探索实践的“寨管家”乡村自治组织，有效解决了农村公共基础设施管护问题，提升了基层政府向村民提供基本公共服务的能力和水平，实现将村民之间产生的矛盾纠纷尽可能化解在基层的目标。2019 年末，“寨管家”的发源地西河镇石家寨村被中央农村工作领导小组办公室、农业农村部、中央宣传部、民政部和司法部五部门确定为全国乡村治理示范村。

在此之后，西河镇石家寨村依托“寨管家”的乡村自治组织进行乡村治理的做法，得到了湄潭县委、县政府的充分肯定和支持。2020 年 3 月，湄潭县委经过大量调查研究之后，正式出台《推行“寨管家”加强农村基层社会治理的指导意见》（以下简称《指导意见》），将起源于西河镇的“寨管家”乡村自治组织向全县推广，并将“寨管家”总结为

“3 + N”模式。“3”即镇里派出一名干部、村里派出一名村“两委”成员、寨子里选出一位寨长。“N”即副寨长和保洁员、水管员、护路员、安全员、护林员等。“寨管家”乡村自治组织的定位是镇、行政村党组织和村委会领导下的村民自我管理、自我服务、自我监督的社会组织。“寨管家”的职责不能过多，更不能向行政化演变。因此，湄潭县委结合实际情况，在指导意见中将“寨管家”的职责明确为四个方面：村内环境卫生管理、公益事业管理、政策宣传管理和综合治理管理，明确了“寨管家”乡村自治组织中每一位成员的具体职责。当村民遇到需要解决的困难和问题时，首先向“寨管家”中负责具体工作的成员反映。

第二节 “寨管家”运行模式及其自治功能

湄潭县委将“寨管家”总结提炼为“3 + N”模式，认为“寨管家”的探索实践能够取得成功，主要是“寨管家”乡村自治组织建立后乡村治理实现了“横向到边”，政府能够及时回应村民的诉求，解决乡村社会中存在的诸多问题。但是，从学术研究角度来看，“寨管家”作为一种新近探索形成的乡村治理模式，能够取得成效的根本原因是重构了乡村治理的基本单元。所谓乡村治理的基本单元，是相对于地方治理的行政基本单元、服务基本单元的一个概念，是适合于村民自治的最小单元。[①] 乡村治理基本单元既不能太小，也不能太大。如果基本单元太小，没有能力向村民提供基本公共服务。如果基本单元太大，则难以落实村民自治，自上而下发挥作用的行政力量无法及时回应村民诉求。湄潭县有过行政村合并的历史，导致行政村的地域面积和人口规模过大，难以有效实施村民自治。“寨管家”通过重构基层自治的基本单元，在乡村治理过程中充分利用已有的血缘关系和地缘关系形成村民自治组织，以此回应村民诉求。

---

① 邓大才：《中国农村村民自治基本单元的选择：历史经验与理论建构》，《学习与探索》2016 年第 4 期。

一 “撤区并村”造成行政村地域面积和人口规模过大

人民公社解体以后，中国农村形成了“乡政村治”的管理体制。1994年中央实施分税制改革，以农业经济为主的地区财政变为短缺型财政。为了解决地方财力短缺问题，以农业经济为主的地方只有更多地向农民伸手，以各种名目加重农民负担，进而引发了诸多的乡村治理问题。在此阶段，“向农民伸手的人太多，为农民提供服务的人太少”[①]。湄潭县是国务院在1987年批准设立的首批14个全国农村改革试验区之一，负有探索农村改革的责任。面对农民负担重的问题，湄潭县开始积极谋划改革。乡村干部的工资收入来源于向农民收取的“三项提留、五项统筹”。在国家实施税费改革之前，减轻农民负担的一种办法是合并行政村。通过减少行政村的数量来减少农村脱产干部数量，最终达到减轻农民负担的目的。2001年9月，湄潭县撤销了全县的48个管理区，对369个行政村及22个居委会进行整合。湄潭县“撤区并村”之后，将行政村数量压缩为120个，居委会减少到20个，行政村数量直接减少了2/3。[②]“撤区并村”之后，湄潭县领取固定工作补贴的村干部由1746人减少到518人。

湄潭县还实施了与“撤区并村”相配套的“两减两增三在村”，即减少村民小组的数量、减少农村脱产干部职数，增加机关干部到村工作职数、增加村组干部报酬，并建立干部工作在村、生活在村、考核在村的工作机制。2004年5月开始全面实施“两减两增三在村”政策后，行政村的数量进一步减少到118个，村民小组的数量由3201个减少到993个，村脱产干部由484名减少到276名。共下派机关干部390名，有65名下派干部担任村党支部书记，占整个行政村数量的65%。“两减两增三在村”解决了当时湄潭县的农村基层党组织涣散问题，加强了农村基层组织建设，基层组织战斗力明显增强。这些探索实践得到了中共中央组织部的高度肯定，2012年《中共中央组织部办公厅关于做好基层党组织整

① 徐勇：《乡村治理与中国政治》，中国社会科学出版社2003年版，第181页。

② 贵州省湄潭县地方志编纂委员会编：《湄潭县志：1978—2007》，方志出版社2011年版，第309页。

改提高晋位升级工作的通知》明确"对一时没有合适人选的可选派干部担任'第一书记'"[①]。然而，"撤区并村"和"两减两增三在村"政策实施后，湄潭县的乡村治理又面临着新的挑战。

2000年，湄潭县居住在乡村的人口有35.72万人。2001年"撤区并村"后有120个行政村，平均每个行政村的人口达到2977人。湄潭县第七次人口普查数据显示，有18.46万人居住在乡村，平均每个行政村的人口数量是1538人。"撤区并村"在减少脱产干部职数的情况下，在一定程度上减轻了农民负担，但随之而来的一个问题是行政村的地域面积和人口规模过大，难以有效开展村民自治工作，更难以向村民提供基本的公共服务。已有研究指出，地方政府以减轻财政负担为目的的村庄合并没有实现资源的优化配置，还突显了政府的乡村治理意图与村庄自身的治理资源和需求之间的矛盾。[②] 经过合并后的行政村地域面积和人口规模扩大，降低了乡村共同体公共生活质量，给农民的日常生活带来了诸多不便，对村民自治造成了一些消极影响。[③] 湄潭县地处山区，"撤区并村"之前的行政村由几个自然村构成，但自然村与自然村之间的距离比较远，村民的生产生活主要发生在自然村的范围内。"撤区并村"后不仅行政村数量减少，村民小组的数量也大为减少，一个村民小组可能是由过去的几个自然村重组而成。在此情况下，即使是在村民小组内部，村民与村民之间也从过去基于地缘关系和血缘关系形成的熟人社会转变为半熟人社会，甚至很多村民因长期缺乏交往互动的机会而成为陌生人。

在实地调研时，一位村党支部书记就指出，山区村民的居住格局是大分散、小聚居，湄潭县行政村合并后同一个村的村民在居住上变得更加分散，即使是村里有重要事情要商量讨论，也很难将村民聚在一起召

---

① 陶通艾、罗国波：《农村改革试验35年，湄潭改出了什么？》，《湄潭报》2022年9月15日。

② 罗义云：《村庄规模与村级治理——对村组合并的考察》，《云南行政学院学报》2006年第6期。

③ 唐皇凤、冷笑非：《村庄合并的政治、社会后果分析：以湖南省AH县为研究个案》，《社会主义研究》2010年第6期。

开村民大会。以微信群为代表的线上交往互动平台在一定程度上可以将分散的村民整合到一起，但微信群只适合发布通知、统计信息等，要落实上级政府的政策和解决村民存在的困难，还是需要将村民召集在一起面对面地开会讨论。村“两委”成员为了完成上级政府交办的任务，只能以过去的自然村或村民小组为单位召开村民大会。行政村的地域面积和人口规模过大，使得行政村难以和村民发生直接关联，行政村层面更多的是发挥统筹和协调功能。开展乡村治理的关键在于人，要解决乡村社会问题，必须从谁来治理的问题入手。湄潭县“撤区并村”后村民小组的数量减少了2/3，意味着村民小组长要向更多的村民提供服务。数量减少，一方面加重了小组长的日常工作负担；另一方面则直接降低了国家向村民提供基本公共服务的能力。而村民小组长的工作待遇每个月只有400元，却要承担很多政策宣传、矛盾纠纷化解和数据统计工作，造成了小组长一职频繁换人，甚至没有村民愿意担任组长。

乡村管理体制是国家推行乡村治理的载体，以此将国家意志输入乡村社会，并对乡村社会进行整合。湄潭县历史上进行的“撤区并村”和减少村民小组数量的首要目的是降低行政管理成本、减轻农民负担，这种乡村管理体制改革在短时间内可以对村落进行强制性整合，长期来看则是“整而不合”。集中表现在村落由过去的“熟人社会”转变为“半熟人社会”，难以有效实现村民自治。在现代国家政权建设中，乡村管理体制变革要实现乡村善治，也需要充分挖掘和依赖基于血缘关系和地缘关系形成的自治资源和德治资源。而“撤区并村”和减少村民小组数量扩大了乡村治理基本单元涵盖的地域面积和人口规模，基于血缘关系和地缘关系形成的自治资源和德治资源难以在乡村治理中发挥作用。因此，国家在对乡村社会进行整合时，不应仅从国家视角出发对乡村进行治理，也需要站在村民日常生活的视角借助和利用乡村共同体中基于血缘关系和地缘关系形成的自治资源和德治资源。

二 “寨管家”实现了乡村自治单元下沉

行政村的地域面积和人口规模过大造成村民自治难以取得成效是一种较为普遍的现象，2014年的中央一号文件提出“开展以社区、村民小组为基本单元的村民自治试点”。乡村治理的基本单元从行政村向自然村下沉，无疑可以激活村民基于血缘关系和地缘关系形成的自治资源和德治资源。乡村自治单元下沉使以自然村为边界的社区社会组织兴起，为村民提供了更多的平等参与和民主协商公共事务的空间。① 2020 年湄潭县委出台的《指导意见》中就指出，“寨管家”的运行以村民组织为基础，“寨管家”管辖范围的划定综合考虑其历史沿革、居住相连、地域相邻、人文相近、利益相关等因素。按照便于组织、管理、服务的原则确定寨子规模，人口较多的村民小组可以划分为一个或多个寨子。目前，湄潭县的 118 个行政村划分为 1112 个寨子，寨管家成员 4000 余名。湄潭县委向全县推广“寨管家”乡村自治组织后，重构了基层自治基本单元，实现了乡村自治单元下沉，顺应了国家政权建设的新趋势。

湄潭县的乡村也普遍面临着乡村人口结构失衡和老龄化加剧的问题。“寨管家”乡村自治组织更多的是动员年龄较大的村民参与乡村治理。“寨管家”中的寨长一般由年龄较大的村民担任，造成这种现象的原因，主要是大量青壮年村民长期外出务工，少量留守村落的年轻村民不愿意担任寨长。这些留守村落的村民农忙时节要管理自家的茶园，农闲时节又会短期外出务工，年轻村民普遍认为担任寨长后需要占用自己很多时间精力。年龄较大的村民大多已经完成家庭再生产任务，子女结婚之后家庭负担已经大为减轻，他们有充足的时间和精力为村民提供服务。除此之外，老年人更为熟悉农村的生产生活状况，自身积累了一定的自治资源和德治资源，在调解民间纠纷、进行党和国家的政策宣讲时比年轻人更有优势。可以说，湄潭县“寨管家”乡村自治组织主要吸纳年龄较大的村民参与其中的做法，一方面是受限于负有养家糊口重任的年轻人缺乏参与乡村治理的热情；另一方面是为了充分挖掘老年人在乡村治理中的潜力，是结合地方实际情况推动乡村社会的再组织化。

东南社区地处城乡接合部，大量征地拆迁导致社区内部利益关系复杂，再加上过去村“两委”组织涣散，在 2017 年以前一直是一个矛盾纠

---

① 赵晓峰、魏程琳：《行政下乡与自治下沉：国家政权建设的新趋势》，《华中农业大学学报》（社会科学版）2018 年第 4 期。

纷频繁发生的地区，曾经在半年内更换了三位党支部书记。2017 年以后，湄江街道办事处的党委书记多次邀请一位长期在外经商的东南社区村民回到自己的家乡担任党支部书记，解决“两委”组织涣散问题，改善东南社区的社会治理状况。在上级政府的大力支持和新任支书的努力下，配齐了“两委”班子成员，初步解决了社区内部长期积累的矛盾纠纷。2020 年初，东南社区乡村部分开始建立“寨管家”乡村自治组织，公共基础设施维护、矛盾纠纷化解、政策宣传、疫情防控、村规民约的执行等工作由“寨管家”成员具体负责，村落事务从过去的政府包办转变为真正的村民自治。“寨管家”乡村自治组织依托在寨内召开群众会、走访村民、亲戚邻居主动反馈等信息收集方式，从源头抓乡村治理，做到了快速响应村民诉求。在社区党支部的坚强有力领导下，东南社区的 8 个“寨管家”乡村自治组织运转良好，2021 年时入选湄潭县法院评选的“无讼村”，2023 年时又入选贵州省第七批“省级民主法治示范村（社区）”。

东南社区既有城市部分也有乡村部分，户籍人口 2700 余人，常住人口 2400 余人。东南社区共有 7 个村民小组，划分了 8 个寨子。轿顶寨共有 89 户 396 人，其中党员 7 名。在轿顶寨的“寨管家”乡村自治组织的组织架构中，湄江街道下派一名镇级指导员，东南社区的党总支书记担任村级指导员，既是退伍军人又是老党员的一位村民担任寨长。在寨长之下包括了保洁员、水管员、护路员、安全员、护林员、医疗卫生员、信息情报员。轿顶寨“寨管家”实际运作过程中，又根据地域相近、人文相近的原则将 89 户村民划分为 3 个管理片区，每个管理片区设置 1 名联户长。例如，第三片区由 34 户村民构成，秦姓村民 21 户，其他村民的姓氏有何、张、李、安，联户长由秦姓村民担任。轿顶寨的 7 名党员构成了一个党小组，组长由寨长担任。农村基层党组织嵌入“寨管家”乡村自治组织体系中，加强了基层党组织对乡村自治组织的全面领导。党小组联系服务群众制度要求党员结合基层服务型党组织建设，组织党员开展联系服务群众活动，开好群众会、座谈会，为群众建言和表达诉求建立常规渠道。湄潭县各个行政村普遍建立了寨务大会制度，采取“大家的事大家商量着办”和分类分级处理方式。“寨管家”能够直接解决的问题及时解决，对于不能直接解决的问题则反馈到行政村或社区，由行政村或社区的党组织根据具体情况解决或呈报上级。

湄江街道办事处的工作人员和东南社区党总支书记均认为，湄潭县探索实践的“寨管家”乡村自治组织是对过去行政村合并政策的“纠偏”。湄潭县行政村合并后的乡村治理经验表明，行政村的地域面积和人口规模过大，很难进行有效管理。只有缩小乡村治理包含的地域面积和人口规模，才能为乡村居民提供精细化服务。湄潭县全面推行“寨管家”乡村自治组织后，“寨管家”成员以寨内村民的需求为导向建立志愿服务清单，1 个“寨管家”成员牵头 1 个志愿服务项目，并参与多个志愿服务项目，突出“寨管家”在乡村治理中的主导地位和明确“四管”职责。当前，满足村民生产生活需求和建设文明乡风是乡村治理的重点工作。湄潭县很多行政村根据实际情况，确立了乡村振兴的政策宣传、教育服务、产业发展、乡风文明作为志愿服务项目，以寨长包寨、“寨管家”成员和其他志愿者包户的方式推进志愿服务项目落地落实，确保了与村民生产生活紧密相关的寨务和乡风民风问题有人管、管得好。湄潭县自推行“寨管家”乡村自治组织以来，在乡风文明治理方面取得了突出成就，有效治理了过去乡村社会长期存在的陋习，有力惩治滥办酒席，乡村居民普遍接受了“车不过十、礼不过百”① 的做法。

“寨管家”乡村自治组织为基于血缘关系和地缘关系形成的自治资源、德治资源发挥作用提供了空间。以东南社区的轿顶寨为例，村民选举出来的寨长既是老党员和退伍军人，也是寨子中人口数量最多的秦氏家族的族长。轿顶寨寨长拥有的多重身份，是其能够充分利用自治资源和德治资源开展乡村治理的前提条件。村民普遍认为，年龄较大的村民闲暇时间多，又熟悉寨子情况，他们有精力和能力管理好寨子事务。中国乡村尽管面临“空巢化”问题，但乡村社区在很大程度上保留了乡土社会的特征，“熟人社会”的运行机制在乡村社会治理中仍然发挥作用。

① “车不过十”指的是村民在购买家用汽车时价格不超过 10 万元，“礼不过百”指的是村民办各类酒席时的随礼不能超过 100 元，目的是避免村民在日常生活中的盲目攀比和恶性竞争，以此重塑文明乡风。

湄潭县的行政村合并造成了行政村变成“半熟人社会”，“寨管家”乡村自治组织建立后推动了乡村自治单元下沉，乡村自治基本单元又重新回归“熟人社会”。老年人在“熟人社会”的运行机制中有着自身的优势。东南社区党总支书记在介绍“寨管家”的乡村治理成效时，经常会举的例子是：“东南社区有一户村民长期在外打工，导致社区拆迁工作停滞不前，最终因为这户村民所住寨子的寨长在当地有很高威望，这户村民直接打电话让寨长做主，拆迁工作才得以顺利进行。”

第三节　新型农村集体经济确保“寨管家”持续运行

“组织的发展已成为高度分化社会中的主要机制，通过这个机制，人们才有可能完成任务，达到对个人而言无法企及的目标”。[①] 要想将具有自治资源和德治资源的村民重新纳入乡村治理体系并有效参与乡村治理，必须依托官方承认和鼓励的某种类型的乡村社会组织。《指导意见》中将“寨管家”定位为“县指挥、镇（街道）领导、村（居）为主、寨自治的农村基层治理体系”，由此政党的全面领导和国家权力嵌入乡村自治组织，“寨管家”乡村自治组织获得了深度参与乡村治理的合法性，进而实现了乡村社会的再组织化。需要强调的是，人为设计出一套允许和鼓励农民参与乡村治理的组织体系并不难，困难之处在于如何让这套人为设计的组织体系能够持续运转。因为，任何组织的运行和可持续发展都需要相应的资源做支撑，只有拥有充足资源才能建立“寨管家”乡村自治组织在乡村治理中发挥作用的长效机制。各个地方探索实践形成的乡村自治组织是否能够持续发挥作用，在根本上取决于是否有稳定的工作经费支持。

湄潭县的 118 个行政村划分为 1112 个寨子，“寨管家”乡村自治组织成员 4000 余名，寨长的工作补贴在 5000—10000 元/年。以平均每一位

① ［美］W. 理查德·斯格特：《组织理论：理性、自然和开放系统》，黄洋等译，华夏出版社 2002 年版，第 3—4 页。

寨长 7000 元/年的工作补贴计算，每年需要向 1112 个寨长支付 778.4 万元。除此之外，“寨管家”乡村自治组织成员开展活动时需要一定的经费支持，向村民提供公共服务、解决村民在生产生活中存在的困难时也需要一定的经费保障。也就是说，要让全县的“寨管家”乡村自治组织能够正常运转，需要大量的财政资金支持。对于一个地处西部的农业县而言，在县财政资源有限的情况下，每年保证“寨管家”乡村自治组织正常运转所需的工作经费并非可以忽略不计。

湄潭县委为了让“寨管家”乡村自治组织可持续运行，所出台的《指导意见》建立了“寨管家”运行保障制度，要求各个镇要充分整合原来的生态护林员、养护工、水管员、安全员、就业援助岗和公共服务岗人员的财政补贴资金，以这些财政补贴资金作为“寨管家”乡村自治组织成员的工作经费。县、镇财政共出资 450 万元，每年以 2∶1 的比例分担，以每个户籍人口不少于 9 元预算安排服务群众的专项经费，这部分资金主要用于支付寨长、副寨长的误工补贴。湄潭县委还要求各村（居）可以结合自身实际情况，探索整合农村集体经济、群众自筹、社会捐助等相关经费支持“寨管家”乡村自治组织的可持续运行。在实际运行过程中，除了上级财政支持的生态护林员等人的工资可以及时发放，由地方财政支付的寨长、副寨长误工补贴往往难以及时兑现。因此，湄潭县那些农村集体经济发展较好的行政村，开始探索通过新型农村集体经济发展推动“寨管家”乡村自治组织的可持续运行，保障“寨管家”成员为村民解决问题和提供服务的积极性。

在党和国家关于新型农村集体经济的政策构想中，鼓励各个地方结合实际情况探索新型农村集体经济有效实现形式的目的，不仅是推动乡村经济发展，更多的是通过探索发展新型农村集体经济积累财力资源，解决村民存在的困难和为村民提供服务。2016 年 12 月 26 日发布的《中共中央　国务院关于稳步推进农村集体产权制度改革的意见》指出：“农村集体经济组织承担大量农村社会公共服务支出，不同于一般经济组织。”2024 年 6 月颁布的《中华人民共和国农村集体经济组织法》明确指出：农村集体经济组织是以土地集体所有制为基础，依法代表集体行使所有权，实行家庭经营为基础、统分结合双层体制的地区性经济组织。

黄宗智的研究观察到，农村集体经济发展积累的财力资源解决了村民生产生活中遇到的问题和为村民提供公共服务，有利于重新激发村民对社区的认同感和归属感。① 土地集体所有的性质，决定了集体经济的公益属性。农村集体经济发展为新型复合式农村社区组织体系的运行和乡村公共事业的建设提供重要的经济基础。② 湄潭县"寨管家"乡村自治组织的实践经验表明，农村集体经济发展在很大程度上决定了乡村自治组织的运行状况。虽然"寨管家"起源于湄潭县西河镇石家寨村，但"寨管家"乡村自治组织参与乡村治理取得良好成效并成为典型的却是东南社区的"寨管家"乡村自治组织。主要原因是，东南社区农村集体经济发展为社区积累了雄厚财力资源，强有力地支持了"寨管家"乡村自治组织的正常运转。

湄潭县在 1987 年成为全国首批十四个农村改革试验区后，在 2014 年又成为全国新一轮第二批农村改革试验区，承担了农村集体产权制度改革、农村集体经营性建设用地入市、农村土地承包经营权流转管理等 12 项重大农村改革试点试验工作。中共十八届三中全会通过的《中共中央关于全面深化改革若干重大问题的决定》指出："在符合规划和用途管制前提下，允许农村集体经营性建设用地出让、租赁、入股，实行与国有土地同等入市、同权同价。"农村集体经营性建设用地入市为发挥农村土地收益，推动农村集体经济发展奠定了基础。2015 年，湄潭县被选定为农村集体经营性建设用地的试点县之一。湄潭县结合土地利用总体规划和城乡发展规划，在符合土地用途管制和用地规划的前提下，对全县的土地资源进行普查，建立底数台账。全县农村集体建设用地总量为 79655 亩，集体经营性建设用地 6357 宗、4625 亩，占集体建设用地总量的 5.8%；2018 年时，全县共出让农村集体经营性建设用地 17 宗，面积

① ［美］黄宗智：《"集体产权"改革与农村社区振兴》，《中国乡村研究》2021 年第 1 期。

② 马良灿、李净净：《新型复合式农村社区组织体系建设的在地化实践——以山东"烟台经验"为例》，《贵州大学学报》（社会科学版）2022 年第 6 期。

86.3亩，取得收益1526.5万元。[①] 湄潭县的农村集体经营性建设用地入市给农民带来了大量财产性收益，受到农民普遍欢迎。

湄潭县在所有行政村建立村级农民股份经济合作社，联合村民自治委员会、村党支部委员会、村务监督委员会组成“复合型农村社区组织体系”，共同推动农村集体经营性建设用地入市工作有序开展。在村党支部书记“一肩挑”后，村党支部书记兼任村民委员会主任和村级股份经济合作社理事长，由村民委员会具体负责农村集体经营性建设用地入市工作。农村集体经营性建设用地的收益分配是入市的关键，决定了农民是否能够从中获益、是否能够推动农村社会发展。

湄潭县探索建立了兼顾国家、集体、个人的土地增值收益合理分配机制。在政府和村集体层面按入市土地的不同用途制定了“按类别、有级差”的调节金收取办法，如农村集体经营性建设用地入市后转变为工业用地的收取20%、综合用地为22%、商业服务用地为25%。出售土地时所收取的调节金，成为县级政府的财政收入。在村集体和个人的利益分配层面，湄潭县探索了“三定一议”的入市土地收益分配机制。《湄潭县农村股份经济合作社经营管理制度》规定，村集体从入市土地收益中提取公积金的比例不低于20%，公益金不低于10%，公积金和公益金总额不能超过50%，集体经济组织成员分配比例不能少于净收益的50%。“三定一议”入市土地收益分配机制的实施，促进了农村集体土地增值收益分配关系的改善，村集体经济积累了大量发展资金，所提取的公益金直接用于服务村民和解决村民存在的困难。

农村集体经营性建设用地入市政策增加了地方财政收入、增强了村集体经济实力，农民也从中获取了大量实惠，但位于不同区域行政村的情况存在很大的不同。东南社区位于湄潭县的城郊接合部，区位决定了集体经营性建设用地的价值较高，土地入市十分顺利。远离城市的那些行政村集体经营性建设用地的价值较低，在促进村集体经济发展、公益金的积累方面发挥的作用并不明显。例如，西河镇石家寨村距县城60余

---

① 中华人民共和国农业农村部：《贵州省湄潭县：“五明五定”探入市 “同权同价”促发展》，http：//www.zcggs.moa.gov.cn/ncggysyqjs/201904/t20190423_6212476.htm。

公里，距西河镇集镇 11 公里，农村集体经营性建设用地的价值较低，严重制约了村集体经济发展，最终又影响了“寨管家”乡村自治组织的有效运行。东南社区因地处城郊区域，土地具有较高的商业开发价值，集体经营性建设用地入市后受到市场欢迎，是湄潭县第一个成功进行集体经营性建设用地入市交易的村（居）。

2017 年，东南社区的村集体经济组织负债 5 万元。2018 年，东南社区成为湄潭县农村集体经营性建设用地入市的试点村，在当年就成功出售 4 亩土地，获取了 30 万元的村集体经济收入。2019 年，东南社区又多次出售农村集体经营性建设用地，村集体经济收入 500 多万元。农村集体经营性建设用地入市也给村民带来大量收益，极大改善了村民的生产生活条件，东南社区的村民已经变得较为富裕。东南社区通过出售农村集体经营性建设用地，集体经济积累了大量财力资源，以集体经济收入支持村民小组长、“寨管家”乡村自治组织履行自身职能，城市部分和农村部分的生活环境开始变得干净整洁。除此之外，东南社区每年从集体经济中至少拿出 8000 元，用于奖励工作受到群众认可的村民小组长、“寨管家”乡村自治组织成员、热心公益事业的优秀党员，营造良好家风的好婆婆、好儿媳等。党总支书记认为，由于东南社区的村民已经较为富裕，村民并不在乎几百块钱的奖金，更多的是看重评选给自己带来的荣誉，最终结果是促进了乡风文明。党总支书记坦言，2019 年后东南社区的人居环境、乡村治理发生了翻天覆地的变化，从一个曾经半年内更换三个党支部书记的“麻烦村”到获得湄潭县法院颁发的“无讼村”称号，2023 年又入选贵州省第七批“省级民主法治示范村（社区）”。这主要是因为农村集体经营性建设用地入市后村民变得比较富裕，对生活环境有了更高的要求，邻里之间不再像过去会因为一点小矛盾而产生纠纷；农村集体经营性建设用地入市后也极大增加了村集体经济收入，村“两委”有能力组织村民小组长、“寨管家”乡村自治组织成员为村民提供服务。

小　结

湄潭县委在全县推广建立“横向到边”的“寨管家”乡村自治组织，

与原有的村党组织、村民委员会、村务监督委员会、村集体经济组织共同形成了“新型复合型农村社区组织体系”，实现了乡村社会的再组织。“寨管家”乡村自治组织建立后，充分挖掘了乡村社会已有的自治资源和德治资源，极大改善了湄潭县的乡村治理状况。“寨管家”乡村自治组织从初步探索到最终形成“3 + N”的运行机制与新型农村集体经济发展之间没有直接关系。但从“寨管家”乡村自治组织建立后能否可持续运行的层面来看，不同行政村的农村集体经济发展状况在很大程度上决定了乡村自治组织是否具有可持续运行的能力。东南社区的农村集体经济发展历程与乡村治理状况改善具有同步性的事实就表明，农村集体经济发展强有力支持了“寨管家”乡村自治组织的可持续运行。

尽管东南社区的农村集体经济发展严重依赖农村集体经营性建设用地入市政策，出售土地所获取的村集体经济收入不具有可持续性，但至少证明了通过发展新型农村集体经济推动乡村社会再组织化，从而实现乡村治理有效的乡村振兴路径是可行的。新型农村集体经济助推乡村社会组织化的“湄潭经验”带来的启示是，在规划性社会变迁之下形成的“新型复合型农村社区组织体系”只是推动乡村组织振兴的初始条件，村集体经济发展状况从根本上决定了社区组织体系是否能够实现可持续运转。这也是党和国家的诸多政策鼓励各个地方结合实际情况探索新型农村集体经济有效实现形式的根本原因。因此，探索新型农村集体经济的有效实现形式，推动新型农村集体经济可持续发展，才能为乡村组织振兴奠定坚实的经济基础。乡村组织体系构建与新型农村集体经济的发展是相辅相成的。

第 十 章

新型复合式乡村组织体系的构建①

乡村组织是乡村社会结构的核心要素。从某种意义上说，乡村社会的衰败，是由于乡村组织的衰败。同样，乡村社会组织化的实现，关键在于乡村组织的再造与重构。因此，构建运行高效、协调统一、功能健全和责权明晰的新型复合式乡村组织体系，这是新型农村集体经济发展助推乡村社会组织化的社区载体。这一新型乡村组织体系注重发挥党组织领导的政治优势，强化农村基层党组织的领导核心作用，使村党组织、村委自治组织、村集体经济组织、村庄内生性组织等各类村社组织在村级集体经济发展和乡村社会组织化实践进程中各居其位、各司其职，从组织上保障新型农村集体经济发展壮大，助推乡村社会组织化，并在此基础上重建村落共同体。

第一节　当前乡村组织体系的实存状态与运行困境

党的十九届五中全会公报明确指出，要将“乡村建设摆在社会主义现代化建设的重要位置”。在这样的背景下，通过建设和完善新型乡村组织体系，进而夯实乡村社会组织化的组织基础，这是当前乡村建设实践中需要进一步解答的重要议题。当前，乡村社会组织体系还存在组织建设机制不完善、组织协同治理水平不高、组织治理人才流失严重、部分

---

① 本章部分内容已以论文的形式发表。详见马良灿、哈洪颖《新型乡村社区组织体系建设何以可能——兼论乡村振兴的组织基础建设》，《福建师范大学学报》（哲学社会科学版）2021年第3期。

组织成员老龄化等问题。构建新型乡村组织体系，发挥其组织效能与治理水平，需要优化乡村组织体系的成员吸纳机制，需要打造一条横纵贯通、上下统合的组织运行路径。

当前，新型农村集体经济助推乡村社会组织化所面对的是农民生活个体化、乡村社会“空巢化”和人口流动超常规化的后乡土社会。在这样的社会环境中，已有的乡村组织及其运行体系已难以肩负起助推乡村社会组织化的重任。推进乡村社会组织化的组织基础建设，需要理解处于后乡土社会中的乡村社区组织体系的实存状态、运行机制及其面临的建设困境。而乡村组织体系运行的实存状态，主要表现为基层党组织、基层政权组织、村民自治组织、村社集体经济组织、村民理事会以及其他乡村内生性组织之间围绕乡村建设的具体实践而产生的组织关联、互动模式与运行困境。

改革开放以来，随着农村土地产权制度的改革和家庭联产承包责任制的推行，国家废除了以公社、生产大队、生产队为组织载体的人民公社体制，并对原有的乡村组织体系进行了重组，在原来的公社层面建立乡镇人民政府，在生产队层面设立以民主选举、民主参与、民主管理和民主监督为核心的村民自治委员会，由此形成“乡政村治”的组织架构与治理格局。“乡政村治”强调政务与村务、行政权与自治权的分离。依据相关规定，“乡政”与“村治”之间体现为指导与被指导、合作与协商的组织关系。不过，处于实践运行中的乡政村治的组织互动关系，远比政策文本表述复杂。特别是在后税费时代，伴随以项目资源进村下乡为核心的新农村建设、精准扶贫运动和新一轮乡村建设行动的具体实施，在目标管理责任制、村财乡管制、乡镇干部包村驻村制等制度安排下，经常出现政务与村务、政治与行政相混淆、责任与利益相连带的特征，乡村关系行政化趋向较为明显，两者间既包括指导与被指导、领导与被领导的组织互动关系，还蕴含着一种利益共同体关系①。因此，在当前乡村权力运行实践中，需要重新界定“乡政”和“村治”的角色、功能和

---

① 王汉生、王一鸽：《目标管理责任制：农村基层政权的实践逻辑》，《社会学研究》2009年第2期。

权力边界，需要从机制建设层面理顺乡政与村治之间的组织互动关系。

除“乡政村治”的组织构架外，为加强党对农村工作的全面协调和领导，国家一直将政党下乡进村作为实现国家意志、贯彻国家政策方针、统领乡村社会发展方向的重要形式。因此，与“乡政村治”的组织构架相适应，国家在农村建立了以乡镇党委、村党组织为核心的基层党组织。农村基层党组织作为实现党和国家意志、全面统领乡村各类组织的载体，在乡村组织体系运行中处于核心领导地位。无论是农村基层政权组织、村民自治组织，还是各类乡村社会组织，原则上都要在基层党组织的统一协调和领导下开展工作。

随着市场经济对乡村社会的深入渗透、大量乡村人口外流和村社集体经济的衰落，广大农村地区存在基层党组织发展涣散、领导力不强、组织行动能力和执行能力弱化、组织资源匮乏、人才缺失、领导核心作用不明显、党员干部服务意识与服务能力欠缺、作风不佳、在群众中的威信下降等问题。[①] 尤其在西部一些农村，由于经济发展水平偏低，产业发展程度不高，集体经济“空壳化”较为严重，加之村干部待遇较低，常常面临组织带头人选拔困难、组织建设疲弱化、组织职能虚化等问题。与此同时，村庄人口的长期外流使村“两委”成员老龄化问题突出，学历层次较低。

近年来，尤其是党的十九大以来，整治农村基层党组织涣散和能力疲弱问题，加强党的农村基层组织执行力、核心领导力、强化党对农村建设事业的领导地位等问题被提上了议事日程。国家出台的一系列政策文件都明确强调要加强党的农村基层组织体系建设，要强化党对乡村建设事业和各级各类组织的全面领导，要因地制宜推行“一肩挑”制度，下派第一书记驻村制度，要求村党组织书记担任集体经济负责人，等等。这充分表明，基层党组织对乡村建设事业的全面领导是中国特色社会主义乡村的本质体现。只有强化基层党组织对农村工作的全面协调和统一领导，才能将国家的意志、宗旨、原则和目标更好地融入全面实施乡村

---

① 吴理财、魏久朋、徐琴：《经济、组织与文化：乡村振兴战略的社会基础研究》，《农林经济管理学报》2018 年第 4 期。

振兴战略实践中，并最终使乡村建设事业沿着至善至美、公平正义和社会和谐的良性运行轨道前行。因此，在后乡土中国时代，如何发挥党组织的组织、思想和政治领导优势，提升其在乡村治理中的权威和动员能力，如何协调处理好党组织与各类乡村组织之间的关系，这是当前推进乡村社区组织体系建设需要解决的重大问题。

农村集体经济组织是乡村社区组织体系的重要构成部分，是发展壮大集体经济的主要组织载体。它通过盘活、管理、经营和发展村集体经济，为乡村组织体系的常态化运行和乡村公共服务提供社会经济基础。农业税费全面取消从根本上切断了乡村干部向农村汲取各种资源的渠道和利益链条，使乡村关系更加悬浮和松散①，也使村干部丧失了服务乡村社会的能力和动力。在后税费时代，乡村组织向乡村提供公共服务的资金来源，要么依靠上级政府以项目进村、资源下乡为基础的财政转移，要么靠发展壮大集体经济，夯实自身的经济社会基础。由于上级项目资金的转移支付基本上都是专款专用，管理和控制得比较严格，因此，乡村组织得以运行和向农村提供公共服务的重要资金来源，将很大程度上依赖自身集体经济的发展壮大。由于村社集体经济建基在集体共有产权基础上，具有共有性、共享性、服务性、社会性和公共性等多重属性，这种社会经济将重新激活乡村社会的发展活力。

近年来，国家非常重视发展壮大新型农村集体经济，并出台了一系列制度政策给予扶持和支持。在这样的背景下，一些地方的村落社区通过建立农村集体经济组织，利用乡村已有的资源优势，有效带动和促进了集体经济的发展。而集体经济的发展壮大，必将增强集体经济组织的服务能力，并从根本上优化乡村组织体系的治理结构，提升乡村组织的治理效能。不过整体而言，当前农村集体经济的发展形势不太理想，乡村集体经济“空壳化”、集体产业衰败现象严重。尤其在欠发达地区，由于缺乏集体资源资产，加之大量乡土人才流失严重，集体经济发展的任务更加艰巨。同时，在乡村权力运行实践中，集体经济组织缺乏独立性，

---

① 周飞舟：《从汲取型政权到“悬浮型”政权：税费改革对国家与农民关系之影响》，《社会学研究》2006 年第 3 期。

同村民自治组织之间的界限不明、边界不清，常常出现村委会取代集体经济组织或两者职能重叠、合二为一的现象。这导致集体经济组织成为“潜在”的组织，其权能被虚化，这不仅严重制约了新型农村集体经济的发展，而且导致乡村治理的组织体系残缺不全。因此，在发展壮大集体经济的过程中，应当明确村委会和集体经济组织之间的边界与职能，使集体经济组织为村民自治事务和公共物品的供给提供有效支持。①

同时，在优化农村集体经济的组织结构中，还应考虑村党组织的政治嵌入问题。由于集体经济是社会主义公有制经济在广大农村社区的具体实现形式，因此，村党组织对集体经济组织的协调领导有助于引领集体经济组织的发展方向。近年来，中央明文规定，村党组织书记可以通过法定程序担任村民委员会主任和村集体经济组织负责人。这种顶层设计在一定程度上可以将乡村组织的经济、政治与社会功能统一起来。不过，“一肩挑”所导致的村级组织权力过度集中问题，对村党支部书记的政治素质、业务能力和责任意识提出了更高要求。如何将村党组织的政治组织资源转化为集体经济的发展优势，如何通过“一肩挑”激活乡村发展的活力，这些问题都需要进行进一步探索。

近年来，为规范村级权力运行，有效监督村干部的组织行为，国家要求建立村级村务监督委员会。该委员会与村集体经济组织、村民委员会并行，是复合式乡村组织体系的重要组成部分。在乡村组织的运行实践中，村民理事会、村民议事会等作为村民自治组织的下设机构，在乡村建设与社区治理中发挥了一定作用，承担了一定的乡村社会公共品及公共服务供给责任。不过，作为村民自治组织的附属机构，其作用和功能的发挥依赖于村集体经济的发展程度和村自治组织治理村庄能力的强弱。在有的村落，村民理事会、村民议事会等组织在协助村民办理婚丧嫁娶宴席、组织开展各种节庆礼仪活动、倡导积极向上的乡风文明新风尚和新礼俗等方面发挥了积极作用，这主要依赖于村级组织强大的组织协调能力和相对厚实的集体经济来源。但在另外一些村落，由于村民自

① 仝志辉：《村委会和村集体经济组织应否分设——基于健全乡村治理体系的分析》，《华南师范大学学报》（社会科学版）2018 年第 6 期。

治组织行动能力较差，组织建设缺乏规范性，发展活力不足。加之缺乏集体经济来源，村落“空巢化”严重，这些组织形同虚设，在乡村治理和乡村建设中发挥的作用十分有限。

除了上述相对正式的社区组织外，乡村社区还存在各种社区内生性组织。这些内生性组织是村民较为重要的社会资本，主要是基于村民血缘地缘、传统礼俗、邻里互助、自愿合作和自生自发而形成的，是乡村社会得以运行的重要社会基础。它们同乡村社会的文化传统和社会基础密切相关，直接服务于社区村民的社会生活，可以满足村民的多元化需求，是乡村建设中不可忽视的力量。一般而言，这些内生性组织关系网络发展程度及其作用发挥，是与其所处村落的社会形态密切相关的。在一个人口密度较大、人口流动较小、血缘地缘关系密切、文化礼俗相对完整和村民社会生活相对稳定的村落，其内生性组织关系网络越健全，它们对村民的社会生活的作用和价值也更明显。反之，如若村落人口稀少或大量人口处于流动状态、村民社会生活不稳定以及那些文化礼俗较为衰落的村落，其内生性组织网络也较为弱小，它们在乡村发展中的价值和作用也较为有限。

总体上说，在个体化、“空巢化”和人口流动超常规化的后乡土中国时代，大多数村落的内生性组织网络逐渐趋于衰落，组织形式较为松散，其在乡村建设中发挥的作用也越来越弱。在后乡土中国时代，培育和发展各种内生性组织网络，实现农民的组织再造以激活乡村发展的内生动力，增进农民的团结协作能力，这是在健全和完善乡村振兴社会组织基础的过程中需要考虑的问题。新的社会结构亟须构建新的乡村组织体系。当前乡村组织体系存在组织结构不健全、权责关系不明确、人员配置不合理、组织功能残缺等建设困境。在全面实施乡村振兴战略背景下，需要加强乡村组织体系建设，提升其组织农民、建设乡村和实现乡村社会组织化的效能。

第二节 构建新型乡村组织体系是实现乡村社会组织化的有效载体

国家十分重视乡村社会组织体系的建设问题，并将其视为健全乡村治理体系，提升乡村治理水平、治理能力、治理效能以及治理共同体建设的有机组成部分，相关制度政策从多个层面对优化健全乡村组织体系进行了明确表述。如党的十九大报告明确提出“以提升组织力为重点”的基层组织建设要求。2018 年中央一号文件《中共中央、国务院关于实施乡村振兴战略的意见》明确指出，要加强农村基层党组织建设、深化村民自治实践和乡村自治组织建设，同时要大力培育服务性、公益性和互助性的农村社会组织。国家发布的《乡村振兴战略规划（2018—2022）》也明确提出要推动乡村组织振兴、健全以党组织为核心的乡村组织体系，强调乡村组织振兴在打造共建共治共享的现代乡村治理共同体，实现充满活力、和谐有序的善治乡村中的重要作用。2019 年中央一号文件《中共中央、国务院关于坚持农业农村优先发展做好“三农”工作的若干意见》、中共中央办公厅、国务院办公厅印发的《关于加强和改进乡村治理的指导意见》以及中共中央印发的《中国共产党农村基层组织工作条例》、2020 年中央一号文件《中共中央、国务院关于抓好“三农”领域重点工作确保如期实现全面小康的意见》和 2021 年出台的《中华人民共和国乡村振兴促进法》、党的十九届五中全会公报《中共中央关于制定国民经济和社会发展第十四个五年规划和二〇三五年远景目标的建议》、2020 年中央农村工作会议和 2021 年中央一号文件《中共中央、国务院关于全面推进乡村振兴加快农业农村现代化的意见》等政策文件明确指出，要健全以基层党组织为领导、村民自治组织和村务监督组织为基础、农民合作组织和集体经济组织为纽带、其他经济组织为补充的新型乡村社区组织体系。

这些纲领性文件进一步明确，在村级组织体系建设中，要突出党组织的核心地位，加强党的农村基层组织建设，使基层党组织，特别是乡镇党委、村党组织在乡村振兴、村级各类组织中发挥全面领导和统一协调作用，因地制宜地在有条件的地方积极推行“一肩挑”制度，积极推动村党组织书记通过法定程序担任村民委员会主任。相关文件同时指出，要规范村级组织工作事务，理顺村级组织与包村驻村干部的关系，提升村级组织的行动能力，强化村级组织的治理与服务功能，突出其他社区组织在乡村建设中的作用。2021 年出台的《中华人民共和国乡村振兴促进法》对建立健全农村基层党组织领导下的乡村组织体系，完善农村党组织建设、自治组织建设、集体经济组织建设等内容进行了明确规定。随后，中共中央、国务院又出台了《加强基层治理体系和治理能力现代化建设的意见》，再次强调了加强党的基层组织建设、健全基层组织体系、提高基层组织体系能力、规范村民自治组织建设、农村集体经济组织建设的重要性，并对如何提升农村基层党组织领导力、如何健全农村自治组织与农村集体经济组织的建设提出了明确的指导性意见。2022 年中央一号文件《中共中央、国务院关于做好 2022 年全面推进乡村振兴重点工作的意见》和 2023 年中央一号文件《中共中央、国务院关于做好 2023 年全面推进乡村振兴重点工作的意见》同样就如何优化乡村组织体系建设、如何发挥乡村组织体系在乡村振兴工作中的积极作用进行了明确阐释。

上述关于乡村组织建设问题的政策表述，可视为新时期乡村组织建设问题的制度回应。这种制度回应，表明了乡村组织建设对于健全乡村治理体系，打造新型治理共同体以及全面推进乡村振兴战略的重要意义。同时，这些政策表述为构建新型乡村组织体系提供了坚实的政策支持。构建新型农村组织体系，实现社区组织振兴，是需要给予认真对待和解决的重大现实问题。能否从根本上解决这一问题，这直接关涉乡村振兴战略实施成效和亿万农民共同富裕能不能顺利实现。要实现乡村社会组织化，需要构建契合乡村实际、顺应新乡村建设与时代发展规律，并且能及时回应广大农民现实需要和引领乡村社会全面发展的新型复合式农村组织体系。

随着当前全面推进乡村振兴战略和实施乡村建设行动的展开，大量资源与政策将向农村聚集，乡村社会面临乡风文明重建、乡村经济与产业重组以及乡土社会重建的重任，这都需要建构和完善治理有效的新型乡村组织体系，并提升其治理水平和能力。因此，加强新型乡村组织体系建设，完善农村组织的结构和功能，建设强有力的新型乡村组织体系，通过组织振兴激发乡村活力，提升乡村组织的治理水平和治理效能，在实现乡村善治和乡村社会全面振兴的过程中已迫在眉睫。

农村基层党组织、农村集体经济组织、村民自治组织、村务监督组织、社区内生性组织和基层政权组织是乡村组织振兴的重要组成部分。应当在这些组织之间建立上下联结、内外互补的运行机制，使其能协调统一并高效运行，形成助推乡村振兴的巨大合力。总之，通过组织体系建设来增强乡村组织的组织协调与动员能力，使农民在社会、经济、秩序等层面组织起来，这是加强乡村振兴社会基础建设的核心议题。

第三节 建构新型复合式乡村组织体系的实现路径

在现代社会生活中，组织是社会的基础，也是其运行的基本单元。作为名词的组织是指一定的社会主体为了达成共同目标而组织起来的团体，是一个彼此行为协调与联合的合作形式和系统①，一般可分为正式组织和非正式组织两种类型。作为动词时，组织指的是群体为了实现某一共同目标，分工协作、配备成员、设置规则的过程。这一概念明确了组织内部有特定目标、成员之间分工协作，享有不同层级的权力并遵守相应的责任制度。所谓“体系”指的则是社会系统结构在权力与资源分布上的一种不平衡状态，是一种有“体”有“系”的结构，“体”在中心，“系”在边缘。② 因此，组织体系就可以理解为是一系列组织单元围绕共同的社会目标组织起来的“一核多元”的结构形态。从结构上来说，完善的乡村组织体系亦是一个“一核多元”的架构，只不过这个“一核多元”的组织架构是一个有“体”有“系”的形态。

在乡村社会“空巢化”背景下，构建复合式乡村组织体系旨在推进乡村社会组织化的组织载体建设。其主要建设方向是从能力提升、组织

---

① 饶静：《农村组织和乡村治理现代化》，中国农业大学出版社 2018 年版，第 24—25 页。

② 熊万胜、方垚：《体系化：当代乡村治理的新方向》，《浙江社会科学》2019 年第 11 期。

培育、关系协调、利益共享和责任共担等层面，围绕乡村组织化和村社重组的社会目标与治理实践，构建以村党组织为核心、村社自治组织、新型集体经济组织和村务监督组织为基础，各类村落内生性组织网络为补充，基层政权组织为依托的新型复合式社区组织体系。这种以“一核多元”为核心架构的复合式乡村组织体系强调组织间纵向关系在责权、利益、角色等方面的明确分工、功能互补与协调统一，以及组织间横向关系基于利益联结在治理实践中的相互嵌入、互相依存和互为补充。

一　村党组织作为领导核心

作为新型乡村组织体系中的“一体”，村党组织在复合型乡村组织体系中处于核心领导地位，全面协调和统一领导村民自治组织、村集体经济组织、村务监督组织、村庄内生性自治组织等各类乡村组织。在新型农村集体经济助推乡村组织化的实践中，村党组织发挥着全面协调、组织领导、政治思想引领和方向领航的积极作用。它努力将国家的意志、党的基本宗旨、原则和目标贯彻至新型农村集体经济发展助推乡村社会组织化的实践过程中，以此彰显社会主义乡村建设的特色和优势。

在新型农村集体经济助推乡村社会组织化的实践进程中，加强农村党组织建设，使之在多元乡村组织单元中发挥核心领导作用，实现对农村社会的有效组织，并推动构建中国特色的现代乡村组织体系，进而承担起振兴乡村与重建乡村社会共同体的时代使命，这是当前构建以党组织为核心的新型乡村组织体系建设中需要关注的问题。因此，加强党的农村基层组织建设，尤其是村党组织建设是优化乡村组织体系的重要举措，也是实现乡村社会组织化及村社重组的必然选择。

新乡村组织体系建设核心在于强化党的组织建设，构建农村基层党组织领导下的多元组织协同体系，形成良好的乡村组织生态。因此，推进复合式乡村组织体系建设，需要发挥党组织在乡村社会组织化进程中的组织、思想和政治引领优势，积极培育村党组织的行动能力、执行能力和协调能力，强化乡村党员干部的责任担当意识和服务意识，提升其在各类乡村组织中的领导地位和村社集体成员中的政治权威，有效实现对农民的组织动员。在党组织领导下，乡村社会将最终构建涵盖村民自治组织、村集体经济组织、村务监督组织、农民专业合作组织等在内的“一核多元”的组织体系，形成共建共治共享的乡村协商共治格局。

党组织在复合式新乡村组织体系中处于核心地位，只有强化基层党组织的全面协调和统一领导，才能将国家的意志、宗旨、原则和目标更好地融入新型农村集体经济发展与乡村社会组织化实践中。只有坚持党组织领导，才能将村社自治组织、村集体经济组织、村务监督组织和红白理事会、村民议事会、老人协会等其他非正式的社会关系网络整合起来，凝聚成建设乡村和治理乡村的巨大合力，并最终助推乡村社会组织化与村社重组。

一方面，在基层治理实践中，要明确村党组织书记的能人效应与核心作用，要选优配强村党组织书记。村党组织书记是坚持党对农村工作全面领导和确保农村改革方向正确的关键人物。要完善基层党组织政治吸纳程序，运用党组织自身的政治、组织及资源优势，将一些具有公共精神和责任担当的乡村精英及新兴社会力量吸纳到党组织中，赋予其组织内政治身份。同时，要按照德才兼备的要求，加强农村党员队伍建设，把这些乡村精英与能人培养、选拔成为村党组织书记或党组织成员，赋予其领导村集体经济发展的职责与权力，增强这些群体对基层党组织的认同感和凝聚力。同时，基层政府应将他们推向农村社区建设与治理的前台，使之成为新时期发展新型农村集体经济，助推乡村社会组织化的引领者。新型农村集体经济发展与乡村社会组织化，正如其他村庄公共性事务一样，都离不开村庄能人的领导和带动。实际上，诸如前文所探讨的塘约村等明星村庄，之所以能够快速发展村集体经济，实现乡村社会组织化与乡土重建，关键在于乡村能人的牵引和带动。

当前，广大农村地区已经完成新一轮的乡村干部换届选举工作。在换届选举中，很多村落已将业务能力强、政治素质高、作风端正、有公共意识、服务意识和责任担当的优秀村支书推举出来，同时担任村民委员会主任和村集体经济负责人，使之成为全面推进乡村建设事业的领路人。推行村级组织负责人“一肩挑”，目的是强化党组织在基层工作中的领导地位。[①] 因此，选优配强村党组织书记，是推进基层党组织建设的核心和关键所在。例如，在当前发展势头较好的“党支部领办合作社”这一集体经济实现形态中，村党支部书记的能力水平在一定程度上决定了村庄集体经济发展状况及合作社经营水平。

另一方面，要在推行村党支部书记“一肩挑”制度下，完善村党组织和村集体经济组织的权责体系。新型乡村组织体系建设要打破村党组织与村委自治组织、村集体经济组织的界限。“一肩挑”制度的全面实施，使村党支部书记同时兼任村民委员会主任和村集体经济负责人，这解决了农村治理场域中自上而下党委任命权与法律选举权的二元矛盾，提升了村党组织在乡村组织体系中领导权的合法性授权，这有助于党组织带头人高效调动更多公共资源。同时，“一肩挑”制度在一定程度上消除了村“两委”与村集体经济组织三者之间不必要的矛盾，使“两委”成员与村集体经济组织成员目标同向、协调配合，实现村庄经济与村民自治的融合发展，减少村庄内耗，增强村组织凝聚力。

选优配强村党支部书记，发挥党支部书记的能人效应。在这一过程中，需要立足村庄资源优势，合理利用村庄资源优势，发展乡村集体经济，吸引外流的乡村精英回归。依托乡村产业优势，为乡村精英回归提供重要的经济保障。同时，地方政府应将留守在乡村社会的中坚农民整合到乡村组织体系中。只有这样，才能在留住人的基础上选优配强乡村组织干部，优化乡村组织人员配备结构，缓解当前大部分村庄所面临的乡村组织干部老龄化、综合素质不高等发展困境。

二　村民自治组织、新型集体经济组织、村务监督组织为基础

村民自治组织和村集体经济组织的职责划分和机构分设是新型乡村组织体系构建的基本问题之一。因此，就构建新乡村组织体系而言，厘清农村集体经济组织和村民自治组织的职能界定、权责分工，是发挥村民自治组织的主导作用及村集体经济组织纽带作用的关键。

农村集体经济组织是集体化时期实现社会整合的组织遗产。依照

---

① 桂华：《村级组织负责人“一肩挑”的优化路径》，《人民论坛》2021年第24期。

1998 年颁发的《村民委员会组织法》规定，村委会是基层群众性自治组织，集体经济组织依法开展生产经营等独立经济活动。两者性质不同、功能各异，各自履职，不能互相取代。但是，在乡村治理实践中，大多数行政村都实行"三块牌子、一套人马"的"三位一体"组织结构配置。农村集体经济组织管理人员与基层党组织、村民委员会成员交叉重叠，村委会"代管"集体经济组织成为常态，农村集体经济组织普遍处于名存实亡状态。这客观上造成了农村基层组织"政经社不分"的状态，严重影响了农村集体经济的发展壮大。

2016 年，农村集体产权制度改革试点工作全面启动。同年发布的《关于稳步推进农村集体产权制度改革的意见》明确指出，农村集体经济组织是一种特殊的经济组织，可以称为经济合作社或股份经济合作社。2017 年颁布的《民法总则（草案）》确立了农村集体经济组织的法人地位，2018 年中央一号文件又进一步要求研究制定农村集体经济组织法。至此，农村集体经济组织作为特殊法人，获得了独立参与市场竞争的合法身份与制度支持。不少地方借此契机进行了农村集体经济组织结构重塑、职责划分的组织发展探索，因地制宜探索农村集体经济的有效实现形式。

但实际上，从农村土地确权改革的整体实践效果看，无论在资金、技术、管理和人才，还是市场参与层面，农村集体经济组织一直面临"虚实之间"的发展困境。例如，经过农村产权改革，村级集体经济组织实行股份经济合作社，产权清晰的问题已经解决，可依然面临效率不高，集体经济贫弱、生财乏道的悖论。[①] 2017 年颁布的《民法总则（草案）》确立了农村集体经济组织的法人地位，打开了法人产权制度建设的新局面，农村集体经济组织获得了建立现代企业制度、独立参与市场竞争的合法身份，一定程度上改善了村集体经济收益分配不合理现状。2024 年 6 月颁布的《中华人民共和国农村集体经济组织法》较为明确地规定了集体经济组织的法律地位和发展壮大新型农村集体经济的新举措。但是，

① 李敢、徐建牛：《"虚实之间"——产业振兴背景下的农村集体经济组织》，《浙江社会科学》2021 年第 4 期。

法人制度的推行尚未对产权的进一步优化配置进行顶层布局，这意味着农村集体资产持续收益和增值的难题尚未解决，农村集体产权制度改革需进一步深化。因此，准确定位与重构集体经济组织与村民自治组织的职能边界，仍然是新型乡村组织体系建设过程中需要解决的难题。

一方面，要通过集体产权制度改革再造村社组织，激活集体经济组织的经济功能，发展壮大新型农村集体经济。新型集体经济组织的发展定位是产权体系更加清晰、经济职能独立、组织治理结构更加完善、发展模式多元多样。很显然，新型集体经济组织在制度设计层面要求厘清产权与治权的关系，实现自治组织自治职能与经济组织经营职能的合理分离。因此，在实践中，村民自治组织和集体经济组织在村党组织的统一协调领导下，应当权责分设，使村集体经济组织成为相对独立的法人组织。2020 年全国人大审议通过的《中华人民共和国民法典》明确规定，农村集体经济组织依法取得法人资格，农村集体经济组织作为特别法人。但其在乡村组织体系中的权责定位还应更加清晰明确，只有这样，才能解决长期以来村民自治组织与村集体经济组织之间边界不清、权责不明和职权重叠的问题。从这个意义上说，国家通过的《农村集体经济组织法》，这对规范村集体经济组织的法律地位意义重大。

事实上，建设集体经济组织的目的在于盘活和经营管理村社集体资源、探索集体经济的多元化实现方式，发展村社产业，最终壮大新型农村集体经济。其在完成集体经济资产运营管理和资产保值增值职责基础上，应承担一定的社会建设责任。它通过提高其社会服务能力，通过从事集体经济活动所带来的收益，为乡村公共事务和公益事业提供更多物质资源，并保障村级组织正常运转。因此，村集体经济组织在依照现代企业管理理念对集体资源资产进行有效经营和优化配置的过程中，需要村党组织的组织引领。村党组织介入和领导集体经济组织，有助于更好地体现集体经济公共性、服务性和共享性的本质。因此，应鼓励村党组织书记兼任村集体经济组织负责人，而其他成员则应当由村社中的经济能人、种植或养殖能手等构成。

当前，广大农村地区全面推行“一肩挑”政策后，村党支部书记同时兼任村民委员会主任和村集体经济组织的理事长，村“两委”成员兼任集体经济主要理事和相关负责人。这种组织架构使村“两委”成员和村集体经济组织成员结成紧密的责任利益连带共同体。村党组织嵌入集体经济组织不仅发挥了村党组织整合与利用村庄资源提高配置率的优势，还降低了合作行动的交易成本，保障了集体经济收益。[①] 通过发展壮大新型集体经济，村党组织和村民自治组织在群众中重新树立了威信，村党组织、村集体经济组织和村社自治组织之间基于利益联结将形成运行高效、协调统一的组织共同体。

需要注意的是，从我国实施“政经分离”改革制度的部分地区实践来看，农村集体经济组织与村民自治组织分设并非在所有农村地区都适用。在村集体经济基础厚实的较发达地区，为了使集体经济的经营活动更能适应外部市场，应通过集体经济股份化模式来改造集体经济组织，赋予集体经济组织市场主体地位，让集体经济组织作为一个现代法人组织。同时，集体经济组织应聘请有经营能力的村庄能人甚至招聘外部经理人来负责经营活动，按照现代资产运营管理方法对集体资产进行运营管理，使其可以独立行使经济职能并承担社会责任。这对于规范集体资产管理，减少村委会成员化公为私和提高集体资产的经营效率具有积极意义。因为在这些经济发达地区，地方政府具备强大的财政实力和提供社会公共服务的能力。当实行“政经分离”后，原先由集体经济组织承担的社区公共服务供给职责则转移到了乡村自治组织与基层政权组织。这种公共服务供给的转移，并不会给拥有强大社会财力的村“两委”和基层政权组织造成压力。而对于部分集体经济欠发达、“空巢化”和老龄化严重的农村地区，村委自治组织与村集体经济组织分设在一定程度上脱离了地方实际。这类地区应按照市场经济发展的要求和农村的实际情况对现有的组织进行整合，可仍由村委会代为行使集体经济组织的相关职能，但是要重新考虑发挥村民小组对集体资产的管理作用，保证村集体经济组织与村委会账目分离和信息公开透明。在这些村庄，村集体经济组织与村委会组织同构对优化农村社会资源、降低社会运行成本、促

---

① 曹海军、曹志立：《新时代村级党建引领乡村治理的实践逻辑》，《探索》2020 年第 1 期。

进农村社会经济发展是极其有利的。

因此，农村集体经济组织与村委会之间是采用“政经合一”模式、“交叉任职、各自运作”模式，还是“完全分离、独立运作”模式，这取决于农村集体经济改革和发展的程度。村民自治组织和村集体经济组织之间存在后者为前者提供财力支持的内在机制，分设不应该破坏这种机制。[①] 在当前阶段，可先在地方层面根据不同村庄的实际采取合二为一、适度明晰职责乃至分设的不同办法。

另一方面，要深化村民自治实践，优化村社自治组织的运行体系。村民自治组织是改革开放以来为解决乡村公共性治理难题，满足农村公共服务供给需要，充分尊重和体现农民民主权利而建立的村民自我组织、自我管理、自我监督和自我服务的群众性自治组织。它通过践行民主协商、民主管理、民主决策和民主监督的基层民主精神，及时调解矛盾纠纷、有效回应村民诉求，维系乡村社会和谐稳定。村民自治组织作为处理乡村治理性事务的组织载体，与村集体经济组织相辅相成，共同构成乡村组织体系建设的重要部分。集体经济的发展壮大为村民自治组织开展社区公共服务提供了社区财力基础，而村民自治组织则为集体经济的发展壮大提供组织保障。因此，在全面实施乡村振兴战略背景下，优化村民自治组织的运行结构，既是建构新型乡村组织体系的重要内容，也是新型农村集体经济发展助推乡村社会组织化的重要组织基础。

优化村民自治组织体系，一方面要实现乡政与村治在职权、边界和效能上的明确分离，进一步明晰政务与村务的界限，重建乡政与村治之间业务指导与协商治理的组织关系；另一方面要优化村民自治组织内部的治理关系与结构，尤其要夯实村民理事会、村民代表大会的组织与群众基础，并深化村民自治实践，将行政村层面的村民自治和自然村层面的村组自治有效结合起来，使村民自治组织真正嵌入乡村社会，有效发挥其民事民管、民事民议、民事民定的社会治理功能，最终夯实和扩展“一核多元”的社区组织体系内涵。此外，伴随集体经济改革的持续推

---

① 仝志辉：《村委会和村集体经济组织应否分设——基于健全乡村治理体系的分析》，《华南师范大学学报》（社会科学版）2018 年第 6 期。

进，要厘清村党组织、村民自治组织、集体经济组织、村务监督组织之间的职责边界，使其围绕乡村集体经济发展和乡村社会建设事宜，建构紧密的利益联结关系，共同助推新型乡村集体经济发展和乡村社会组织化，促进村落共同体成长。

为了更好地发挥村党组织在乡村建设中的组织动员、政治保障、方向引领和全面领导作用，需要在村党组织、村民自治组织和村集体经济组织之间建立良好的监督协商、利益协调和权责义务等机制，进而使“一核”能够领导“多元”，“多元”在保持自身相对自主性的同时，以“一核”作为组织运行的中心，服从“一核”的统一调度和全面领导。因此，“一核多元”的村级权力结构是打造新型乡村治理共同体的基础，也是乡村振兴战略实施的组织保障。以村党组织建设为核心，推进“一核多元”的协调统一与协同治理，是优化新型乡村组织体系的关键所在。

三　村落内生性组织为补充和基层政权组织为依托

为了更好地满足农民主体的社会需求，提高乡村组织回应农民主体的效能，需要注重乡村社会内生性组织的建设，以实现与村委会、村党组织和村集体经济组织的相互补充。构建新型乡村组织体系，需要培育和发展各类村落内生性组织，建设乡村组织共同体。

村落内生性组织主要以邻里互助、亲缘关系、社区组织等非正式组织的形式呈现。它协助村社自治组织开展和睦邻里、乡风文明和美丽乡村建设。这些内生性组织既是对乡村正式组织的功能性补充，也是村民参与社会交往、实现乡村互助、培育乡村公共精神、维持乡村秩序的重要组织保障。在组织运行实践中，这些内生性社区组织通过非正式的关系网络运作，如一些村庄培育起来的“老人协会”“红白理事会”“院坝议事会”等，本质上都是农民群体基于共同的需求与利益自愿联合起来组建的自组织。

可以说，这些广泛存在于乡村社会的内生性组织网络，凭借村落内部的情感优势，在增强村落关系、提升乡村社会组织力、强化村民主体自觉、促进村落共同体建设等方面发挥了重要作用，也为新型复合式农村社区组织体系建设提供了不竭的内生动力。但在后乡土社会，由于人口大流动所带来的村民利益阶层分化、关系重组与村落“空巢化”，这些内生性组织遭遇了“内卷化”过程，陷入了总体性功能衰退、存续空间被挤压、公共性被消解的发展困境，逐步走向了衰落。但衰落并不意味着终结，在村民日常社会生活中，基于乡里乡亲、互惠合作的各种内生性组织网络在生产互助、民俗节庆、人生礼仪、促进村落社会团结与社会整合等方面依然发挥着积极作用。

因此，在新时代，亟须修复和重建农村社区内生性组织的总体性功能，重塑农村社区内生性组织的公共性和自主性品格。应通过采取政策资源与项目扶持、社会组织介入和正式组织职能转移帮扶等多种手段对各类社区内生性组织进行积极培育和引导，使之成为乡土重建与乡村振兴的重要社会基础，助推乡村组织化。同时，在推进乡村社区内生性组织建设中，应当妥善处理好“一核多元”的正式组织体系与各种乡村非正式组织之间的关系，需要在社区正式与非正式关系组织之间建立相应的利益协调与关系整合机制，使两者责权明晰、协调合作与协商共治，共同作为，为助推乡村社会组织化和实现乡村有效治理提供强有力的组织保障。以村党组织为核心，以村民自治组织、村集体经济组织和村务监督组织为基础、以村落内生性组织为补充的组织架构实现了乡村组织的横向联结。这种横向联结的组织架构在助推乡村社会组织化的实践进程中发挥着重要作用。

同时，以乡镇政府为核心的农村基层政权是构建新型复合式社区组织体系的主要依托力量。因此，应当在村级组织与基层政权之间建立相应的关系协调与利益联结机制，实现自上而下的组织联动与自下而上的组织互动的有效衔接，推动形成纵横联动、合作共治与责任共担的治理共同体。国家的各种惠农政策、社会保障服务、产业发展项目以及各种行政性事务，都主要由基层政权负责贯彻落实和组织实施。要完成这些事关乡村居民切身利益的工作任务，基层政权需要同“一核多元”的村级组织进行协同配合。在治理实践中，乡政通过干部包村驻村、目标责任考核、人情关系网络、利益诱导等机制同村级组织展开互动。基层政权和村“两委”之间既包含业务指导与合作共治、利益关联与责任共担的关系，还包括领导与被领导的上下级关系。这种上下级关系最明显地体现在基层政权与村“两委”成员签订的目标责任及其年终工作业绩的考核评估上。考核评估结果直接关涉村“两委”成员的物质待遇。

乡镇领导干部包村、驻村，一方面是为了更好地加强同村“两委”的沟通协调，使一些惠农项目和政策以及乡村的常态化治理事务能够和乡村社会进行有效衔接，另一方面也是为了监督和督促村“两委”及时完成乡镇下派的各项工作任务。要优化两者之间的组织关系，基层政权组织首先要明晰自身的职责定位，将自身的权力装进制度的笼子中，尽量下放自身权限，明确区分行政性事务与治理性事务界限，使村级组织拥有更多自主性。同时，应该加强和推进服务型政府建设，使乡镇政府成为农村优质公共服务的输送者。该政权同村级组织之间应当是一种友好型的协商依托关系，而非一般意义上的上下级关系。

四　新型乡村组织体系建设助推乡村社会组织化

新型复合式乡村组织体系的构建，将为实现农民组织化、重建村落共同体提供强有力的组织保障。组织间的利益联结与整合机制是组织效能发挥作用的关键。复合式乡村组织体系立足于村社集体的整体利益，代表村社集体成员的集体意志，各组织间权责清晰，具有目标一致性。这在一定程度上消解了不同组织之间的张力，确保了组织体系的常态化运行。通过组织联动和利益联结，该体系能够在乡村建设过程中形成强大的组织合力。组织体系间自上而下的组织联动和乡村组织之间的横向利益联结实现了国家、集体、个体之间的有效沟通和上下一体。这不仅能提高乡村组织承接国家资源的能力，增强乡村组织内部的治理效能，满足村社集体成员的服务需求，而且能促进集体经济更好嵌入社会，助推乡村社会组织化，重建村落共同体。

从组织功能看，新型复合式社区组织体系是国家与农民间的联结体，具有实现资源联结与整合、更好维护和实现农民利益、优化乡村治理秩序和提升乡村公共产品供给水平等职能。在乡村建设进程中，村集体经济组织、村党组织、村民自治组织、村务监督组织的有机整合和互相嵌入，可以有效协调农民的利益关系，以较低成本实现农民的组织动员，实现乡村社会的再组织。

从结构上看，复合式组织体系通过与全村村民代表、全村党员和合作社社员建立常态化、制度化和组织化的沟通渠道，建构了一张较为完整的乡村组织行动网络，较好地将这些乡村精英组织起来。在这一行动网络的推动下，村落社会和农民群体将在一定程度上实现组织化。通过建构复合式新型乡村组织体系，实现自上而下的组织联动与自下而上的群众动员，将汇聚成治理乡村、建设乡村、发展乡村、改造乡村的巨大合力，最终使农民在社会、经济与秩序等层面积极行动和组织起来，为新时期全面实施乡村建设行动提供坚实的组织基础。

在实践中，各类乡村组织整合、动员、治理与发展乡村的能力，同新型农村集体经济发展密切相关。① 新型农村集体经济的发展既依赖于强有力的乡村社区组织载体，也必将为乡村社区组织的高效运行、为乡村公共治理事务与乡村组织化提供社会经济基础，能够促进乡村组织的常态化运行，提升乡村组织的治理水平和治理能力现代化。同时，新型乡村组织体系的建构也为发展和壮大新型农村集体经济提供了强有力的组织保障。因此，在实践中，新型农村集体经济的发展壮大和乡村组织体系的建设是一种相辅相成、互相促进的关系。新型农村集体经济的发展壮大，不仅筑牢和扩展了乡村集体经济组织的基础，而且为实现乡村组织振兴提供了社会经济保障。厚实的村社集体经济和乡村社会的组织振兴则使村落共同体得以重建。

小　结

发展新型农村集体经济助推乡村社会组织化需要构建新型复合式乡村组织体系，实现乡村组织振兴。通过充分发挥多元治理主体的作用和功能，将推动多元主体在发展新型农村集体经济助推乡村社会组织化实践中协同发力。在复合式乡村组织体系的运行实践中，基层政权组织通过目标考核和建立相应的激励机制，形成纵向组织联动。村党组织、村

---

① 马良灿：《新型农村集体经济发展与乡村社会再组织——以贵州省塘约村为例》，《中州学刊》2021 年第 2 期。

民自治组织、村务监督组织、村集体经济组织以及村落内生性组织通过新型农村集体经济发展与利益分配，形成横向利益联结。通过多元组织联动和利益联结的有机衔接，将推动形成运行高效、协调统一与上下结合的村社组织体系。该体系将夯实乡村振兴的社会基础，承载乡村社会组织化与社区重建的时代重任。总之，乡村组织是乡村社会得以协调运行的组织基础。无论是乡村有效治理的实现、乡村生态环境的改造、乡风文明的重建还是乡村产业的振兴，都需要运行高效、执行有力、协调统一的乡村社区组织体系去推动。这种新型乡村组织体系直面村民社会生活，直接为村民提供社会互助、经济交往和文化生活等服务，是村民赖以生存的组织载体。同时，在乡村社会建设实践过程中，该体系有助于实现村民社会生活的再组织，促使村民以组织的方式来应对各种社会生活困境，促进村落公共意识和公共精神成长。

第十一章

从利益联结到社会重建

探索乡村社会组织化何以可能，首先需要回答“乡村社会组织化是什么”。在本书中，乡村社会组织化的基本意涵指的是依托一定的经济基础和组织载体，通过一系列组织过程和组织策略，将乡村社会的各种要素进行有效整合的过程或状态。乡村社会组织化以合作共治为基础，以机制联结为纽带，以社区组织、经济生产、社会生活、礼俗文化的全面组织化为主要实现形式。它关注的核心议题是如何将乡村社区组织、社会关系网络、经济资源等要素组织起来，形成组织农民和建设乡村的巨大合力，重建村落共同体。实现乡村社会组织化需要坚持农民主体、村庄本位的原则，需要以新型乡村组织体系作为载体、以新型农村集体经济为社区财力基础、以重建村落共同体为目标归属。

第一节　实现乡村社会组织化的基本原则

乡村社会组织化的核心是实现村社集体与个人的关系联结、利益协调和合作行动。[①] 实现乡村社会组织化需要在坚持农民主体、村庄本位的基础上，依托乡村组织体系将农民、资源、组织等全要素整合起来，进而激发乡村社会的内生动力，实现乡村整体性功能的提升。探讨新型农村集体经济发展助推乡村社会组织化的实践进路，首先需要理解嵌合在

① 吴越菲：《乡村振兴背景下农村社区组织化的内在张力及其消解》，《西北农林科技大学学报》（社会科学版）2022 年第 5 期。

其实践过程中的基本原则。其中，坚持农民主体地位是核心，遵循村庄本位是关键。

一 坚持农民主体地位

在新型农村集体经济助推乡村社会组织化的实践进程中，需要回答的关键问题是谁是乡村社会组织化的主体。现有的政策文本与在地化实践案例都表明，新型农村集体经济发展助推乡村社会组织化需要政府、企业、社会组织、乡村自治组织、农民群体等多元主体共同发力。实现乡村社会组织化，必然嵌入在多元主体的互动博弈关系之中。不过，新型农村集体经济的社会属性及其助推乡村社会组织化的目标归属决定了这一实践过程首先必须坚持农民主体性原则。只有坚持农民主体地位，尊重农民主体意愿，启发农民主体自觉，维护农民根本利益，才能保证新型农村集体经济助推乡村社会组织化落地生根。

坚持农民主体地位，这是坚持“以人民为中心”的新发展理念在新乡村建设中的具体表现。发展新型农村集体经济助推乡村社会组织化的实践过程要坚持农民主体地位，要坚持集体经济发展为了农民、也应当依靠农民的理念，要把促进农民增收、农村发展作为出发点和落脚点，不断提升农民群体在新型农村集体经济发展过程中的幸福感和获得感。同时，也要充分挖掘农民群体在集体经济发展助推乡村社会组织化实践过程中的内生动力和潜能，激发农民群体的积极性、主动性与自觉性，确保农民群体既是新型农村集体经济发展的参与主体，也是最终受益主体。

一方面，要充分尊重农民意愿。发展新型农村集体经济助推乡村组织化的关键是得到广大农民群体的理解和支持。因此，这一实践过程要始终坚持农民主体地位，以农民主体的意愿、需求和选择为基本前提。集体经济发展的产业载体是什么、采用何种发展形式、利益如何分配，这些问题首先应由农民主体来回答。在新型农村集体经济发展助推乡村社会组织化的实践进程中，应赋予农民群体更多的自主选择权与决定权，真正激发农民群体的主体性。

另一方面，要保障农民群体的参与权，激发农民主体能动性。新型农村集体经济发展助推乡村社会组织化离不开农民的积极参与。在发展新型农村集体经济助推乡村社会组织化的实践中，要让农民群体不是作为“旁观者”，而是作为真正的实践主体，主动参与乡村建设事业。新型农村集体经济能否持续发展，乡村社会组织化能否实现，关键在于农民是否能积极参与。只有将农民组织起来，让农民成为助推新型农村集体经济发展与乡村社会组织化的实践主体，乡村社会组织化的目标才能实现。

当前，新型农村集体经济发展与乡村社会组织化进程中常常夹杂着过多的权力—利益关系和行政意志，这使农民主体在发展新型农村集体经济助推乡村社会组织化进程中处于较为被动和盲从的地位，难以在实践进程中实现自身的主体诉求。因此，如何激发农民主体性、保障农民主体地位，是当前发展新型农村集体经济助推乡村社会组织化实践进程中需要思考的现实问题。那些不以农民为主体，不是建立在农民共商、共建、共享基础之上的集体经济非但不能对重建乡村社会产生积极作用，还可能会加速乡村社会的解体。坚持农民主体地位，首先要留住人，其次要培养人。只有在流动性的村庄中将农民群体留下来，才能通过政策扶持、技能培训等方式，不断强化农民的主体意识，使其成为新型农村集体经济发展助推乡村社会组织化的实践主体、目标主体和受益主体。

在确立农民群体在新型农村集体经济发展助推乡村社会组织化中的主体地位基础上，还需要明确一个关键问题，即何种类型的农民能作为新型农村集体经济发展助推乡村社会组织化进程中的主体。无论是乡村发展的历史经验，还是当前各地村庄的在地化实践经验都表明，只有组织化的农民才能作为这一实践进程中的主体。不能将乡村社会组织化简单地理解为农民组织化，但是也必须明确农民组织化在乡村社会组织化进程中的关键作用。农民群体从分散个体走向组织化的过程无疑也是提升农民发展能力、彰显其主体性地位的过程。

二 遵循村庄本位

实现乡村社会组织化是一个极为复杂的社会过程。各地发展新型农村集体经济助推乡村社会组织化的在地化经验表明，新型农村集体经济发展模式、乡村社会组织化实现形式及实现程度往往都会受到村庄特质的影响。因此，面对类型各异、形态多样的村庄，发展新型农村集体经济助推乡村社会组织化的实现形式不能“一刀切”，而是要因地制宜。村庄作为一个社会文化共同体，在自然、生态、文化、经济、社会以及风土人情等诸多方面形成并维持着独特的性质和品格。[①]正如费孝通所言：“各地农民居住的地域不同，条件有别，所开辟的生财之道必定多种多样，因而形成了农村经济发展的不同模式。”[②] 因此，新型农村集体经济发展助推乡村社会组织化的实践进路要坚持村庄本位，遵循村庄“自性”[③]。

新型农村集体经济发展深嵌在乡村社会结构与关系网络中，其助推乡村组织化的实践进路受到村落社会结构、社会关系、社会文化及资源要素等因素影响。只有立足于村庄内部的组织基础、资源禀赋、人力结构等具体实际，因地制宜发展壮大新型农村集体经济，才能真正助推乡村社会组织化。村庄社会结构、社会关系等内生要素是影响乡村社会能否组织起来的关键。村社集体成员的关系联结紧密度、生计发展状况等基本要素影响着农民以何种方式参与组织化进程，村庄内的党组织、自治组织、集体经济组织的发展状况则影响着乡村社会组织化的实现可能与实现程度。因此，要因地制宜地探索新型农村集体经济助推乡村社会组织化的实现形式。

当前，一些新型农村集体经济发展助推乡村社会组织化的典型模式或先进经验虽包含了乡村发展的一些共性特征，但各地乡村都有着自身的村庄特质。前面所讨论的“塘约经验”“烟台实践”“田西模式”“湄潭经验”等，不能简单复制和模仿，而是用来帮助人们理解不同的乡村如何在其所具有的特定条件下走出具有自身特色的组织化道路。因此，

---

① 陆益龙：《村庄特质与乡村振兴道路的多样性》，《北京大学学报》（哲学社会科学版）2019 年第 5 期。

② 费孝通：《从实求知录》，北京大学出版社 1998 年版，第 201 页。

③ 王思斌：《我国社会政策的“自性”特征与发展》，《社会学研究》2019 年第 4 期。

发展新型农村集体经济助推乡村社会组织化的实践中需要有“道路自觉”[①] 意识。在这一过程中，要重新认识并发现村庄的社会生态价值，坚持“因地制宜”，重视村庄个性，根据村庄个性采取与之相适应的实践策略。在坚持村庄“各美其美”基础上，立足村庄本位，达到“美人之美”的发展效果。简单复制和推广某种模式，可能会产生“水土不服”，并对乡村社会造成意外伤害。

坚持村庄本位还要妥善处理好城乡关系。改革开放以来形成的主流发展理念和发展模式具有浓厚的城市中心主义色彩，认为乡村不是作为独立的发展主体，而是作为现代化过程中需要被解决的问题，是从属和依附于城市的。依照这样的逻辑，城市的发展必然带来乡村的衰败，城市和乡村是一种“相克”关系。[②] 当前，在新型农村集体经济发展助推乡村社会组织化的实践中，要处理好乡村与城市的关系，这既要看到农村与城市客观存在的巨大差异、以城市为中心的市场化对农业经济的冲击和对农村经济社会生活共同体的削弱，又要看到“城市偏向”的发展战略对农村社会资源的单向度汲取。同时，要清晰认识到农村与城市的共融走向，不应简单地将两者对立起来，城市的发展不一定导致农村的衰败与终结。当前我国已从“以农为本、以土为生、以村而治”的乡土社会进入“乡土变故土、告别过密化农业、乡村变故乡、城乡互动”的城乡中国时代。[③] 在这样的背景下，城乡之间不再是简单对立竞争关系，城市开始反哺农村，城乡之间正在走向融合。

第二节　从利益联结到社会重建的实践过程

新型农村集体经济的发展壮大与乡村社会的组织化是一种互促共融的关系。一方面，新型农村集体经济的发展优化了乡村组织体系，也重

---

① 陆益龙：《村庄特质与乡村振兴道路的多样性》，《北京大学学报》（哲学社会科学版）2019 年第 5 期。

② 费孝通：《乡土重建》，华东师范大学出版社 2019 年版，第 13 页。

③ 刘守英、王一鸽：《从乡土中国到城乡中国——中国转型的乡村变迁视角》，《管理世界》2018 年第 10 期。

塑了乡村个体与个体、个体与集体间的社会关系，最终使乡村社会在经济、社会生活、文化秩序多层面实现组织化，助推村社重组。另一方面，乡村社会组织化的实现也优化了集体经济发展的组织载体，促进集体经济进一步发展。

一 构建复合式社区组织体系是载体

新型农村集体经济的发展壮大能够为乡村社会组织化提供厚实的社会经济基础。同时，新型农村集体经济助推乡村社会组织化得以实现，得益于运行高效、权责清晰的乡村组织体系的保障。在实践过程中，这一运行高效的组织体系呈现出“一核多元”的结构特征，它是一种以基层党组织为核心、村民自治组织、集体经济组织和村务监督组织为基础、其他乡村内生性组织为补充、基层政权组织为依托的复合式乡村组织体系。这一复合式乡村组织体系彰显出特有的组织优势，能实现对村庄人员、资源、组织等要素的组织化。新型农村集体经济的发展通过相应的利益联结机制，将村党组织、村民自治组织、村集体经济组织、乡村内生性自组织等基本组织单元整合起来，形成发展新型农村集体经济助推乡村社会组织化的巨大合力。

复合式乡村组织体系中的各组织单元权责明确、目标一致，能够在清晰的权责分工中实现高效的组织联动，消弭不同组织单元的张力，共同推进乡村集体经济发展，助推乡村社会组织化。村党组织作为这一组织体系中的“一核”，发挥着组织引领作用。集体经济组织作为发展农村集体经济的组织载体，承载着经营管理集体资产、发展壮大村集体经济的重任。村民自治组织作为基层群众性自治组织，承担着向乡村提供公共服务、解决村民急难愁盼问题的自治职能。村务监督组织则能确保各类村级小微权力在阳光下运作。农民自发组建的乡村组织作为复合式组织体系的重要补充，是村民参与社会交往、实现社会互助与自助、维系社区关系和社区秩序的组织保障。

在基层政权组织的支持与引导下，这些组织单元能够实现有机结合，实现横向的组织联动与纵向的利益联结，建构起乡村组织共同体。这种“横纵联合”的组织结构与运行机制，提升了乡村社会的组织协调能力。

从这个意义上来说，这一复合式乡村组织体系具有实现资源联结与整合、更好维护和实现农民利益、优化乡村治理秩序和提升乡村公共产品供给水平的职能，代表着村社集体的公共利益。新型乡村组织体系的公共性品格为发展壮大新型农村集体经济助推乡村社会组织化树立了组织权威，使村落社区能够以较低的成本实现对农民群体、村庄资源要素的组织化。

在新型农村集体经济的支持下，这种复合式组织体系具备强大的组织吸纳能力。它能够将"外流"或"留守"的乡村精英吸纳进组织中，进而优化乡村组织人员配置结构，提升组织效能，夯实集体经济发展助推乡村社会组织化的组织基础。这些被吸纳进组织的乡村精英，具备一定的经济、社会交往和对外沟通能力，他们参与其中，将能更好地发展壮大集体经济，助推乡村社会组织化。在本书所呈现的典型案例中，乡村精英作为组织体系中的核心领导人物，带领村庄发展集体经济，便是组织吸纳精英，进而助推乡村集体经济发展的成功实践。

从组织效能看，复合式乡村组织体系通过资源整合、多元化福利供给、能人带动、精英吸纳、组织嵌入等有效的组织机制为新型农村集体经济发展助推乡村社会组织化搭建组织载体，进而使集体经济助推乡村社会组织化的社会功能得以彰显。同样，新型农村集体经济发展能优化乡村社会组织体系，实现村党组织、村民自治组织、村集体经济组织、村内生性自组织的责任利益联动与关系整合。

二　新型农村集体经济生成利益联结

新型农村集体经济的发展壮大能够在村集体与村民、村民与村民、村级组织内部形成紧密的利益联结，这种利益联结是助推乡村社会组织化的动力源泉。产权清晰是新型农村集体经济的本质特征。区别于其他类型的乡村经济形态，新型农村集体经济中"集体所有"的产权归属及成员资格是明确的。清晰的产权制度使农民在合作社中具有股东的主体地位，而不是被动地吸纳和被雇用。不同于大多数合作社在企业或大户的控制之下所形成的双重"委托—代理"关系，新型农村集体经济发展下形成的是一种主体间的平等关系。农民在产业选择、资金使用以及利润分配等事务上具有参与权和知情权。除此之外，农民可以通过土地流转、入股合作社、劳动务工等多种形式参与到农村集体经济的发展中，可以以土地、资金、劳力入股，参与集体经济的利益分配。新型农村集体经济发展带来的股份合作与利益分配使农民与村集体、农民与农民生成了稳固且紧密的利益联结，在村庄内部形成一个“利益共享、风险共担”的利益共同体。在这个利益共同体内，集体经济发展的好坏直接关系农民的切身利益。农民由此逐渐关心集体利益，村庄的再组织将成为可能。

除了基于股份合作与利益分配而形成的利益联结，新型农村集体经济的发展建构了一个集体性的生产生活空间，培育了一种以生产分工为核心的合作机制。这种合作机制不仅增加了农民的就业机会，而且重构了村社集体成员间的社会关系网络。农民与集体、农民与农民基于“共利”目标形成一种彼此依赖的信任关系，这种合作信任关系使集体成员之间的资源互享互换、信息交流和团结互助成为可能，一定程度上增强了村社集体成员间相互关怀的共同体意识。在这个过程中，村民不是被动的“福利享受者”，而是村庄发展的主动参与者。农民之间的社会交往增多，利益相关使农民组织起来，真正成为发展新型农村集体经济助推乡村社会组织化的实践主体。农民不仅有了经济收益，更有了集体归属感。同时，集体产业的发展壮大，也必将增强农村社区发展的内生动力，从而使村落社区拥有吸引外出或驻村精英的能力，这些乡村精英在新型农村集体经济发展助推乡村社会组织化过程中将发挥重要作用。

三　利益联结增强社会关联

新型农村集体经济能够在农民与农民、农民与集体之间生成一种紧密的利益联结机制，这种利益联结机制随着新型农村集体经济的发展而不断增强，并进一步形成密切的社会关联。新型农村集体经济是一种包含乡村社会结构、社会制度、文化秩序的社会经济，其发展的根本目的在于满足村落成员的社会服务需求和村庄的整体性需要。本书案例村落的实践经验构建了一条新型农村集体经济发展助推乡村社会组织化的清晰道路。这些经验探索表明，新型农村集体经济的发展能够生成个体与集体、个体与个体间的利益联结机制，这种利益联结机制在组织农民、重建乡村组织体系、重塑村庄公共性等层面发挥了积极作用。

新型农村集体经济的发展壮大能够增强村集体公共服务的供给能力。村级集体经济作为“配置性资源”① 的主要形式，在利益分配上更加重视均衡性、公平性与参与性。社区福利是社区收益的再分配形式，新型农村集体经济通过利益再分配实现社会福利与社会保障的再供给，建构起村社集体成员相互合作、共同受益、依存发展的社会关系。集体经济依托公共财力为村庄内的留守人员与弱势群体建立社会支持网络，使这些留守、弱势人员从村庄边缘人回归集体生活，增强了村民的归属感及认同感。

伴随着新型农村集体经济的发展壮大，村集体将共享农村集体经济收益分红的权益与遵守乡规民约、参与社区协商等村庄公共事务的行动挂钩，在村落社区建立起有效的“激励—约束”机制，从而达到以经济利益增强社会关联的目的。在这一过程中，新型农村集体经济的发展壮大通过相应的利益联结与约束机制，使村民遵守相应的村规民约和制度规范，进而调动其参与公共事务的积极性。这种以经济纽带加强社会关联的做法，进一步加深了农民与村集体、农民与农民间的社会联结。集体经济的发展能够优化乡村组织体系、培育乡村社会集体性与公共性、重构乡村社会秩序，使乡村社会组织化得以实现。因此，新型农村集体经济发展壮大的过程从本质上说是乡村社会组织化得以实现的过程。

四 重建村落社会

通过建立个体与个体、个体与集体基于利益联结形成的新型社会关系，增强集体凝聚力，并在重建乡村的组织、制度和文化等社区基础上，增进村落社会团结与互助合作，实现村落秩序重构与共同体重建，这是实现乡村社会组织化的主要目标。发展壮大新型农村集体经济能够在村级组织内部、农民与农民、农民与集体之间建构起责任型、股权型、紧密型和劳资型的利益联结机制，并通过利益联结增强社会联结，打造新

---

① ［英］安东尼·吉登斯：《民族—国家与暴力》，胡宗泽、赵力涛译，生活·读书·新知三联书店1998年版，第7页。

型乡村利益共同体。该利益共同体有助于密切干群关系，培育村民对村庄的认同感和归属感。因此，在利益共同体驱动下，新型农村集体经济的发展能够实现乡村社会组织化，进而在此基础上重建村落社会。

一方面，新型农村集体经济明晰了集体经济产权归属与利益分配原则，并在发展壮大过程中实现了农民的组织化。在股份制合作中，农民将土地、资金、劳动力等要素入股村集体合作社，通过股权合作与利益分配将自身利益与集体收益捆绑。集体经济组织则通过注册成立劳务、产业、资金等不同类型的经济合作社，通过各种方式将农民组织起来，形成分工明确、协同运作的农民再组织化体系。农民通过加入集体经济合作社，重新建构了其身份归属。忙碌在田间地头的村民不再是传统意义上的农民，而是在集体经济合作社务工的“工人”。他们的收入除了固定的务工收入，还有年终基于土地、资金、劳力等资料的入股分红。“利益相关”使集体成员真正成为发展新型农村集体经济、重建乡村社会的主体。农民群体基于经济生产合作而组织起来。组织化的农民逐渐关心集体利益，他们参与乡村建设的积极性与主体性越来越高。同时，集体经济的发展壮大有助于激活村社集体，增强村集体的公共财力，使其具备为村集体成员提供公共服务的能力。

另一方面，新型农村集体经济的发展壮大将构建起以“一核多元”为核心结构的复合式乡村组织体系，形成发展新型农村集体经济、助推乡村社会组织化、实现村落社会重建的组织合力。从某种意义上说，新型农村集体经济的发展过程也是优化和重建社区组织体系、实现社区组织再造和重建村落共同体的过程。通过发展壮大集体经济，乡村社会将打造新型社区组织体系，进而夯实乡村建设的组织基础。在新型社区组织的积极行动和强力推动下，村集体与农民之间的社会联结更加牢固，信任关系逐步确立，乡村居民在经济生活、社会互动、秩序协调等层面的组织化程度会越来越高，他们的集体意识不断增强，对社区的认同感和归属感更加强烈。新型农村集体经济的发展壮大为乡村组织体系的效能优化、乡村公共秩序的建构提供社会经济基础。在其发展过程中，村民与村干部、村民与村民之间的社会关系由于密切的交往和利益互动而不断增进，村民之间的社会不平等和社会差距逐渐缩小。在各种村级组织的积极介入和干预下，村民的共同体意识和村民的主体性意识逐渐增强。

小　结

新型农村集体经济的发展壮大将有助于在村级组织内部、村集体与农民个体、个人与社区之间建构责任型、股权型、紧密型和劳资型的利益联结，并通过利益联结实现村级组织的协调统一，在乡村社区内部形成新型乡村利益共同体。在利益共同体驱动下，乡村社会组织体系得以优化、农民群体得以组织起来、乡村公共性规范秩序得以重构，村落社区将在经济生产、社会生活、文化秩序等层面实现组织化。在发展壮大新型农村集体经济助推乡村社会组织化进程中，一个新型的村落共同体将得以重建和再生。

结　语

面对数以万计的空巢化村落，如何在坚持村庄本位、农民主体原则基础上实现村落在经济、社会、组织和秩序等层面的再组织，如何重建村落社会联结进而实现乡村社会的再造与重生，这是当前全面推进乡村振兴战略和实施新乡村建设行动中需要应对和解决的难题。实现乡村社会组织化，重建村落社会联结，不可能完全靠政府自上而下的行政力量驱动，还需要依靠自下而上的社区组织载体去推动。在新乡村建设实践中，只有将自上而下的行政力量与自下而上的社区组织动员结合起来，乡村社会组织化才可能实现，社区社会关系与社会秩序才可能重建。同时，在上下之间、组织之间和村落内部，实现乡村社会组织化需要建立相应的利益联结载体，这个载体便是新型农村集体经济的发展和壮大。

新型农村集体经济兼具经济性与社会性的双重属性，具有动员农民、组织乡村、重建社区的社会品格。通过发展壮大这一新经济形态，将有助于在基层政府与村落社会之间、村级组织之间、村级组织与市场、村民个体与集体、村民与村民之间形成紧密的利益联结机制。在利益联结基础之上，随着新型农村集体经济的不断发展壮大，农村村级组织体系更加健全、村民与集体之间的互动关系更加频繁和稳固，基层政府与村级组织之间的关系更加通畅，村落社区治理秩序更加优化。尤其是在强有力的村级组织驱动下，上下之间、村级组织之间、村民与村集体之间实现了有效联结与社会整合，村庄社会也必将在经济发展、社会生活、组织驱动和村落秩序等层面实现再组织。在实现乡村社会组织化进程中，一个能够寄托乡愁、面向社区生活、承载乡村居民梦想和共建共治共享的新型村落共同体将得以重建和再生。在村落共同体基础之上，新乡村建设运动将不断持续展开，以产业兴旺、生态宜居、乡风文明、治理有效和生活富裕为总要求的乡村振兴战略将全面推进。

因此，发展壮大新型农村集体经济，契合了组织农民、重建社会和振兴乡村的时代诉求，体现了广大农民对于重建家园和寄托乡愁的美好期待。在全面实施乡村振兴战略背景下，应该给发展壮大新型农村集体经济创造更大的发展空间，并在政府政策扶持、资源资金注入、产权改革和市场驱动等层面持续发力，使这一新经济形态成为组织农民、建设乡村、实现乡村社会组织化和重建广大农民美好家园的重要牵引。在实践中，新型农村集体经济的发展壮大与全面推进新乡村建设之间是高度契合、互相促进的。发展壮大新型农村集体经济本身既是新乡村建设的重要构成部分，同时也能为新乡村建设中的组织载体建设、农民组织化、村社公共服务提升和治理有效的村落秩序等方面提供重要的社会经济基础。全面推进乡村振兴中的产业兴旺，其中相当大一部分包含村社集体产业亦即新型农村集体经济的复兴和发展壮大。或者说，只有以新型农村集体经济为内核的村社集体经济真正发展壮大了、村集体经济这块蛋糕做大做强了，只有村级组织动员农民、建设乡村和发展乡村的行动能力提升了，新乡村建设行动才可能真正推进，乡村产业才可能复兴，广大农民才可能分享到村庄发展的成果。

发展壮大新型农村集体经济的过程，从本质上说是组织动员农民、建设乡村和重建村落共同体的过程。在新型农村集体经济的发展过程中，村级组织之间因共同的发展目标而使彼此之间的责权关系更加明确，组织关系更加顺畅，组织行动能力和动员能力明显提升，其组织农民和建设乡村的动力也更加强劲。同时，广大农民因为与村集体的利益联结更加紧密，他们更愿意积极主动参与新乡村建设实践。通过参与新型农村集体经济发展和村庄建设事业，广大农民的主体自觉将被激发，农民对社区共同体更加认同，对村落社会更加热爱，对家乡的归属感更强烈。因此，新型集体经济的发展壮大与村落共同体的重建在本质上是高度统一的。通过利益联结实现社会重建，既是新型集体经济发展助推乡村社会组织化的实现途径，也是其目标归属所在。

当前，党和政府对乡村建设工作越加重视，正在以前所未有的支持力度和举措全面推进乡村振兴事业。实施乡村振兴和新乡村建设的伟大战略正在广大农村地区的村落社会落地生根，更多的政策、资源和资金逐渐向农村汇集。可以说，中国农村地区尤其是中西部农村地区正迎来了千载难逢的发展机遇，广大农村正在沿着乡风文明、产业兴旺、生态宜居、治理有效和生活富裕的发展目标迈进。村落社会的重建与复兴也因为乡村振兴战略的全面推进而让农民充满美好的愿景和遐想。在这样的背景下，广大农村地区只有不断创新新型农村集体经济的运行机制与实践路径，进一步加强自身的社区能力建设，持续提升社区内源式发展的能力，不断推进社区发展的社会基础建设，从多个层面将农民组织起来，才能承载乡村振兴与新乡村建设的时代重任。新乡村建设既需要外力驱动，更需要激发和培育社区内农民主体的发展自觉与内生性发展能力。

本书沿着“从利益联结到社会重建”的认知思路，在坚持村庄本位、农民主体的学术立场基础上，就新时代“新型农村集体经济助推乡村社会组织化”问题进行了学术思索。这些学术思索的点点滴滴，均源于笔者对当前村落发展与乡村建设的时代遭遇、转型命运与现实困境的社会关切。笔者关于新型农村集体经济助推乡村社会组织化问题的探索，建基在中国大多数村落将长期延续和继续存在的认知判断基础之上。无可否认，在市场化、现代化和城市化的冲击下，广大农村地区尤其是中西部地区的农村社区陷入了各种发展困境之中，“村落空巢化”问题较为突出。但不能因此就断定，这些村落社会的发展前景一片迷茫，村落社会与农民将走向终结。村落社会作为一个系统性存在，是一个涉及人口因素、文化礼俗、村落传统、组织制度、经济生活和空间环境的复合式社会共同体。该共同体具有总体性的社会属性，在现代化进程中具有较强的社会韧性和生命力，不可能短期内走向衰亡或终结。因此，关注村落社会的前途命运，最应当关注的问题不是村落或农民是否会走向终结，而是村落社会在何种程度上、通过何种方式和以何种形式实现重建或再造。新型农村集体经济作为联结村民与集体、基层政府与乡村社会、村落组织之关系的桥梁纽带，其发展壮大在一定程度上缓解了“村落空巢化”困境，并通过多重利益联结实现了村落社会整合与乡土重建。

在乡村建设实践中，每个村庄所拥有的自然区位优势、资源禀赋、集体资金资产、乡土能人、政策与资源资金支持力度不尽相同，这使每个村庄新型集体经济的发展机遇、创新机制和实现路径存在明显差异。不过，这不能成为不发展新型农村集体经济、不推进新乡村建设实践的理由。发展新型农村集体经济助推乡村社会组织化是一个逐渐积累、逐层推进的乡建过程，不可能一蹴而就。它需要一点一滴地去积累和创造，需要一代一代的乡村领袖去经营和建设，更需要广大农民群体的积极参与和各级政府的持续支持。尤其是一些集体经济相对薄弱、经济基础相对脆弱的村落，在发展新型农村集体经济的起步阶段，更需要各级政府的大力帮扶、支持和培育。离开政府的资源和相关政策的支持，这些村落很难获得实质性发展。伴随乡村振兴事业的全面推进，发展壮大新型农村集体经济助推乡村社会组织化已经成为新乡村建设实践中无可回避的社会事实，是不可逆转的乡村社会发展潮流。而这一社会事实的持续推进和发展壮大，是全面实现乡村振兴、持续推进新乡村建设事业的重要一环。

参考文献

一　专著

曹锦清：《黄河岸边的中国：一个学者对乡村社会的观察与思考》，上海文艺出版社 2004 年版。

费孝通：《从实求知录》，北京大学出版社 1998 年版。

费孝通：《乡土中国》，上海人民出版社 2007 年版。

费孝通：《乡土重建》，华东师范大学出版社 2019 年版。

冯蕾：《中国农村集体经济实现形式研究》，新华出版社 2016 年版。

桂华等：《社会组织参与农村基层治理研究》，华中科技大学出版社 2019 年版。

贵州省湄潭县地方志编纂委员会编：《湄潭县志：1978—2007》，方志出版社 2011 年版。

江宇：《烟台纪事：党支部领办合作社之路（附录）》，人民日报出版社 2021 年版。

孔祥智、毛飞等：《中国农村改革之路》，中国人民大学出版社 2014 年版。

李培林：《村落的终结：羊城村的故事》，商务印书馆 2004 年版。

梁漱溟：《乡村建设理论》，上海人民出版社 2011 年版。

林毅夫：《制度、技术与中国农业发展》，上海人民出版社 2018 年版。

陆益龙：《后乡土中国》，商务印书馆 2017 年版。

马良灿：《从形式主义到实质主义：经济社会关系视域中的范式论战与反思》，社会科学文献出版社 2013 年版。

潘毅、严海蓉、古学斌、顾静华：《社会经济在中国：超越资本主义的理论与实践》，社会科学文献出版社2014年版。
强世功：《法制与治理——国家转型中的法律》，中国政法大学出版社2003年版。
饶静：《农村组织和乡村治理现代化》，中国农业大学出版社2018年版。
王景新：《村域集体经济：历史变迁与现实发展》，中国社会科学出版社2013年版。
王曙光：《中国农村：北大“燕京学堂”课堂讲录》，北京大学出版社2017年版。
王先明等：《中国乡村建设思想百年史》（上册），商务印书馆2021年版。
项继权：《集体经济背景下的乡村治理：河南南街、山东向高、甘肃方家泉村村治实证研究》，华中师范大学出版社2002年版。
徐勇：《乡村治理与中国政治》，中国社会科学出版社2003年版。
徐勇：《国家化、农民性与乡村整合》，江苏人民出版社2019年版。
晏阳初：《平民教育与乡村建设运动》，商务印书馆2014年版。
朱德新：《二十世纪三四十年代河南冀东保甲制度研究》，中国社会科学出版社1994年版。
张思：《近代华北村落共同体的变迁——农耕结合习惯的历史人类学考察》，商务印书馆2005年版。
张康之、张乾友：《共同体的进化》，中国社会科学出版社2012年版。
折晓叶：《村庄的再造：一个超级村庄的变迁》，商务印书馆2020年版。

二　译著

［英］安东尼·吉登斯：《民族—国家与暴力》，胡宗泽、赵力涛译，生活·读书·新知三联书店1998年版。
［美］道格拉斯·C. 诺思：《经济史中的结构与变迁》，厉以平译，上海人民出版社1994年版。
［美］杜赞奇：《文化、权力与国家——1900—1942年的华北农村》，王福明译，江苏人民出版社2008年版。
［美］费正清：《美国与中国》，张理京译，世界知识出版社1999年版。

［英］卡尔·波兰尼：《大转型：我们时代的政治与经济起源》，冯钢、刘阳译，浙江人民出版社 2007 年版。

林耀华：《金翼：中国家族制度的社会学研究》，庄孔韶、林宗成译，生活·读书·新知三联书店 2008 年版。

［德］马克斯·韦伯：《儒教与道教》，洪天富译，江苏人民出版社 2000 年版。

［英］迈克尔·曼：《社会权力的来源》（第 1 卷），刘北成、李少军译，上海人民出版社 2007 年版。

［法］孟德拉斯：《农民的终结》，李培林译，社会科学文献出版社 2010 年版。

［德］马克思：《路易·波拿巴的雾月十八日》，《马克思恩格斯文集》（第 2 卷），人民出版社 2021 年版。

［美］W. 理查德·斯格特：《组织理论：理性、自然和开放系统》，黄洋等译，华夏出版社 2002 年版。

三　期刊论文

曹海军、曹志立：《新时代村级党建引领乡村治理的实践逻辑》，《探索》2020 年第 1 期。

陈亚辉：《政经分离与农村基层治理转型研究》，《求实》2016 年第 5 期。

陈军亚：《产权改革：集体经济有效实现形式的内生动力》，《华中师范大学学报》（人文社会科学版）2015 年第 1 期。

陈军亚：《韧性小农：历史延续与现代转换——中国小农户的生命力及自主责任机制》，《中国社会科学》2019 年第 12 期。

陈义媛：《资本下乡：农业中的隐蔽雇佣关系与资本积累》，《开放时代》2016 年第 5 期。

陈义媛：《农村集体经济发展与村社再组织化——以烟台市“党支部领办合作社”为例》，《求实》2020 年第 6 期。

陈义媛：《以村集体经济发展激活基层党建——基于烟台市“党支部领办合作社”的案例分析》，《南京农业大学学报》（社会科学版）2021 年第 3 期。

陈美球、廖彩荣：《农村集体经济组织："共同体"还是"共有体"?》，《中国土地科学》2017 年第 6 期。

崔红志：《农村"三变"改革的影响因素及政策选择》，《中国发展观察》2017 年第 22 期。

戴青兰：《农村土地产权制度变迁背景下农村集体经济的演进与发展》，《农村经济》2018 年第 4 期。

邓大才：《产权与利益：集体经济有效实现形式的经济基础》，《山东社会科学》2014 年第 12 期。

邓大才：《中国农村村民自治基本单元的选择：历史经验与理论建构》，《学习与探索》2016 年第 4 期。

邓蓉：《农村土地制度改革进程中的集体经济组织主体地位重塑》，《农村经济》2017 年第 3 期。

丁波：《乡村振兴背景下农村集体经济与乡村治理有效性——基于皖南四个村庄的实地调查》，《南京农业大学学报》（社会科学版）2020 年第 3 期。

杜园园：《社会经济：发展农村新集体经济的可能路径——兼论珠江三角洲地区的农村股份合作经济》，《南京农业大学学报》（社会科学版）2019 年第 2 期。

冯道杰、汪婷：《合力推进农村集体经济发展与农民组织化》，《武汉理工大学学报》（社会科学版）2010 年第 6 期。

冯小：《农民专业合作社制度异化的乡土逻辑——以"合作社包装下乡资本"为例》，《中国农村观察》2014 年第 2 期。

符刚、陈文宽、李思遥、唐宏：《推进我国农村资源产权市场化的困境与路径选择》，《农业经济问题》2016 年第 11 期。

高鸣、芦千文：《中国农村集体经济：70 年发展历程与启示》，《中国农村经济》2019 年第 10 期。

桂华：《农村土地制度与村民自治的关联分析——兼论村级治理的经济基础》，《政治学研究》2017 年第 1 期。

桂华：《村级组织负责人"一肩挑"的优化路径》，《人民论坛》2021 年第 24 期。

郭晓鸣、张耀文、马少春：《农村集体经济联营制：创新集体经济发展路径的新探索——基于四川省彭州市的试验分析》，《农村经济》2019 年第 4 期。
郭珍、刘法威：《内部资源整合、外部注意力竞争与乡村振兴》，《吉首大学学报》（社会科学版）2018 年第 5 期。
［美］黄宗智：《集权的简约治理——中国以准官员和纠纷解决为主的半正式基层行政》，《开放时代》2008 年第 2 期。
［美］黄宗智：《“集体产权”改革与农村社区振兴》，《中国乡村研究》2021 年第 1 期。
韩俊：《关于农村集体经济与合作经济的若干理论与政策问题》，《中国农村经济》1998 年第 12 期。
贺雪峰：《土地与农村公共品供给》，《江西社会科学》2009 年第 1 期。
贺雪峰：《实施乡村振兴战略要防止的几种倾向》，《中国农业大学学报》（社会科学版）2018 年第 3 期。
贺雪峰：《农民组织化与再造村社集体》，《开放时代》2019 年第 3 期。
贺雪峰：《如何再造村社集体》，《南京农业大学学报》（社会科学版）2019 年第 3 期。
贺雪峰：《乡村振兴与农村集体经济》，《武汉大学学报》（社会科学版）2019 年第 4 期。
侯昭华、宋合义：《“顽疾”还是“误诊”？——产业扶贫“内生动力不足”问题探究》，《西北农林科技大学学报》（社会科学版）2020 年第 2 期。
胡伟斌、黄祖辉、朋文欢：《产业精准扶贫的作用机理、现实困境及破解路径》，《江淮论坛》2018 年第 5 期。
黄振华：《能人带动：集体经济有效实现形式的重要条件》，《华中师范大学学报》（人文社会科学版）2015 年第 1 期。
江宇：《党组织领办合作社是发展新型农村集体经济的有效路径——“烟台实践”的启示》，《马克思主义与现实》2022 年第 1 期。
孔祥智、魏广成：《组织重构：乡村振兴的行动保障》，《华南师范大学学报》（社会科学版）2021 年第 5 期。

兰红燕：《乡村振兴视域下的农村集体土地法律制度完善》，《河北法学》2019 年第 4 期。
陆雷、赵黎：《从特殊到一般：中国农村集体经济现代化的省思与前瞻》，《中国农村经济》2021 年第 12 期。
蓝宇蕴：《非农集体经济及其“社会性”建构》，《中国社会科学》2017 年第 8 期。
李培林：《巨变：村落的终结——都市里的村庄研究》，《中国社会科学》2002 年第 1 期。
李博阳、吴晓燕：《政经分离改革下的村治困境与生成路径》，《华中师范大学学报》（人文社会科学版）2019 年第 6 期。
李丹、刘津秀：《产业扶贫场域下村集体经济组织运作模式及其内在逻辑——基于西南地区贫困村的个案分析》，《云南大学学报》（社会科学版）2020 年第 2 期。
李敢、徐建牛：《“虚实之间”——产业振兴背景下的农村集体经济组织》，《浙江社会科学》2021 年第 4 期。
李天姿、王宏波：《农村新型集体经济：现实旨趣、核心特征与实践模式》，《马克思主义与现实》2019 年第 2 期。
李武、钱贵霞：《农村集体经济发展助推乡村振兴的理论逻辑与实践模式》，《农业经济与管理》2021 年第 1 期。
李祖佩：《乡村治理领域中的“内卷化”问题省思》，《中国农村观察》2017 年第 6 期。
李祖佩：《项目进村与乡村治理重构——一项基于村庄本位的考察》，《中国农村观察》2013 年第 4 期。
李文钢、马良灿：《新型农村集体经济复兴与乡土社会重建——学术回应与研究反思》，《社会学评论》2020 年第 6 期。
梁昊：《中国农村集体经济发展：问题及对策》，《财政研究》2016 年第 3 期。
罗义云：《村庄规模与村级治理——对村组合并的考察》，《云南行政学院学报》2006 年第 6 期。
刘燕舞：《党支部领办型合作社发展研究——以山东省招远市西沟村为

例》,《西北农林科技大学学报》(社会科学版)2020 年第 3 期。
刘宇晗:《农地“三权分置”视域下农村集体经济组织法人制度的完善》,《山东大学学报》(哲学社会科学版)2019 年第 4 期。
刘守英、王一鸽:《从乡土中国到城乡中国——中国转型的乡村变迁视角》,《管理世界》2018 年第 10 期。
卢成仁:《流动中村落共同体何以维系——一个中缅边境村落的流动与互惠行为研究》,《社会学研究》2015 年第 1 期。
陆益龙:《村庄会终结吗?——城镇化与中国村庄的现状及未来》,《学习与探索》2013 年第 10 期。
陆益龙:《后乡土中国的基本问题及其出路》,《社会科学研究》2015 年第 1 期。
陆益龙:《农村的劳动力流动及其社会影响——来自皖东 T 村的经验》,《中国人民大学学报》2015 年第 1 期。
陆益龙:《村庄特质与乡村振兴道路的多样性》,《北京大学学报》(哲学社会科学版)2019 年第 5 期。
吕方、苏海、梅琳:《找回村落共同体:集体经济与乡村治理——来自豫鲁两省的经验观察》,《河南社会科学》2019 年第 6 期。
马良灿:《农村社区内生性组织及其“内卷化”问题研究》,《中国农村观察》2012 年第 6 期。
马良灿:《实现乡村社会有效治理的路径探索》,《甘肃社会科学》2019 年第 4 期。
马良灿:《重新找回村落集体经济》,《河海大学学报》(哲学社会科学版)2020 年第 5 期。
马良灿:《新型农村集体经济发展与乡村社会再组织——以贵州省塘约村为例》,《中州学刊》2021 年第 2 期。
马良灿、哈洪颖:《新型乡村社区组织体系建设何以可能——兼论乡村振兴的组织基础建设》,《福建师范大学学报》(哲学社会科学版)2021 年第 3 期。
马良灿、康宇兰:《是“空心化”还是“空巢化”?——当前中国村落社会存在形态及其演化过程辨识》,《中国农村观察》2022 年第 5 期。

马良灿、李净净：《新型复合式农村社区组织体系建设的在地化实践——以山东“烟台经验”为例》，《贵州大学学报》（社会科学版）2022 年第 6 期。

马良灿、李净净：《从利益联结到社会整合：乡村建设的烟台经验及其在地化实践》，《中国农业大学学报》（社会科学版）2022 年第 1 期。

孟庆延：《“生存伦理”与集体逻辑——农业集体化时期“倒欠户”现象的社会学考察》，《社会学研究》2012 年第 6 期。

潘家恩、杜洁：《社会经济作为视野——以当代乡村建设实践为例》，《开放时代》2012 年第 6 期。

潘毅、陈凤仪、阮耀启：《社会经济在香港——超越主流经济的多元性实践》，《开放时代》2012 年第 6 期。

潘泽泉、辛星：《政党整合社会：党建引领基层社区治理的中国实践》，《中南大学学报》（社会科学版）2021 年第 2 期。

宋宇、孙雪：《建国 70 年农村集体经济实现方式的阶段性发展与理论总结》，《人文杂志》2019 年第 11 期。

孙宪忠：《推进农地三权分置经营模式的立法研究》，《中国社会科学》2016 年第 7 期。

田毅鹏、闫西安：《过疏化村落社会联结崩坏对脱贫攻坚成果巩固拓展的影响——基于 T 县过疏化村落的研究》，《南京社会科学》2021 年第 7 期。

唐皇凤、冷笑非：《村庄合并的政治、社会后果分析：以湖南省 AH 县为研究个案》，《社会主义研究》2010 年第 6 期。

仝志辉、温铁军：《资本和部门下乡与小农户经济的组织化道路——兼对专业合作社道路提出质疑》，《开放时代》2009 年第 4 期。

仝志辉：《村委会和村集体经济组织应否分设——基于健全乡村治理体系的分析》，《华南师范大学学报》（社会科学版）2018 年第 6 期。

仝志辉、陈淑龙：《改革开放 40 年来农村集体经济的变迁和未来发展》，《中国农业大学学报》（社会科学版）2018 年第 6 期。

王春光：《第三条城镇化之路：“城乡两栖”》，《四川大学学报》（哲学社会科学版）2019 年第 6 期。

王汉生、王一鸽：《目标管理责任制：农村基层政权的实践逻辑》，《社会学研究》2009 年第 2 期。
王留鑫、姚慧琴：《乡村振兴视域下农地“三权分置”与农村集体经济组织发展》，《宁夏社会科学》2019 年第 4 期。
王露璐：《中国式现代化进程中的乡村振兴与伦理重建》，《中国社会科学》2021 年第 12 期。
王蒙：《社会经济：新时期西部民族地区农村集体经济的发展路径——基于甘孜藏区的地方性实践》，《湖北民族学院学报》（哲学社会科学版）2019 第 6 期。
王思斌：《我国社会政策的“自性”特征与发展》，《社会学研究》2019 第 4 期。
王思斌：《乡村全面振兴与乡村集体性的发展》，《北京大学学报》（哲学社会科学版）2021 年第 4 期。
王文彬：《农村集体经济的现状扫描与优化路径研究——基于要素回归视角》，《西南民族大学学报》（人文社会科学版）2018 年第 4 期。
吴理财、魏久朋、徐琴：《经济、组织与文化：乡村振兴战略的社会基础研究》，《农林经济管理学报》2018 年第 4 期。
吴越菲：《乡村振兴背景下农村社区组织化的内在张力及其消解》，《西北农林科技大学学报》（社会科学版）2022 年第 5 期。
谢治菊、王曦：《农户是如何组织起来的——基于贵州省安顺市塘约村的分析》，《中央民族大学学报》（哲学社会科学版）2021 年第 4 期。
熊万胜、方垚：《体系化：当代乡村治理的新方向》，《浙江社会科学》2019 年第 11 期。
徐勇：《村民自治的成长：行政放权与社会发育——1990 年代后期以来中国村民自治发展过程的反思》，《华中师范大学学报》（人文社会科学版）2005 年第 2 期。
徐勇：《政权下乡：现代国家对乡土社会的整合》，《贵州社会科学》2007 年第 11 期。
徐勇：《中国家户制传统与农村发展道路——以俄国、印度的村社传统为参照》，《中国社会科学》2013 年第 8 期。

徐勇、赵德健：《创新集体：对集体经济有效实现形式的探索》，《华中师范大学学报》（人文社会科学版）2015 年第 1 期。

邢成举、李小云：《精英俘获与财政扶贫项目目标偏离的研究》，《中国行政管理》2013 年第 9 期。

［比利时］雅克·迪夫尼、［比利时］帕特里克·德夫尔特雷、赵黎：《“社会经济”在全球的发展：历史脉络与当前状况》，《经济社会体制比较》2011 年第 1 期。

杨华：《中国农村的“半工半耕”结构》，《农业经济问题》2015 年第 9 期。

杨团：《此集体非彼集体——为社区性、综合性乡村合作组织探路》，《中国乡村研究》2018 年第 1 期。

杨嬛：《合作机制：农村集体经济有效实现的组织制度基础》，《山东社会科学》2015 年第 7 期。

杨帅、温铁军：《农民组织化的困境与破解——后农业税时代的乡村治理与农村发展》，《人民论坛》2011 年第 29 期。

殷民娥：《培育乡贤“内生型经纪”机制：从委托代理的角度探讨乡村治理新模式》，《江淮论坛》2018 年第 4 期。

姚洋：《中国农地制度：一个分析框架》，《中国社会科学》2000 年第 2 期。

于福波、张应良：《基层党组织领办合作社运行机理与治理效应》，《西北农林科技大学学报》（社会科学版）2021 年第 5 期。

苑鹏、刘同山：《发展农村新型集体经济的路径和政策建议——基于我国部分村庄的调查》，《毛泽东邓小平理论研究》2016 年第 10 期。

张欢：《新时代提升农民组织化路径：烟台再造集体例证》，《重庆社会科学》2020 年第 6 期。

张利明：《农民自愿：集体经济有效实现形式的主体基础》，《山东社会科学》2015 年第 7 期。

张茜：《农村集体经济有效实现形式的现代转型：以山东省东平县土地股份合作社为例》，《东岳论丛》2015 年第 3 期。

张忠根、李华敏：《农村村级集体经济发展：作用、问题与思考——基于浙江省 138 个村的调查》,《农业经济问题》2007 年第 11 期。
郑风田、杨慧莲:《村庄异质性与差异化乡村振兴需求》,《新疆师范大学学报》(哲学社会科学版)2019 年第 1 期。
郑丹、王伟:《我国农民专业合作社发展现状、问题及政策建议》,《中国科技论坛》2011 年第 2 期。
郑有贵:《构建内生发展能力强的农村社区集体行动理论——基于发达村与空心村社区集体积累和统筹机制的探讨》,《马克思主义研究》2017 年第 12 期。
赵意焕:《合作经济、集体经济、新型集体经济:比较与优化》,《经济纵横》2021 年第 8 期。
周立、王晓飞:《城乡中国时代的村庄再组织化》,《江苏社会科学》2021 年第 5 期。
周锐波、闫小培:《集体经济:村落终结前的再组织纽带——以深圳“城中村”为例》,《经济地理》2009 年第 4 期。
朱天义、张立荣:《个体化或集体经营:精准扶贫中基层政府的行动取向分析》,《马克思主义与现实》2017 年第 6 期。
朱有志、肖卫:《发展农村集体经济要深化“五个认识”》,《毛泽东邓小平理论研究》2013 年第 2 期。
邹英、刘杰:《农民再组织化与乡村公共性重构:社会范式下集体经济的发展逻辑——基于黔村“村社合一”经验的研究》,《湖北民族学院学报》(哲学社会科学版)2019 年第 6 期。
赵晓峰、魏程琳:《行政下乡与自治下沉:国家政权建设的新趋势》,《华中农业大学学报》(社会科学版)2018 年第 4 期。
张立、王亚华:《集体经济如何影响村庄集体行动——以农户参与灌溉设施供给为例》,《中国农村经济》2021 年第 7 期。
张曙光、黄万盛、崔之元等:《社会经济在中国》(上),《开放时代》2012 年第 1 期。
周飞舟:《从汲取型政权到“悬浮型”政权:税费改革对国家与农民关系之影响》,《社会学研究》2006 年第 3 期。
赵旭东:《乡村成为问题与成为问题的中国乡村研究——围绕“晏阳初模

式”的知识社会学反思》，《中国社会科学》2008 年第 3 期。
张跃然：《反映社会还是塑造社会？——国外社会学讨论“政党—社会关系”的两条路径》，《社会学研究》2018 年第 3 期。

后　记

实现乡村社会组织化是关涉全面推进乡村振兴的社会基础建设的重大议题。本书沿着从“利益联结”到“社会重建”的认知思路，就新型农村集体经济助推乡村社会组织化这一事关乡村振兴社会基础建设的重要议题进行了多维透视。在当前新乡村建设实践中，通过何种机制实现乡村社会组织化，进而实现新型村落共同体的再生，这既是当前广大农村地区面对的现实难题，也是需要在学术层面给予解答的学术命题。本书在这方面所进行的学术探索及其所形成的一些肤浅观点，期望能增进人们对这一问题的系统化认识。本书撰写分工如下：

马良灿：引言、第二章、第三章、第六章、第七章、第八章、第十章和结语。

马良灿、李文钢（贵州财经大学公共管理学院副教授）：第一章。

李文钢：第九章。

马良灿、罗晓梅（西北农林科技大学社会学博士研究生）：第四章。

罗晓梅、马良灿：第五章、第十一章。

马良灿对全书结构、撰写提纲进行了总体设计，并对全书的语言表述、各章节内容和结构进行了认真打磨、修改完善和补充扩展。

本书是在中国农业大学何慧丽教授主持的国家社会科学基金重大项目“实施乡村建设行动研究”（21ZDA058）的子课题研究成果基础上拓展完成的，得到西北农林科技大学中央高校基本科研业务经费人才专项资金项目“乡村振兴战略实施背景下农村组织体系建设问题研究”（Z1090222014）的出版资助。感谢何慧丽教授对笔者的信任，让笔者出任这一重大项目相关子课题负责人，这真是一份沉甸甸的责任。感谢笔者所在单位社科处白金凤处长对本书出版给予的大力支持。

本书的部分章节内容曾刊发在《中国农村观察》、《社会学评论》、《中国农业大学学报》（社会科学版）、《中州学刊》、《甘肃社会科学》、《河海大学学报》（社会科学版）、《福建师范大学学报》（社会科学版）等刊物上。多年来，这些杂志编辑部和责编给予笔者无私的学术支持和鼓励。此外，西北农林科技大学社会学博士研究生李净净、李政同学在相关章节资料收集和整理方面做了不少工作。正是中国社会科学出版社的责编专业而精细的工作，才使本书避免了不少错误，得以顺利出版发行。本书所涉及的案例村落的实地调研，得到了相关县乡干部、村级组织负责人和社区居民的理解和无私帮助，在此一并致谢。

马良灿

2024 年 7 月 18 日